“教一学一做一体化”校企合作课改科研成果推荐教材

新编21世纪高等职业教育精品教材

市场营销系列

市场营销理论与实务

第二版

主　编／孙亚洲

副主编／何　伟　何　清　王　刚　张　刚

李留法　樊荣娥　刘彦芬

中国人民大学出版社

·北京·

前言

党的二十大报告指出，“加快构建新发展格局，着力推动高质量发展”，这为高等职业教育的发展指明了方向。高等职业教育的营销学教材，必须突出高等职业教育特色，理论联系实践，吸收市场营销学前沿知识，以适应国家对高素质技术人才的迫切需求。

本书紧跟理论前沿，广泛借鉴了国内外学者的最新成果，力求好教好学，简单易懂。本书注重高等职业教育“工学结合”定位，在结构安排上既有理论课程，又有课后案例实践，着重培养学生的职业素养和职业能力。

本书修订后具有以下特点：

1. 工学结合的教材定位

本书从教材的结构安排到教材的内容组织都注重工学结合。在教材的结构安排上注重做中学，有利于培养学生的职业素养和职业能力。在内容组织上，既通过紧密结合生产、管理、服务和实际的案例对市场营销理论进行阐述，又提供模拟性的实际案例进行实际营销技能的训练，从而可以更好地促进理论与实践相结合，提高学生的营销社会实践能力。

2. 理论与实践相结合的教材结构

本书的结构充分地体现了理论与实践相结合的原则，设置了学习目标、案例导入、课堂延伸、案例分析、实训实习等栏目。内容结构设计可以引导学生从实际工作问题中分析、寻找理论知识答案，既有利于提高学生的学习兴趣，又有利于学生对理论知识的理解和掌握。

3. 先进性与可操作性兼顾的教材内容设计

本书在组织内容时，最为关注两点：一是先进性，即从应用性出发，吸收现代营销的新成果和现代经济社会中的实际案例；二是可操作性，即教材内容以实用性和可操作性为出发点，注重理论与实践相结合及理论体系的完整性。这些内容与党的二十大报告中提出的“推进新型工业化，加快建设制造强国、质量强国”相呼应，旨在培养能够适应新形势的高素质营销人才。

本书由平顶山工业职业技术学院孙亚洲担任主编，平顶山工业职业技术学院何伟、何清、王刚，成都航空职业技术大学张刚、许昌职业技术学院李留法、石家庄财经职业学院樊荣娥、石家庄工商职业学院刘彦芬担任副主编。具体编写分工如下：模块二、模块五由孙亚洲编写，并负责全书统稿工作；模块六、模块七由何伟编写；模块八由何清编写；模块一、模块十一由王刚编写；模块三、模块九由张刚编写；模块十由李留法编写；模块四由樊荣娥编写；刘彦芬负责本书案例资料的收集和整理。

由于编者水平有限，加之时间仓促，本书可能存在许多不足之处，恳请读者不吝赐教，以便今后进行补充和修正。我们期待通过不断的改进与完善，为高等职业教育的发展贡献一份力量，同时为实现国家高质量发展的目标提供人才支持。

编者

目录

模块一　市场营销概论 / 001
单元一　市场概述 / 003
单元二　市场营销概述 / 005
单元三　市场营销学的产生与发展 / 008
单元四　市场营销观念及演进 / 011

模块二　市场营销环境认知 / 019
单元一　营销环境概述 / 021
单元二　宏观营销环境 / 023
单元三　微观营销环境 / 032
单元四　营销环境分析与营销对策 / 038

模块三　消费者购买行为分析 / 044
单元一　消费者市场 / 046
单元二　消费者购买动机 / 048
单元三　消费者购买行为 / 049
单元四　组织市场 / 054
单元五　组织市场购买行为 / 056

模块四　市场调研与预测 / 064
单元一　市场营销信息系统 / 066
单元二　市场调研 / 068
单元三　市场预测 / 076

模块五　市场营销战略 / 087
单元一　企业战略与市场营销战略 / 089
单元二　市场营销战略计划过程 / 091

单元三 竞争性市场营销战略 / 097

模块六 目标市场策略 / 103
单元一 市场细分 / 105
单元二 目标市场选择 / 117
单元三 市场定位 / 124

模块七 产品策略 / 134
单元一 产品与产品组合 / 135
单元二 产品生命周期理论 / 142
单元三 新产品开发与扩散 / 147
单元四 品牌与包装 / 154

模块八 价格策略 / 166
单元一 定价的影响因素 / 167
单元二 定价的程序和方法 / 174
单元三 定价的基本策略 / 179
单元四 价格调整策略 / 187

模块九 分销渠道策略 / 193
单元一 分销渠道概述 / 195
单元二 中间商分析 / 200
单元三 分销渠道设计 / 204
单元四 分销渠道管理 / 211

模块十 促销策略 / 216
单元一 促销概述 / 218
单元二 人员推销 / 222
单元三 广告策略 / 234
单元四 营业推广策略 / 240
单元五 公共关系 / 247

模块十一 市场营销计划、组织与控制 / 254
单元一 营销计划 / 257
单元二 营销组织 / 261
单元三 营销控制 / 265

参考文献 / 271

模块一　市场营销概论

学习目标

知识目标

1. 理解市场的含义：掌握市场的不同层次概念，包括狭义的商品交换场所、经济学的交易关系以及现代市场营销学中以需求为核心的市场的定义。

2. 掌握市场营销的核心理念：准确理解市场营销的定义及其核心目标，即通过创造和交换产品与价值来满足个人或群体的需求。

3. 掌握多种营销观念及其适用情况：了解现代市场营销观念、社会营销观念及其在不同经济环境和市场条件下的适用性。

4. 分析企业经营活动：运用所学的现代市场营销理论，能够对企业的经营活动进行正确的分析，识别其市场定位与营销策略。

能力目标

1. 市场分析能力：能够通过对市场需求、购买力和购买欲望的分析，识别并评估目标市场的潜力。

2. 营销策略制定能力：在了解消费者需求的基础上，能够制定适合企业的市场营销策略，包括产品设计、定价、促销和分销。

3. 案例分析能力：通过对案例的分析，能够提炼出成功的市场营销策略和实践经验。

4. 实习与实践能力：通过实习实训，能够将理论知识应用于实际企业环境中，分析企业的市场营销活动并提出改进建议。

素养目标

1. 培养对市场动态的敏感性，增强对市场变化的适应能力。

2. 具有在市场营销中运用创新思维，探索新的营销方式和手段，以适应快速变化的市场环境的能力。

案例导入

童趣、新奇的酒店——广州长隆酒店

广州长隆酒店是长隆集团倾力打造的全新的具有国际水平的超大型会议生态休闲主题度假酒店，地处中国5A级精品景区——长隆旅游度假区的中心地段，总建筑面积达36万平方米，拥有融入不同生态理念的特色客房及套房1 500余间；约3万平方米的国际会展中心，内设两个面积分别约为6 000平方米无柱和900平方米的宴会大厅，以及39个不同规格的豪华多功能会议厅。

广州长隆酒店是国内首家以“岭南地域—丛林—动物—自然—生命艺术”为主题的生态型酒店，以热带区域的人文风情为主基调。

酒店大堂宽敞宏伟，摆放了各种绿树与花草，并采用自然光的照明，充分呈现出人与自然的融合。再辅以雕塑、园林灯柱、精致栏杆的点缀，使整个大堂洋溢着浓郁的自然气息。

酒店客房的摆设装修以客为主，温馨舒适，并有多种客房和套房类型选择。此外，还配有室外泳池、室内四季恒温泳池、健身房、童趣乐园、康体中心等。

酒店的餐饮服务一应俱全。麒麟中餐厅：新派粤式餐厅，设有约250个餐位，另设独特装修的包房16个，提供正宗粤菜、潮菜、各种点心等。白虎自助餐厅：设有约1 000个餐位，另设贵宾房约20个餐位，让人们在高雅的环境中品尝欧陆风味的丰富美食的同时还可以透过餐厅的落地玻璃窗观赏全国唯一放养白虎的中庭花园，与白虎共餐，给人一种亲近大自然的全新感受。麒麟风味小镇：主营中国大江南北地方特色菜。这里设有广式蒸品店、美味铁板烧、特色烫菜馆、滋味小炒馆等7大美食档。彩蝶谷美食廊：汇集东南亚美食、湘菜、川菜、西式糕点、南番顺地道美食等。

酒店中庭设置有三层高的动物岛，动物岛绿树环绕，百草丰茂，每一层都栖息着不同的珍稀动物：雪虎、东非冠鹤、黑天鹅、鹦鹉……逐层而上，能看到不同的自然风光。

营销启示：市场营销的精髓在于发现顾客的需求并且满足。美国心理学家马斯洛的“需求层次理论”将人的需求划分为五个层次，分别是生理需求、安全需求、社交需求、尊重需求和自我实现需求，人类的住宿和餐饮则属于生理需求。

住在酒店的人，其行为表现就是睡觉和吃饭，但是他们的需求是不一样的，不仅要求交通便捷和干净安全，还注重环境和服务。酒店只有了解每位顾客的需求，才能做好营销工作。

单元一 市场概述

一、市场的概念

市场营销在一般意义上可理解为与市场有关的人类活动。因此，我们首先要了解市场及其相关概念。

“市场”这一概念在不同的时期和不同的场合具有不同的内涵，既是一个商品经济范畴，也是一个历史范畴，它与社会分工、商品经济紧密联系。哪里有商品生产，哪里就有市场。

1. 狭义的市场概念——场所

从商品交换的地点来看，市场是商品交换的场所，即买卖双方发生作用、从事交换的地点和场所（只是一个地理的、空间的概念）。从我国历史来看，很早就有了市场。《易经》上说：“日中为市，致天下之民，聚天下之货，交易而退，各得其所。”到了唐代，都城长安甚至设置有专门的坊市，以供来自全国各地以及西域商人进行商品交易。

诗人白居易曾用诗描述长安城的概貌：“百千家似围棋局，十二街如种菜畦。”宋人宋敏求的《长安志》对东西两市有这样的记载：“东市，隋曰都会市，南北居二坊之地，东西南北各六百步，四面各开一门，各广百步……街内货财二百二十行。西市，隋曰利人市，南北尽两坊之地。”

随着社会经济的发展，尤其是劳动分工的深化，市场的内涵逐步扩大，不仅指具体的商品交换场所，而且有了更为深刻的含义。传统的局限于某一地点和某一时间段进行交易的形式已经不能满足交易双方的需求，买卖双方可以借助多种工具来实现信息沟通和交易，因此这种对市场狭义的描述已不能全面概括市场的确切含义。

2. 经济学的市场概念——交易关系

经济学是研究人类经济活动的规律，即价值的创造、转化、实现的规律——经济发展规律的理论。经济学认为，市场是商品交换关系的总和，体现了供给与需求。从宏观来看，商品经济的发展，商品流通和交换越来越频繁，为了适应商品交换的发展需要，客观上产生了多种多样的服务项目和机构，如银行、保险、运输、仓储、管理咨询等。它们的存在极大地促进了买卖双方的交易，因此市场的概念就不能仅仅局限于场地，还应包含这种无形的“关系”主体。

3. 现代市场营销学的市场概念——需求

现代市场营销学侧重于微观，从企业的角度来理解市场，卖主构成行业，买主则构成市场。哪里有需求，哪里就有市场，"市场"就是"需求"。著名营销学家菲利普·科特勒（Philip Kotler）这样定义"市场"：市场是指某种产品的所有实际和潜在的购买者的集合，购买者包括能够购买和潜在愿意购买的任何人和组织。

市场的这一定义实际上是建立在对现代商品供求关系深刻认识的基础上，突出强调了参加交换的人不只是现在进行交易的人，还包括有购买可能的潜在顾客。同时，还强调了人们的购买需求和购买能力，大大拓宽了商品交换关系的视野。

二、市场的构成

从市场测量的角度来讲，市场是由人口、购买力和购买欲望三个主要因素组成的，其关系可用公式表示为：

市场＝人口＋购买力＋购买欲望

市场的这三个因素既相互联系、相互制约，又互为条件的、缺一不可。只有把三者结合起来才能构成市场，才能决定某一商品市场规模和需求量。例如，一个有着众多人口的国家或地区，如果收入很低，购买力有限，则不能构成容量很大的市场；又如，购买力虽然很大，但人口很少，也不可能成为很大的市场。只有人口多，购买力大，才能成为有潜力的大市场。

课堂延伸

电动滑板车市场

近年来，电动滑板车（E-scooter）作为一种新型个人交通工具，逐渐在城市中流行开来。相关数据显示，2025 年全球电动滑板车市场预计将达到约 500 亿美元，并在未来几年内保持快速增长。

1. 人口因素

随着城市化进程的加快，越来越多的人口集中在城市中，尤其是年轻人和上班族，他们更倾向于选择便捷的交通方式。据联合国相关报告，全球一半以上的人口居住在城市地区，超过 40 亿人依赖城市作为他们的主要居住环境，这一趋势为电动滑板车市场提供了广阔的用户基础。

2. 购买力

随着经济的发展和人们生活水平的提高，消费者的购买力也在增加。根据国际货币基金组织（IMF）的数据，许多国家的中产阶级正在不断扩大，这使得更多的消费者能够承担电动滑板车的购买费用和使用成本。电动滑板车的价格通常在 300～1 000 美元，这对许多城市居民来说是可以承受的。

3. 购买欲望

电动滑板车不仅具有环保、便捷的特点，还能满足年轻人追求时尚和个性化的需求。许多城市的共享电动滑板车服务也使得消费者可以以较低的成本体验这种交通工具。根据一项调查，约70%的年轻人表示愿意尝试使用电动滑板车作为日常通勤工具，这反映了他们对这种新型交通工具的强烈购买兴趣。

4. 市场发展趋势

电动滑板车市场的成功案例包括多个国家的共享滑板车公司，如美国的Bird和Lime，以及中国的哈啰出行和滴滴出行等。这些公司通过灵活的租赁模式和便捷的使用体验，迅速吸引了大量用户，推动了电动滑板车的普及。

电动滑板车市场的快速发展是人口、购买力和购买欲望三者相互作用的结果。随着城市化进程的加快和消费者生活方式的变化，电动滑板车作为一种新型交通工具，展现出巨大的市场潜力。商家在进入这一市场时，应充分考虑这三大因素，以制定合理的市场策略，满足消费者的需求。

单元二　市场营销概述

一、市场营销的含义

微课：

营销观念

“市场营销”是由英文“marketing”一词翻译而来的。它有两层意思：一是指企业如何依据消费者需求，生产适销对路的产品，扩大市场销售所进行的一系列经济活动；二是指建立在经济学、行为科学、现代管理理论基础上的应用学科，是经济学、行为科学、心理学、社会学、现代管理学、广告学、公共关系学等学科密切结合的一门综合性、边缘性的经营管理学科。当“marketing”指经济活动时，称为“市场营销”或“营销活动”，当它指学科时称为“市场营销学”。

关于市场营销的定义，国内外学者有上百种，企业界对其理解也多种多样。1985年，美国市场营销协会（American Marketing Association，AMA）将市场营销定义为：市场营销是关于构思货物和服务的设计、定价、促销和分销的规划与实施过程，目的是创造能实现个人和组织目标的交换过程。

1984 年，著名营销学家菲利普·科特勒这样定义市场营销：市场营销是企业识别目前未满足的需要和欲望，估量和确定需求量的大小，选择和决定本企业能最好地为其服务的目标市场，并决定适当的产品、服务和计划，以便为目标市场服务的活动过程。

到了 1996 年，市场营销有了最新定义：市场营销是通过创造和交换产品和价值，从而使个人或群体满足欲望和需要的社会和管理过程。

根据这一定义，可以将市场营销概念具体归纳为下列要点：

（1）市场营销的最终目标是“使个人或群体满足欲望和需要”。

（2）“交换”是市场营销的核心，交换过程是一个主动、积极寻找机会，满足双方需要和欲望的社会过程和管理过程。

（3）交换过程能否顺利进行，取决于市场营销者创造的产品和价值满足顾客需求的程度以及对交换过程管理的水平。

二、市场营销的相关概念

1. 需要、欲望与需求

需要和欲望是市场营销活动的起点。所谓需要是指人类与生俱来的基本需要。如人类为了生存必然有对吃、穿、住、安全、归属、受人尊重的需要。这些需要存在于人类自身生理和社会之中，市场营销者可用不同方式去满足它，但不能凭空创造。

欲望是指想得到上述需要的具体满足品的愿望，是个人受不同文化及社会环境影响表现出来的对基本需要的特定追求。如为满足“解渴”的生理需要，人们可能选择（追求）喝开水、茶、汽水、果汁、绿豆汤或者蒸馏水等。市场营销者无法创造需要，但可以影响欲望，开发及销售特定的产品和服务来满足欲望。

需求是指人们有能力购买并愿意购买某个具体产品的欲望。需求实际上也就是对某种特定产品及服务的市场需求。市场营销者总是通过各种营销手段来影响需求，并根据对需求的预测结果决定是否进入某一产品（服务）市场。

一个营销人员要做好市场分析和调研，很大程度上是对市场需求的把握，掌握市场需求的核心又是深刻分析顾客的需要和欲望。这就必然谈到马斯洛的需求层次理论，如图 1-1 所示。

马斯洛需求层次理论是心理学中的一个理论，阐述了人们的需求层次是从生理需要到自我实现需要逐层递进的。这一理论在一定程度上反映了人类行为和心理活动的共同规律。马斯洛从人的需要出发探索人的激励和研究人的行为，抓住了问题的关键；指出了人的需要是由低级向高级不断发展的，这一趋势基本上符合需要发展规律的。因此，需求层次理论对企业管理者如何有效地调动人的积极性有启发作用，被广泛应用于管理学、营销学中。

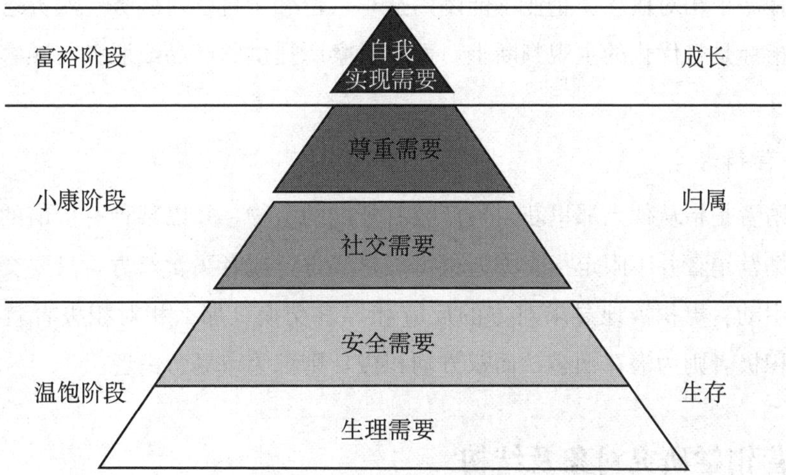

图 1-1　马斯洛需求层次理论

2. 产品

营销学中的产品是一个广义的概念，泛指产品与服务等一切能满足某种需要和欲望的东西，有时也称之为供应。产品是能够满足人的需要和欲望的任何东西。产品的价值不在于拥有它，而在于它给我们带来的对欲望的满足。

例如，人们购买小汽车不是为了观赏，而是为了得到它所提供的交通服务。产品实际上只是获得服务的载体。这种载体可以是物，也可以是服务，如人员、地点、活动、组织和观念等。当我们心情烦闷时，为满足轻松解脱的需要，可以去参加音乐会听歌手演唱（人员）；可以到风景区旅游（地点）；可以参加希望工程百万行（活动）；可以参加消费者假日俱乐部（组织）；也可以参加研讨会接受一种不同的价值观（观念）。市场营销者必须清醒地认识到，其创造的产品不管形态如何，如果不能满足人们的需要和欲望，就必然会失败。

3. 顾客满意度

顾客满意是指顾客对其明示的、通常隐含的或必须履行的需求或期望已被满足的程度的感受。满意度是顾客对满足情况的反馈，它是对产品、服务性能或者服务本身的评价，是顾客给出的（或者正在给出的）一个与消费的满足感有关的快乐水平，包括低于或者超过满足感的水平，是一种心理体验。顾客满意度是一个变动的目标，能够使一个顾客满意的东西，未必会使另外一个顾客满意，能使得顾客在一种情况下满意的东西，在另一种情况下未必能使其满意。只有对不同的顾客群体的满意度因素非常了解，才有可能实现100％的顾客满意。

从本质上讲，顾客满意度反映的是顾客的一种心理状态，它来源于顾客对企业的某种产品服务消费所产生的感受与自己的期望所进行的对比。也就是说“满意”并不是一个绝对概念，而是一个相对概念。企业不能闭门造车，留恋于自己对服务、服务态度、产品质量、价格等指标是否优化的主观判断上，而应考察所提供的产品或服务与顾客期望、要求等吻合的程度。

4. 市场营销者

市场营销者是指从他人那里获得资产或有帮助的事物，并以某种有价值的事物进行交换的人。市场营销者并不限定指卖方，也可以是买方，或者买卖双方，只要交换双方一方比另一方更主动、更积极地寻求对方的反应和寻求交换，那么相对积极者就是市场营销者，相对不积极者则为潜在顾客，而双方均积极，则都为市场营销者。

三、市场营销学研究对象及结构

市场营销学的研究对象是以满足市场需求为中心的企业整体营销活动及其规律。具体包括以下几个方面：

(1) 市场环境；(2) 消费者市场及其购买行为；(3) 组织市场及其购买行为；(4) 目标市场营销；(5) 竞争性市场营销战略；(6) 产品策略；(7) 定价策略；(8) 分销策略；(9) 促销策略。

市场营销学的结构通常包括以下几个主要部分：

(1) 营销环境；(2) 营销战略；(3) 营销策略；(4) 营销活动。

单元三 市场营销学的产生与发展

市场营销学发源于 20 世纪初的美国，一个多世纪以来迅速发展和传播，影响深远，受到世界各国的普遍重视。

一、市场营销学的发展阶段

1. 产生阶段

市场营销学是商品经济发展到一定阶段的产物。19 世纪末 20 世纪初，世界上主要的资本主义国家相继完成工业革命，并从自由资本主义过渡到垄断资本主义。由于科学技术进步，生产迅速增长，生产效率大大提高，导致生产能力的增长超过市场需求的增长，企业之间的竞争日益激烈，市场上商品销售遇到了困难。一些企业为了增加销售，开始注意推销术和广告术，以刺激需求。一些经济学者，根据经济环境的变化和企业销售实践活动的需要，开始研究商品销售问题，探索营销活动的规律。

1902 年，美国加利福尼亚大学、密歇根大学和伊利诺伊大学经济系正式设置了市场营销课程。1911 年，第一个市场调查研究机构“商情调查研究室”在美国的柯蒂斯出版公司成立。1912 年，美国哈佛大学的赫杰特齐教授在调查走访大企业主的基础上编写了第一本以市场营销学命名的教科书，这本书的问世被视为市场营销学作为一门独立学科出现的里程碑。但其研究内容比较狭隘，仅限于广告推销，研究活动基本局限在商学院校内，所以并没有引起社会的足够重视。

2. 形成阶段

1929 年至 1931 年，资本主义世界爆发了经济危机，生产严重过剩，商品销售困难，企业大量倒闭，市场需求大大下降，企业面临着如何把商品销售出去的重大问题。一些市场营销学者为解决企业的市场和销售问题，研究了市场调查、预测、消费需求分析、需求刺激等，市场营销理论也逐渐受到社会和企业界的重视，市场营销理论的研究组织相继成立。突出的标志是 1937 年在美国成立了全国性的组织——市场营销协会。研究组织的建立，促进了市场营销理论走向社会，大大推动了市场营销学的应用和发展。

随着竞争的激化，企业开始重视广告、商标、包装等非价格因素的市场营销技术，旨在提高推销人员能力的培训也普遍地在各企业中得到实施。企业开始进行市场调查和市场分析，重视售后服务，市场营销活动也由以生产者为中心转向以消费者为中心，提出“消费者就是上帝”的口号，为了覆盖全国市场，出现了连锁店，邮购商店等组织形式，使零售业的面貌发生了很大的变化。但在这个时期，市场营销理论的研究仍局限于商品推销方法和广告技巧，以及推销商品的组织和策略等，没有超越商品流通范畴。

3. 成长阶段

20 世纪 50 年代，由于第二次世界大战结束后社会主义阵营的形成，各国民族独立解放运动兴起，资本主义的国际市场大大缩减，为了获得国际市场，竞争激烈。同时，美国军事工业转向民用工业，使民用工业的生产能力大大提高，加上科学技术的进步和发展，劳动生产率大幅度提高，商品数量急剧增加，花色品种也日益增多，战后人民收入和生活水平迅速提高，消费需求和欲望发生变化，消费者对商品的需求由量向质转变，市场上商品普遍供过于求，逐渐由卖方市场转向买方市场。为此，旧的市场营销理论把市场作为生产过程的终点，注重为生产出来的商品进行广告宣传和推销的销售观念已不适应形势发展的要求。市场不仅是生产过程的终点，而且应该成为生产过程的起点，即在产品生产之前，就必须进行市场调查，研究顾客的需求和欲望，以消费者为中心，组织企业的生产和销售活动，提供顾客所需的产品，以满足顾客的需求和利益，从而获取企业利润。这一新观念的提出，使市场营销理论有了一个质的飞跃，超越了商品流通范畴，涉及生产、分配、交换和消费的总循环过程，深入生产领域和消费领域，渗入企业的生产经营活动之中，与企业的经营管理密切结合。市场营销理论这一基本观念的变革，被西方学者称之为是一次革命。

4. 成熟阶段

进入 20 世纪 70 年代，资本主义经济出现了资源、能源、公害、安全等一系列问题，强调消费者权利的消费者主义兴起，使市场营销面临许多新的挑战，促使市场营销新观念不断产生和完善，如社会市场营销、战略营销、关系营销、绿色营销、数据库营销、营销网络和全球营销等。市场营销学吸收了其他学科的精华，成为一门多学科交叉的、应用性较强的、综合性的管理学科。

二、市场营销学在中国的传播与发展

市场营销学在我国的应用和发展经历了一个较长的时期。从 20 世纪 30 年代开始，西方市场营销学传入我国，在很多商业院校都开设有相关课程。据相关资料，我国现存最早的市场营销学教材，是由上海的丁馨伯教授于 1933 年编译并由复旦大学出版的《市场学》。尽管如此，但由于当时国内商业经济并不发达，而且很快进入战争时期，营销学的传播并没有产生太大影响力。

1949 年中华人民共和国成立后，经济有了很大发展，但总体水平落后，商品长期供不应求。在当时，我国总体上实行计划经济，认为市场经济和计划经济二者本质上是对立的，否认价值规律对社会主义生产的调控作用，并不认可外来的市场经济理论，因此，市场营销学的研究一度中断。

改革开放后，我国初步确立要走一条适合我国特殊国情的社会主义道路，建立中国特色社会主义市场经济体制。为此，我国理论界和企业界重新引入了西方的市场营销学观念，为市场营销学的宣传、研究、应用和人才培养做了大量的工作。高等院校也相继开设了市场营销课程，组织编写相关教材。在各种类型和层次的经济管理干部培训班中，“营销学”都是一门不可缺少的课程。

时至今日，大量国外市场营销学教材和著作翻译出版，一些国际知名营销专家也经常来国内参与研讨和交流，国内学者对营销学也有了新的认知和见解。关系营销、整合营销、网络营销、品类营销等，共同构成了当今营销时代的新特征。

单元四 市场营销观念及演进

一、传统营销观念

1. 生产观念

生产观念产生于20世纪20年代之前，是一种古老的经营思想，在供给相对不足、卖方竞争有限的条件下一直支配着企业的生产经营活动。生产观念的核心是以生产者为中心，企业以顾客买得到和买得起产品为假设的出发点。

生产观念是在卖方市场条件下产生的。在资本主义工业化初期以及第二次世界大战末期和战后一段时期内，资本主义经济和生产技术相对落后，生产效率不高，由于物资短缺，市场产品供不应求，生产观念在企业经营管理中颇为流行。

因此，很多企业主认为，企业应致力于提高生产效率和分销效率，扩大生产，降低成本以扩张市场。例如，养元饮品自2005年推出“六个核桃”以来，长期采用“大单品”战略，专注于核桃乳的生产和销售。公司通过标准化生产工艺和大规模广告投入，迅速占领市场。截至2021年，公司在衡水、滁州、鹰潭等地建立了多个生产基地，共有34条自有生产线，年产能达到数十万吨。然而，过于依赖单一产品也使公司在市场需求变化时面临挑战，近年来开始尝试产品多元化。李子园食品成立于1994年，主要生产甜牛奶等乳饮料产品。公司长期采用“大单品”战略，专注于某一类产品的大规模生产，以降低成本并提高市场占有率。这种策略在初期取得了成功，但也导致产品结构单一，对市场变化的适应能力较弱。近年来，李子园开始尝试产品多元化，以应对消费者日益多样化的需求。

事实证明，重生产、轻市场营销的商业逻辑越来越难以适应现在的市场环境。

课堂延伸

诺基亚：昔日的行业领袖

在20世纪末至21世纪初，诺基亚曾雄踞全球手机市场榜首，其产品以耐用性、实用性及设计的简洁性闻名于世。在其辉煌时期，全球销量最高的十款手机中，诺基亚独占七席。其在全球手机市场的占有率之高，使其他竞争者难以望其项背，其行业地位似乎坚如磐石。然而，2007年，苹果公司推出了其首款iPhone，同年谷歌公司亦发布了首款搭载Android操作系统的手机，这标志着智能手机时代的开启。随着科技的飞速进步和消费者需求的持续演变，诺基亚未能适时调整其生产理念，仍旧固守功能手机时代的成功策略。诺基亚过分依赖其 Symbian 操作系统，未能预见到智能手机时代的到来，以及消费者对触摸屏、应用生态系统和互联网接入的迫切需求。苹果的 iPhone 和谷歌的 Android 系统引领了新的市场潮流，而诺基亚的 Symbian 系统及传统功能手机在竞争中显得力不从心。尽管诺基亚试图通过推出搭载 Windows Phone 系统的 Lumia 系列手机来扭转局势，但时机已失，市场已被竞争对手牢牢占据。2013 年，诺基亚将其手机业务出售给微软，并随后宣布将战略重心转移到网络设备和解决方案上。公司开始专注于电信基础设施、企业网络以及云计算服务等领域，力求在新的技术浪潮中稳固自身的地位。

在传统市场营销观念中，企业奉行生产什么就卖什么的理念，具体表现为：企业集中力量生产企业擅长的产品，实行以产定销，忽略顾客需求，轻视市场营销，通过推销、促销的手段获得利润。

2. 产品观念

产品观念产生于 20 世纪 20 年代，这种观念认为，消费者欢迎那些质量好、价格合理的产品。因此企业只要致力于提高产品质量，顾客必然会主动购买，无须大量促销活动。这种观念是把市场看作企业生产活动的终点，忽视了市场消费者对产品多样性的需要。在商品经济不太发达的时代，产品供不应求时，尚可以短暂应用。

生产观念和产品观念都属于以生产为中心的经营思想，区别在于一个注重数量，一个注重质量，但都忽视了消费者的客观需要。

课堂延伸

圆珠笔头钢珠的质量问题

在 20 世纪 30 年代的欧洲，一种方便、价廉的圆珠笔开始在书记员、银行职员甚至富商中流行起来。制笔企业开始大量生产圆珠笔，不久却发现圆珠笔市场严重萎缩，原因是圆珠笔前端的钢珠在长时间的书写后，因摩擦而变小继而脱落导致笔筒内的油泄漏出来，弄得满纸油渍，给书写工作带来了极大的不便。人们开始厌烦圆珠笔，很少再使用它。

一些科学家和企业的设计师为了改变“笔筒漏油”这种状况进行了大量的工作。其中一个科学家做了大量的实验以求找到寿命最长的“圆珠”，他实验了上千种不同的材料来做笔前端的那个“圆珠”，但结果却都不是很理想。

这时一个叫马塞尔·比希的人很好地对圆珠笔进行了改善，解决了“漏油”的问题。他的成功得益于一个想法：“既然不能很好地延长圆珠笔的寿命，那为什么不主动控制其寿命呢?”他所做的工作就是在实验中找到所能完成书写的“最大用油量”。然后每支圆珠笔所装的“油”都不超过这个“最大用油量”。这样，方便、价廉、卫生的圆珠笔又成了人们最喜爱的书写工具之一。

3. 推销观念

推销观念产生于20世纪30年代。由于科技的进步、科学的管理和大规模生产的推广，市场上出现了产品供过于求的现象，特别是受1929年开始的资本主义世界经济危机的影响，产品销售困难，竞争加剧，如何把产品推销出去变得尤为重要。

推销观念认为，即使有物美价廉的产品，也需要开展推销工作，表现为：我卖什么，就让人们买什么。因此，企业必须建立专门的推销机构，大力开展推销工作。与前两种营销观念相比，推销观念初步摆脱了生产单方面决定性的影响，认识到了市场的重要性，是经营思想的一大进步，但是它仍然认为产品的售出就是活动的结束，忽视了售后消费者的感受，属于单向信息交流，不能真正做到使消费者满意。

二、现代营销观念

1. 市场营销观念

现代市场营销观念是20世纪50年代中期才正式形成的一种新的企业经营管理哲学，也称为市场营销导向或顾客需求导向。这种观念的产生和应用是对在这之前各种经营观念的一种质的变革，它的核心是以满足消费者的需要为经营出发点，简单地说就是顾客需求导向。

第二次世界大战后，随着科学技术的迅速发展，以美国为首的主要资本主义国家的劳动生产率进一步提高，社会物质财富有了较大的增长，商品从供应量到花色品种都比较充裕，为顾客提供了更多的选择；与此同时，消费者收入水平的普遍提高一方面使消费者的购买力水平有了较大幅度的提高，另一方面也使消费者的需求更为多样化和多元化。随着市场上各种产品的供大于求，企业间的竞争进一步激烈，到20世纪50年代，以美国为首的主要资本主义国家已成为名副其实的买方市场。面对这样的市场环境，许多企业认识到：只有分析和研究市场需求，采用一切手段与方法来满足用户和消费者的需求，企业才能在激烈的市场竞争中求得生存和发展。因此不少大企业开始提出“哪里有消费者的需要，哪里就有我们的机会”“顾客至上”“一切为了顾客的需要”“制造你所能销得出去的产品而不是销售你所能生产出来的产品”等口号，这说明企业已开始运用市场营销观念来指导营销活动。

奉行现代市场营销观念的企业必须在战略规划、企业组织、管理方法和决策程序上进行一系列的变革，具体如下：

（1）企业不是以生产为中心而是以顾客需求为中心来确定其经营方向。

（2）企业的宗旨是满足目标顾客的需求和欲望。

（3）企业中各部门与营销部门或销售部门的活动协调一致，开展整体营销活动——生产适销对路的产品、制定适宜的价格、采用适当的促销方式和手段、利用适合的分销渠道，达到在满足顾客需要和利益的基础上，获取企业的合法利润的目的。

（4）企业营销部门已不再是单纯地在产品生产后从事销售性事务，而是参与企业经营管理活动的全过程，是企业经营管理的重要组成部分。

注重长远利益和战略目标是市场营销观念的又一基本特征，它不同于推销观念只注重当前产品的销售和短期利润的获取。持市场营销观念的经营者认为，不顾及企业的长远发展目标而进行的盲目生产或全力推销对企业可能不仅无利而且可能是有害的。

一般来说，市场营销观念只有在市场经济发展比较成熟、市场竞争十分激烈的市场环境条件下，才容易为企业所接受。这是因为真正采用市场营销观念的企业会在原有的基础上增加很多新的工作和投资，比如进行市场调查和营销策划等，以营利为目的的企业只有在它认为确实在有必要的情况下才会接受市场营销观念并相应地增加这方面的投入，并随着营销必要性的逐步增强而提高营销在企业中的地位。

2. 社会营销观念

社会营销观念是对市场营销观念的修改和补充。它产生于20世纪70年代西方国家出现能源短缺、环境污染、通货膨胀和失业率提高、消费者保护运动盛行的形势下。人们发现，市场营销观念摆正了企业与顾客的关系，但在实际执行过程中，有时会出现满足消费者个人需要，却与社会公众整体利益特别是社会公众长远利益发生矛盾的现象，如“一次性方便筷”，利用氟利昂制冷的冰箱、空调等虽满足了用户生活便利的需要，却造成社会资源的浪费，危害了人类赖以生存的环境，最终将影响人类的健康。针对这种状况，人们提出社会营销观念，以突出强调维护社会公共利益。

社会营销观念强调企业在满足顾客需要的同时，必须考虑到社会公众长远的、整体的利益，要考虑到环境的保护和资源的节约，不能人为地鼓励建立在污染环境和过度耗费资源基础上的消费。这就要求企业在进行营销决策时充分考虑消费者的需求和欲望、消费者利益、企业利益以及社会长期利益这四个方面的因素，正确处理好消费者利益、企业利益与社会长期利益这三者之间的关系，以满足消费者需求、保证消费者和社会的长期利益作为企业根本目的与责任。这也就是社会营销观念与市场营销观念的区别之所在。

社会营销观念也是随着企业经营实践的发展而逐步为企业所接受的。因为如果企业在它的经营活动中不顾社会利益，造成社会利益的损害，就必然会受到社会舆论的压力而影响企业的进一步发展。近年来社会对于环境保护和健康消费的重视，使得各国政府的政策对于有损社会利益的生产行为和消费行为的约束越来越严厉，社会舆论的压力也越来越大，从而迫使企业不得不通过树立良好的社会形象来改善自己的经营环境，社会营销观念也因此而被普遍接受。

课堂延伸

电动汽车充电桩市场

近年来，随着电动汽车（EV）市场的快速发展，电动汽车充电桩作为关键基础设施的重要性日益凸显。市场研究机构 Fortune Business Insights 发布的研究报告的数据显示，预计 2030 年全球电动汽车充电桩市场规模将达到 1 410 亿美元。并预计在未来几年内将保持快速增长。这一增长趋势与多个因素密切相关。

首先，环保意识的增强和可再生能源的推广使得越来越多的消费者选择电动汽车，推动了充电桩需求的增长。根据国际能源署（IEA）的数据，预计到 2030 年电动汽车保有量将达到 2.4 亿辆，这为充电桩市场提供了广阔的用户基础。其次，各国政府纷纷出台政策，鼓励电动汽车的普及和充电基础设施的建设。例如，我国在“十四五”规划中明确提出要大力发展充电桩网络。截至 2024 年 9 月，全国已建成超过 1 000 万个充电桩。

此外，消费者对充电便利性的需求也在不断增加。许多城市的充电桩服务逐渐向商业区、住宅区和高速公路等多种场景扩展，提升了充电的普及性与便利性。根据一项调查，约 80%的电动汽车车主表示，充电桩的分布和充电便利性是他们选择电动汽车的首要考虑因素。

市场的发展趋势也得益于多家企业的积极布局，如特斯拉、蔚来、比亚迪等公司，通过建立充电网络和提供智能充电解决方案，迅速吸引了大量用户，推动了电动汽车充电桩的普及。其中特斯拉在全球范围内建立了数千个超级充电站，极大地提升了电动汽车用户的充电体验。

综上所述，电动汽车充电桩市场的快速发展是环保意识、政策推动和消费者需求三者相互作用的结果。商家在进入这一市场时，应充分考虑这三大因素，以制定合理的市场策略，满足消费者的需求。随着电动汽车市场的不断扩大，充电桩作为基础设施的重要性将愈加突出，未来的发展潜力巨大。

三、学习市场营销学的现实意义

1. 面对 21 世纪的营销挑战

我们正在面对知识经济时代的严峻挑战。经济全球化、高新技术发展特别是信息科技产业的崛起、金融危机和全球企业并购之风的兴起，预示着未来的营销从观念、规划到方式都将发生深刻变化。一些学者将这些变化方向归纳为学习型营销：善于学习、创新和运用新知识的组织将是最大的赢家。

著名的营销学家菲利普·科特勒曾经预言，21 世纪初（2005 年）市场销售领域将出现十大新趋势：

（1）电子商务的发展，使批发和零售之间出现了实质性非居间化。

（2）零售店交易量减少，它们更多是在推销“体验”而不是产品。

（3）建立客户信息库，根据某客户的特别需要提供“定制商品”，成为公司时尚。

（4）商家在通过富于想象力的方法来超过消费者期望方面做了出色的工作。

（5）公司重视并对个别客户、产品和销售渠道进行利润核算。

（6）许多公司进一步形成了忠实于客户的远见卓识。

（7）公司的活动和需要更多依赖外部资源和合作。

（8）现场销售人员拥有更多的特许权限。

（9）大量的电视广告、报纸杂志广告消失，互联网广告兴起。

（10）公司不可能长久地保持其竞争优势，除非它们具有尽快地学习和尽快跟上形势变化的能力。

可见，学习、研究市场营销学，是知识经济时代的要求，是迎接新世纪挑战、适应环境变化的需要。

2. 促进经济增长

（1）市场营销在促进经济总量增长方面发挥着重要作用。市场营销以满足消费者需求为中心，强调不断开拓新的市场，为生产者、经营者提供新的生产领域和产品价值实现的手段，有效地促进经济的增长。

（2）市场营销通过营销战略与策略的创新，指导新产品的开发与经营，降低市场风险，促进新科技成果转化为生产力，充分发挥科技作为第一生产力在经济增长中的作用。

（3）市场营销的发展，扩大了内需和国际市场，吸引了外资，缓解了经济增长中的供求矛盾和资金、技术等方面的问题，开拓了更大的市场空间。

（4）市场营销为第三产业的发展开辟了道路。专业的市场营销调研、咨询机构的发展，企业营销机构的运行，市场营销支持系统的协作，提供了大量的就业机会，直接或间接地促进了第三产业的繁荣和发展。

（5）市场营销强调经营与环境的协调，倡导保护环境，绿色营销，有利于经济的可持续发展。

3. 促进企业成长

企业是现代经济的细胞。企业的成长，是国民经济发展的基础。市场营销学对经济增长的贡献，主要表现在其维系着企业生存与发展中的基本问题上。

价值交换（实现）是企业生存和发展的基础。随着社会分工的细化，企业须按社会的某种需要创造价值（产品或服务），并通过交换过程实现其价值。市场营销学以满足需要为宗旨，引导企业树立正确的营销观念，面向市场组织生产过程和流通过程，不断从根本上解决企业成长中的关键问题。

市场营销学为企业成长提供了战略管理原则，企业的成长是一个与环境保持长期适应关系的过程。为此企业必须不断了解环境的变化，预测其变化趋势，不断创新产品及营销策略，避免营销短视风险，不断满足更高层次上的需要，从而实现自身成长。

市场营销学为企业成长提供了一整套竞争策略，指引企业创造竞争优势。在战略与策略层面，市场营销学为企业形成自己的经营特色以立于不败之地提供了战略研究方向。

市场营销学也为企业成长提供了组织管理、营销计划的制订、执行与控制方法等。

总之，研究市场营销学，是促进企业健康、持续成长的方法和路径。结合我国当前实际，许多国有企业、民营企业在经过一段时间发展后，陷入成长困境，固然有这样那样的原因，但其营销管理薄弱，是共同原因。另外，打造有影响力的跨国公司，研究和运用市场营销学知识，也是必不可少的。

模块小结

市场是商品经济中生产者与消费者之间的价值交换关系、条件和过程。市场营销是通过创造和交换产品价值，从而使个人或群体满足欲望和需要的社会和管理过程。其核心概念是交换，基本目标是满足欲望和需要，达成顾客满意。作为一门管理学科，市场营销学发源于20世纪初的美国，一个多世纪以来迅速发展和传播，影响深远，受到世界各国的普遍重视，经过在实践中不断发展、提高和创新，现已形成了系统的理论、策略和方法论体系。现代市场营销观念是20世纪50年代中期才正式形成的一种新的企业经营管理哲学，其核心是以满足消费者的需要为经营出发点，简单地说就是顾客需求导向。社会营销观念是对市场营销观念的修改和补充。社会营销观念强调企业在满足顾客需要的同时，必须既考虑到社会公众长远的、整体的利益，又考虑到环境的保护和资源的节约，不能人为地鼓励建立在污染环境和过度耗费资源基础上的消费。

思考时间

案例分析

江崎糖业公司的营销活动

曾经，日本泡泡糖市场被“劳特”垄断。可谓江山唯“劳特”独坐，其他企业想再挤进泡泡糖市场谈何容易。但江崎糖业公司对此却并不畏惧，公司成立了市场开发部门，专门研究霸主“劳特”产品的不足和短处，寻找市场的缝隙，经过周密调查分析，终于发现“劳特”的四点不足：

第一，以成年人为对象的泡泡糖市场在扩大，而“劳特”却仍旧把重点放在儿童泡泡糖市场上。

第二，“劳特”的产品主要是果味型泡泡糖，而现在的消费者的需求正在多样化。

第三，“劳特”多年来一直生产单调的条板状的泡泡糖，缺乏新型式样。

第四，“劳特”单个产品价格是 110 日元，顾客购买时需多掏 10 日元的硬币，往往感到不便。

通过分析，江崎糖业公司决定以成人泡泡糖市场为目标市场，并制定了相应的市场营销策略。

不久，它便推出四款功能性泡泡糖产品：司机用泡泡糖，使用了高浓度薄荷和天然牛黄，以强烈的刺激消除司机的困倦；交际用泡泡糖，可清洁口腔，祛除口臭；体育用泡泡糖，内含多种维生素，有益于消除疲劳；轻松性泡泡糖，通过添加叶绿素，可以改善人的不良情绪。它还精心设计了产品的包装和造型，价格为 50 日元和 100 日元两种，避免了找零钱的麻烦。功能性泡泡糖问世后，江崎糖业公司不仅挤进了由“劳特”独霸的泡泡糖市场，而且占领了一定的市场份额，从零猛升至 25%，当年销售额达到 175 亿日元。

问题：

分析案例中江崎糖业公司是如何进行市场营销活动的。

实训实习

学生应在学习完本模块内容后，根据所学知识在课余时间选择一个行业的企业去实习实训，了解企业当前的经营现状，尝试分析其营销活动。

1. 实训方式

在教师指导下，采取学生自定实习单位实习及指导教师不定期抽查的形式实行岗位实习监督。这样做既可提高学生实习的积极性、针对性，又可有效监控实习内容的全面执行情况，使学生能了解企业经营现状。

2. 实训要求

实训结束后，学生应对企业经营现状有一定了解，并将其实训所得记录下来，以报告的形式提交，内容要求翔实、详细。

根据时间充裕程度，安排学生进行课堂报告讲解，师生互动交流，加强对企业市场营销活动的理解和分析。

3. 实训考核

指导教师根据学生撰写实训报告的质量综合评定成绩（优、良、中、及格、不及格）。

模块二　市场营销环境认知

学习目标

知识目标

1. 掌握营销环境的内容及特点：理解营销环境的基本概念，包括微观环境和宏观环境，掌握其主要特点，如客观性、差异性、多变性和相关性。

2. 准确识别企业所处营销环境：能够识别和分析企业所处的具体营销环境，包括影响企业的直接因素和间接因素。

3. 具备环境分析能力：掌握环境分析的方法，能够评估外部环境中的威胁与机会，为企业的决策提供支持。

能力目标

1. 环境识别与分析能力：能够运用所学知识，识别企业所处的微观和宏观营销环境，并进行有效的环境分析。

2. 威胁与机会评估能力：能够通过环境分析，识别潜在的市场机会和威胁，制定相应的营销策略以规避风险和把握机会。

3. 实地调研与实践能力：通过实习和项目实践，能够进行市场环境的实地调研，收集数据并撰写分析报告，增强对营销环境的理解。

素养目标

1. 在分析营销环境时，具备批判性思维，能够识别和质疑潜在的假设和观点，做出更为合理的判断。

2. 分析和制定营销策略时，关注社会责任，考虑企业在市场活动中的社会影响，促进可持续发展。

案例导入

90后成就的美图秀秀

美图公司成立于2008年10月，以人工智能为驱动，是中国领先的影像处理及社交平台。美图公司以“让每个人都能简单变美”为使命，围绕“美”创造了一系列如美图秀秀、美颜相机、美拍、美图魔镜、美图手机等软硬件产品，改变了用户创造与分享美的方式，也使自拍文化深入人心。

在美图公司的产品中，有一款耳熟能详的应用——美图秀秀。我们很多人的手机，也许都安装了“美图秀秀”，这款修图软件大概是上至70后、80后，下至90后、00后手机必备的一款应用，但真正让其得到推广的主力军当属90后这个群体，正如美图创始人吴欣鸿所说：“90后成就了美图秀秀。”

美图秀秀以其简单易学的操作界面和丰富多样的功能，迎合了90后用户的需求。尽管它并不具备专业修图软件的复杂功能，但其独特的图片特效、人像美容和拼图场景等功能，正是90后用户所追求的个性化和趣味性。这些功能不仅使得用户能够轻松制作出美观的图片，还能够通过分享展示自己的个性和生活方式，从而在社交网络上获得关注和点赞。

美图公司在2024年上半年展现了显著的战略亮点和市场表现。通过成功推进全球化战略，月活跃用户数实现了快速增长，尤其是在泰国和印度尼西亚等市场，AI相关功能如“画质修复”的推出，使得Wink应用在iOS App Store中登顶。这一阶段，中国（不含港澳台地区）以外地区的用户占整体月活跃用户数的32.9%，显示出美图在国际市场的渗透力不断增强。

随着社交媒体的普及和短视频平台的兴起，年轻人对视觉内容的需求不断增加，美图秀秀凭借其便捷的操作和丰富的功能，吸引了大量90后、00后用户。通过不断推出新特效和功能更新，美图秀秀保持了与用户的紧密联系，增强了用户黏性。Wink作为美图在2022年推出的AI视频编辑应用，截至2024年6月30日，其月活跃用户数同比增长约99%，成为仅次于美图秀秀和美颜相机的第三大应用。这一成功不仅证明了美图在影像与设计领域持续打造成功产品的能力，也反映出其在全球范围内推动新老产品增长的实力。美图相信，随着创作者经济的兴起，视频作为一种媒介的需求将不断增加，于是在国内外推出了多款以视频为重点的产品，以抓住这一增长机会。

在收入方面，美图的影像与设计产品在2024年上半年实现了约54.5%的同比增长，达到人民币9.306亿元，付费订阅用户数超过1 081万，显示出其在用户转化方面的成功。此外，程序化广告业务表现尤为突出，广告收入同比增长18.3%，除中国（不含港澳台地区）外全球广告收入同比增长129%。这些数据表明，美图在广告变现方面的能力不断提升。

美图还通过收购站酷网，成功推出了针对自由设计师的在线服务平台——美业，进一步丰富了其产品矩阵。尽管美业解决方案的收入同比有所减少，但公司仍为超过1万家线下化妆品门店提供ERP服务，帮助客户优化采购决策。整体来看，美图在影像与设计产品领域的持续创新和全球化布局，为其未来的发展奠定了坚实的基础。

美图秀秀的成功并非偶然，吴欣鸿和他的团队准确地把握了90后的特点，依据他们的生活方式和观念所设计出来的这款修图软件，迎合了90后用户群体的需求。90后绝不是一个简单的代际划分，他们从小就会玩手机，碎片时间基本都会花在移动终端上，当时他们中的大多数还是学生，相对于工作一族，没有各类公务、应酬、家庭和房贷，会花大量的时间在社交网络、游戏视频、自拍摄影等娱乐方式上。美图秀秀虽不具备专业修图软件的功能，但在设计上简单易学，独有的图片特效、人像美容、拼图场景等功能深受90后的青睐，90后成为当时美图秀秀的主力用户和推广力量。

单元一　营销环境概述

任何企业都如同生物有机体一样，总是生存于一定的环境之中，企业的营销活动不可能脱离周围环境而孤立地进行。企业可以通过对环境因素的分析与预测，主动地适应和利用环境，也可以通过营销努力去影响外部环境，使环境有利于企业自身的生存和发展，提高企业营销活动的有效性。因此，重视研究市场营销环境及其变化，是企业营销活动的立足点。

一、营销环境的含义及特点

微课：

宏观的营销环境

1. 营销环境的含义

著名营销学家菲利普·科特勒这样定义市场营销环境："营销环境是由营销以外的那些能够影响与目标顾客建立和维持成功关系的营销管理能力的参与者和各种力量所组成的。"

也可以这样理解，市场营销环境是指影响企业市场营销活动及其目标实现的各种因素和力量。这些因素和力量是影响企业营销活动及其目标实现的外部条件，每个企业都和市场营销环境的某些部分相互影响，相互作用，我们将这部分环境称为相关环境。企业所处的相关环境总是处于不断变化的状态中。在一定时期内，经营最为成功的企业，一般是能够适应相关环境的企业。企业得以生存的关键在于它在环境变化时需要新的经营行为所拥有的自我调节能力。适应性强的企业总是随时关注环境的发展变化，通过事先制订的计划来控制变化，以保证企业对环境变化的适应。

企业市场营销环境包括直接营销环境和间接营销环境。直接营销环境又称微观环境，是指与企业紧密相连，直接影响企业营销能力的各种参与者，包括企业本身、市场营销渠道企业、顾客、竞争者以及社会公众。微观环境直接影响与制约企业的营销活动，多半与企业有或多或少的经济联系，也称作业环境。

间接营销环境又称宏观环境，是指影响微观环境的一系列巨大的社会力量，主要包括人口、经济、政治法律、科学技术、社会文化及自然生态等因素。宏观环境一般以微观环境为媒介去影响和制约企业的营销活动，在特定场合，也可直接影响企业的营销活动。

宏观环境因素与微观环境因素共同构成了多因素、多层次、多变的企业市场营销环境的综合体。

市场营销环境构成如图 2-1 所示。

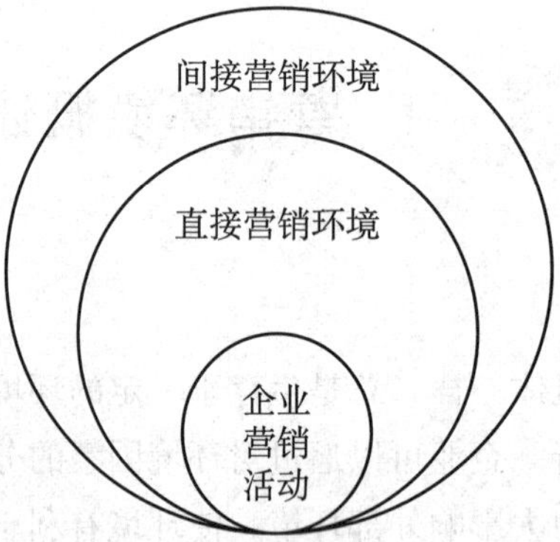

图 2-1 市场营销环境构成图

2. 营销环境的特点

(1) 客观性。环境作为营销部门外在的不以营销者意志为转移的因素，对企业营销活动的影响具有强制性和不可控性的特点。一般情况下，营销部门无法摆脱和控制营销环境，特别是宏观环境，企业难以按自身的要求和意愿去随意改变它。如企业不能改变人口因素、政治法律因素、社会文化因素等。但企业可以主动适应环境的变化和要求，制定并不断调整市场营销策略。事物发展与环境变化的关系体现为适者生存，不适者淘汰，就企业与环境的关系而言，也完全适用。有的企业善于适应环境就能生存和发展，有的企业不能适应环境的变化，就难免被淘汰。

(2) 差异性。不同的国家或地区之间，宏观环境存在广泛的差异，不同的企业，微观环境也千差万别。正因营销环境的差异，企业为适应不同的环境及其变化，必须采用有特点和针对性的营销策略。环境的差异性也表现为同一环境的变化对不同企业的影响不同。例如，中国加入世界贸易组织，意味着中国企业能够进入国际市场进行“国际性较量”，而这一经济环境的变化，对不同行业所造成的冲击也不相同。企业应根据环境变化的趋势和行业的特点，采取相应的营销策略。

(3) 多变性。市场营销环境是一个动态系统。构成营销环境的诸因素都受众多因素的影响，每一个环境因素都随着社会经济的发展而不断变化。20 世纪 60 年代，中国处于短缺经济状态，短缺几乎成为社会经济的常态。改革开放 20 年后，中国已遭遇“过剩”经济，不论这种“过剩”的性质如何，仅就卖方市场向买方市场转变而言，市场营销环境已发生了重大变化。营销环境的变化，既给企业提供了机会，也给企业带来了威胁，虽然企业难以准确无误地预见未来环境的变化，但可以通过设立预警系统，追踪不断变化的环境，及时调整营销策略。

(4) 相关性。营销环境诸因素间，相互影响，相互制约，某一因素的变化，会带动其他因素的相互变化，形成新的营销环境。例如，竞争者是影响企业的重要的微观环境因素之一，而宏观环境中的政治法律因素或经济政策因素的变动，均能影响一个行业竞争者加入的数量，从而形成不同的竞争格局。又如，市场需求不仅受消费者收入水平、爱好以及社会文化等方面因素的影响，同时也会受到政治法律因素的决定性影响。再如，某些地方消费者有购买家电的需求，但当地电力供应不正常，无疑是扩展家电市场的制约因素。

二、研究营销环境的意义

营销环境是企业营销活动的制约因素，营销活动依赖于这些环境才得以正常进行。这表现在：营销管理者虽可控制企业的大部分营销活动，但必须注意环境对营销决策的影响，不得超越环境的限制；营销管理者虽能认识、分析营销环境提供的机会，但无法控制所有有利因素的变化，更无法有效地控制竞争对手；由于营销决策与环境之间的关系复杂多变，营销管理者无法直接把握企业营销决策实施的最终结果。此外，企业营销活动所需的各种资源，需要从环境许可的条件下取得，企业生产与经营的各种产品，也需要获得消费者或用户的认可与接纳。

虽然企业营销活动必须与其所处的外部和内部环境相适应，但营销活动绝非只能被动地接受环境的影响，营销管理者应采取积极、主动的态度能动地去适应营销环境。就宏观环境而言，企业可以采用不同的方式增强适应环境的能力，避免来自环境的威胁，有效地把握市场机会。在一定条件下，企业也可运用自身的资源，积极影响和改变环境因素，创造更有利于营销活动的空间。

单元二 宏观营销环境

宏观营销环境是指对企业营销活动造成市场机会和环境威胁的主要社会力量，包括人口、经济、自然、科学技术、社会文化等因素。分析宏观营销环境的目的在于能更好地认识环境，通过企业营销努力来适应社会环境的变化，达到企业营销目标。宏观营销环境如图 2-2 所示。

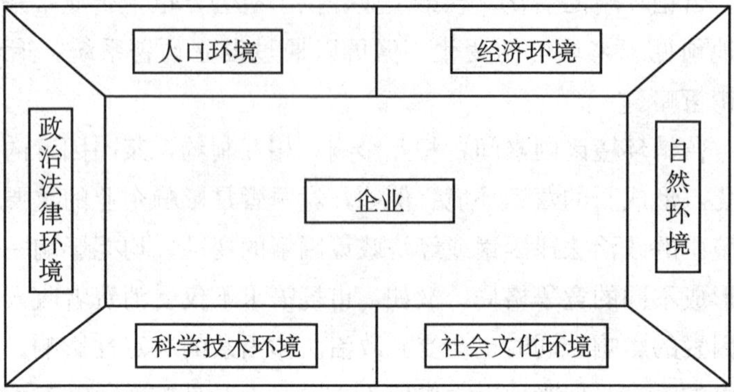

图 2-2 宏观营销环境

一、人口环境

人口是构成市场的第一位因素。市场是由既有购买欲望又有支付能力的人构成的，人口数量直接决定市场规模和潜在容量，人口的性别、年龄、民族、婚姻状况、职业、居住分布等也对市场格局产生着深刻影响，从而影响着企业的营销活动。企业应重视对人口环境的研究，密切关注人口特性及其发展动向，及时地调整营销策略以适应人口环境的变化。从影响消费需求的角度，对人口因素可作下述分析。

1. 人口总量分析

一个国家或地区的总人口数量多少，是衡量市场潜在容量的重要因素。中国现有 14 亿多人口，超过欧洲和北美洲人口的总和。随着经济的发展，人民收入不断提高，中国已被视作世界最大的潜在市场。

目前，世界人口环境正发生明显的变化，主要趋势如下：

(1) 全球人口持续增长，据联合国估算，2025 年全球人口将达到 82 亿人左右。人口增长首先意味着人民对生活必需品的需求增加。

(2) 美国等发达国家人口出生率下降，而发展中国家出生率上升，90%的新增人口在发展中国家，使得这些国家人均收入的增加以及需求层次的升级受到影响。

2. 人口结构分析

(1) 年龄结构。不同年龄的消费者对商品和服务的需求是不一样的。不同年龄结构形成了具有年龄特色的市场需求。企业了解不同年龄结构所具有的需求的特点，就可以决定企业产品的投向，寻找目标市场。

(2) 性别结构。性别差异会给人们的消费需求带来显著的差别，反映到市场上就会出现男性用品市场和女性用品市场。企业可以针对不同性别的不同需求，生产适销对路的产品，制定有效的营销策略，开发更大的市场。

（3）教育与职业结构。人口的教育程度与职业结构的不同，对市场需求表现出不同的倾向。随着高等教育规模的扩大，人口的受教育程度普遍提高，收入水平也逐步增加。企业应关注人们对报刊、书籍、电脑这类商品的需求的变化。

（4）家庭结构。家庭是商品购买和消费的基本单位。一个国家或地区的家庭单位的多少以及家庭平均人口的多少，可以直接影响某些消费品的需求数量。同时，不同类型的家庭往往有不同的消费需求。

（5）社会结构。我国仍有大部分人口为农业人口，这样的社会结构要求企业营销充分考虑到农村这个大市场。

（6）民族结构。我国是一个统一的多民族的国家。民族不同，其文化传统、生活习性也不相同，具体表现在饮食、居住、服饰、礼仪等方面的消费需求都有自己的风俗习惯。企业营销要重视民族市场的特点，开发具有民族特性、受其欢迎的商品。

3. 人口分布分析

人口有地理分布上的区别，人口在不同地区的密集程度是不同的。各地人口的密度不同，则市场大小不同、消费需求特性不同。

当前，我国有一个突出的现象就是农村人口向城市流动，内地人口向沿海经济开放地区流动。企业营销不仅应关注这些地区消费需求在量上的增加，而且应关注其在消费结构上发生的一定变化，应提供更多的适销对路的产品以满足这些流动人口的需求，这是潜力很大的市场。

二、经济环境

经济环境一般是指影响企业市场营销方式与规模的经济因素，包括经济发展阶段、经济形势、消费者收入、消费者支出、社会产业结构、经济增长率、货币供应量、银行利率、政府支出等因素，其中收入因素、消费结构对企业营销活动影响较大。

1. 经济发展阶段分析

经济发展阶段的高低，直接影响企业市场营销活动。经济发展阶段高的国家和地区，着重投资于较大的，精密、自动化程度高、性能好的生产设备；在重视产品基本功能的同时，比较强调款式、性能及特色；非价格竞争较占优势。

2. 经济形势分析

经济形势对企业的影响是多方面的，是复杂多变的，对国家和企业而言，机遇与挑战并存。企业必须认真研究，力求正确认识与判断，制定相应的营销战略。

我国在1978—2000年间，GDP年均增长9.4%，人均GDP年均增长7.8%。经济的高速发展，极大地增强了我国的综合国力，显著地改善了人民生活。同时，国内经济生活中，还存在一些困难和问题，如经济发展不平衡、产业结构不尽合理、就业问题压力很大等。所有这些国际、国内经济形势，国家、地区乃至全球的经济繁荣与萧条，对企业市场营销都有重要的影响。

3. 消费者收入分析

收入因素是构成市场的重要因素。市场规模的大小，归根结底取决于消费者的购买力大小，而消费者的购买力的大小取决于他们收入的多少。企业必须从市场营销的角度来研究消费者收入，通常可以从以下几个方面进行分析：

（1）国民生产总值。它是衡量一个国家经济实力与购买力的重要指标。国民生产总值增长越快，对商品的需求和购买力就越大，反之，就越小。

（2）人均国民收入。这个指标大体反映了一个国家人民生活水平的高低，也在一定程度上决定了商品需求的构成。一般来说，人均收入增长，对商品的需求和购买力就大，反之就小。

（3）个人可支配收入。这是指在个人收入中扣除消费者个人交纳的各种税款和交给政府的非商业性开支后剩余的部分，可用于消费或储蓄的那部分个人收入，它构成实际购买力。个人可支配收入是影响消费者购买生活必需品的决定性因素。

（4）个人可任意支配收入。这是指在个人可支配收入中减去消费者用于购买生活必需品的费用支出（如房租、水电、食物、衣着等项开支）后剩余的部分。这部分收入是消费需求变化中最活跃的因素，也是企业开展营销活动时所要考虑的主要对象。这部分收入一般用于购买高档耐用的消费品以及娱乐、教育、旅游等。

（5）家庭收入。家庭收入的高低会影响很多产品的市场需求。一般来讲，家庭收入高，对消费品需求大，购买力也大；反之，需求小，购买力也小。另外，要注意分析消费者实际收入的变化，注意区分货币收入和实际收入。

4. 消费者支出分析

1857年，德国统计学家恩斯特·恩格尔发现了消费者收入变化与支出模式，即消费结构变化之间的规律性。恩格尔所揭示的这种消费结构的变化通常用恩格尔系数来表示，恩格尔系数是食物支出总额占个人消费支出总额的比重。家庭收入越少，用来购买食物的支出所占的比例就越大，随着家庭收入的增加，家庭收入所用来购买食物的支出比例则会下降。联合国根据恩格尔系数的大小，对世界各国的生活水平有一个划分标准，即一个国家平均家庭恩格尔系数大于60％为贫穷；50％～60％为温饱；40％～50％为小康；30％～40％属于相对富裕；20％～30％为富足；20％以下为极其富裕。

恩格尔系数是衡量一个国家、地区、城市、家庭生活水平高低的重要参数。企业从恩格尔系数可以了解目前市场的消费水平，也可以推知今后消费变化的趋势及对企业营销活动的影响。

5. 消费者储蓄分析

消费者的储蓄行为直接制约着市场消费量和购买量的大小。当收入一定时，如果储蓄增多，现实购买量就会减少；反之，如果用于储蓄的收入减少，现实购买量就会增加。居民储蓄倾向受利率、物价等因素变化影响。人们的储蓄目的也是不同的，有的是为了养老，有的是为未来的购买而积累。当然，储蓄的最终目的也是消费。企业应关注居民储蓄的增减变化，了解居民储蓄的不同动机，制定相应的营销策略，获取更多的商机。

6. 消费者信贷分析

消费者信贷，也称信用消费，是指消费者凭信用先取得商品的使用权，然后按期归还贷款，完成商品购买的一种方式。信用消费允许人们购买超过自己现实购买力的商品，创造了更多的消费需求。随着我国商品经济的日益发达，人们的消费观念大为改变，信贷消费方式在我国逐步流行起来，值得企业去研究。

三、自然环境

1. 自然资源日益短缺

自然资源可分为两类：一类为可再生资源，如森林、农作物等，这类资源是有限的，可以被再次生产出来，但必须防止过度采伐森林和侵占耕地；另一类资源是不可再生资源，如石油、煤炭、银、锡、铀等，这种资源蕴藏量有限，随着人类的大量地开采，有的资源已经处于枯竭的边缘。自然资源短缺，一方面使许多企业面临原材料价格大涨、生产成本大幅度上升的威胁；另一方面又迫使企业研究更合理地利用资源的方法，开发新的资源和代用品，从而为企业提供了新的资源和营销机会。

2. 环境污染日趋严重

工业化、城镇化的发展对自然环境造成了很大的影响，尤其是环境污染问题日趋严重，一些地区的污染已经严重影响到人们的身体健康和自然生态平衡。环境污染问题已引起各国政府和公众的密切关注，这对企业的发展是一种压力和约束，要求企业为治理环境污染付出一定的代价，但同时也为企业提供了新的营销机会，促使企业研究控制污染技术，兴建绿色工程，生产绿色产品，开发环保包装。

3. 政府干预不断加强

自然资源短缺和环境污染加重的问题，使各国政府加强了对环境保护的干预，颁布了一系列有关环保的政策法规，这将制约一些企业的营销活动。有些企业由于治理污染需要进行额外投资，影响扩大再生产，但企业必须以大局为重，要对社会负责，对子孙后代负责，加强环保意识，在营销过程中自觉遵守环保法令，担负起环境保护的社会责任。同时，企业也要制定有效的营销策略，既要消化环境保护所支付的必要成本，又要在营销活动中挖掘潜力，保证营销目标的实现。

营销活动既受自然环境的影响，也对自然环境的变化负有责任。营销管理者当前应注意自然环境面临的难题和趋势，如资源短缺、环境污染严重、能源成本上升等。因此，从长期的观点来看，自然环境应包括资源状况、生态环境和环境保护等方面，许多国家对自然资源管理的干预也日益加强。人类只有一个地球，自然环境的破坏往往是不可弥补的，企业实行生态营销、绿色营销等，都是维护全社会的长期福利所必然要求的。

四、政治法律环境

政治法律环境是影响企业营销的重要宏观环境因素，包括政治环境和法律环境。政治环境引导着企业营销活动的方向，法律环境则为企业规定经营活动的行为准则。政治环境与法律环境相互联系，共同对企业的市场营销活动产生影响和发挥作用。

1. 政治环境

政治环境是指企业市场营销的外部政治形势和状况给市场营销带来的或可能带来的影响。对国内政治环境的分析要了解党和政府的各项方针、路线、政策的制定和调整对企业市场营销的影响。对国际政治环境的分析要了解“政治权力”与“政治冲突”对企业营销的影响。

政治权力是指一国政府通过正式手段对外来企业权利予以约束，包括进口限制、外汇控制、劳工限制、国有化等方面。进口限制是指在法律和行政上限制进口的各项措施：一类是限制进口数量的各项措施；另一类是限制外国产品在本国市场上销售的措施。外汇管制是指一个国家政府对外汇的供需及利用加以限制。劳工限制是指所在国对劳工来源及使用方面的特殊规定。国有化是指国家将所有外国人投资的企业收归国有，有的给予补偿，有的不给予任何补偿。这些“政治权力”对市场营销活动的影响往往有一个发展过程，有些方面的变化，企业可以通过认真的研究分析预测得到。

政治冲突是指国际上重大事件和突发性事件对企业营销活动的影响，包括直接冲突与间接冲突两种。直接冲突有战争、暴力事件、绑架、恐怖活动、罢工、动乱等给企业营销活动带来的损失和影响；间接冲突主要是指由于政治冲突、国际上重大政治事件带来的经济政策的变化，国与国、地区与地区观点的对立或缓和常常影响其经济政策的变化，进而使企业的营销活动或受威胁，或得到机会。

2. 法律环境

法律环境是指国家颁布的各项法律、行政法规、法令和条例等，以及地方政府制定的规章等。法律环境对市场消费需求的形成和实现具有一定的调节作用。企业研究并熟悉法律环境，既可保证自身严格依法管理和经营，也可运用法律手段保障自身的权益。

各个国家社会制度不同、经济发展阶段和国情不同，体现统治阶级意志的法制也不同，对从事国际营销活动的企业来说，不仅要遵守本国的法律制度，还要了解和遵守国外的法律制度和有关的国际法规、惯例和准则。例如，欧洲国家曾规定禁止销售不带安全保护装置的打火机，无疑限制了中国低价打火机的出口市场。日本政府也曾规定，任何外国公司进入日本市场，必须找一个日本公司同它合伙，以此来限制外国资本的进入。只有了解并掌握了这些国家的有关贸易政策，才能制定有效的营销对策，在国际营销中争取主动。

课堂延伸

西王玉米油：非转基因、无食品添加剂

从2000年起消费者就开始了有关转基因食品的讨论，并形成了社会热点。转基因食品已经通过了安全认证，同时，国家也出台了相关法律规定：转基因食品或者使用了转基因原料的食品需要在产品的包装中清楚地标注中文说明。然而在实际的市场运作中，虽然转基因食品通过了国家的认证，但消费者仍然觉得转基因食品存在一定安全隐患。转基因食品虽然在包装上用中文标注了，但是字体小，并隐藏在配料成分表中，消费者不仔细阅读的话，就很难发现。一系列的原因使得转基因食品成为一个更大的热点。

西王玉米油明确地提出“不管几比几，不要转基因”的口号，并在配料表中明确注明产品的营养成分，消费者不需要仔细查看产品的包装便可以放心购买。

案例启示：法律法规既是对行业的限制，也是机会。西王玉米油凭借对转基因食品需要标识的这种法律法规的认真解读，通过一系列营销措施的实施，强化了消费者脑海里对西王代表非转基因食用油的认知，促使消费者可以放心购买，从而奠定了本企业在玉米油行业中的地位。

五、科学技术环境

科学技术是社会生产力中最活跃的因素，它影响着人类社会的历史进程和社会生活的方方面面，对企业营销活动的影响更是显而易见，不仅直接影响企业内部的生产和经营，还同时与其他环境因素互相依赖、互相作用，给企业营销活动带来有利与不利的影响。现代科学技术突飞猛进，科技发展对企业营销活动的影响主要表现在以下几个方面。

1. 科技发展促进社会经济结构的调整

每一种新技术的发现、推广都会给有些企业带来新的市场机会，导致新行业的出现。同时，也会给某些行业、企业造成威胁，使这些行业、企业受到冲击甚至被淘汰。例如，电脑的运用代替了传统的打字机，复印机的发明淘汰了复写纸，数码相机的出现夺走了胶卷的大部分市场，等等。

2. 科技发展促使消费者购买行为的改变

随着多媒体和网络技术的发展，“网上购物”等新型购买方式出现了。人们还可以在家中通过“网络系统”订购车票、飞机票、戏票和球票。企业也可以利用这种系统进行广告宣传、营销调研和推销商品。随着新技术革命的进展，“在家便捷购买、享受服务”的方式还会继续发展。

3. 科技发展影响企业营销组合策略的创新

科技发展使新产品不断涌现，产品生命周期明显缩短，这要求企业关注新产品的开发，加速产品的更新换代。科技发展成果的运用降低了产品成本，使产品价格下降，要求企业及时做好价格调整工作。科技发展促进流通方式的现代化，要求企业采用顾客自我服务和各种直销方式。科技发展使广告媒体多样化，信息传播快速化，市场范围更广阔，促销方式更灵活。为此，企业要不断分析科技新发展，创新营销组合策略，适应市场营销的新变化。

4. 科技发展促进企业营销管理的现代化

科技发展为企业营销管理现代化提供了必要的装备，如电脑、传真机、电子扫描装置、光纤通信等设备的广泛运用，对改善企业营销管理，实现现代化起到了重要的作用。同时，科技发展对企业营销管理人员也提出了更高要求，促使其更新观念，掌握现代化管理理论和方法，不断提高营销管理水平。

六、社会文化环境

社会文化环境是指在一种社会形态下已经形成的民族特征、价值观念、生活方式、风俗习惯、宗教信仰、伦理道德、教育水平、语言文字等的总和。主体文化是占据支配地位的，起凝聚整个国家和民族的作用，由千百年的历史所形成的文化，包括价值观、人生观等；次级文化是在主体文化支配下所形成的文化分支，包括种族、地域、宗教等。文化对营销的所有参与者的影响是多层次、全方位、渗透性的。任何企业都处于一定的社会文化环境中，企业营销活动必然受到所在社会文化环境的影响和制约。为此，企业应了解和分析社会文化环境，针对不同的文化环境制定不同的营销策略，组织不同的营销活动。企业营销对社会文化环境的研究一般从以下几个方面入手。

1. 教育状况分析

受教育程度的高低，影响消费者对商品功能、款式、包装和服务要求的差异性。通常，文化教育水平高的国家或地区的消费者要求商品包装典雅华贵，对附加功能也有一定的要求。因此，企业营销开展的市场开发、产品定价和促销等活动都要考虑到消费者所受教育程度的高低，从而采取不同的策略。

2. 宗教信仰分析

宗教是构成社会文化的重要因素，对人们消费需求和购买行为的影响很大。不同的宗教有自己独特的对节日礼仪、商品使用的要求和禁忌。某些宗教团体甚至在教徒购买决策中有决定性的影响。为此，企业可以把影响大的宗教团体作为自己的重要公共关系对象，在营销活动中也要注意到不同的宗教信仰，以避免由于矛盾和冲突给企业营销活动带来的损失。

3. 价值观念分析

价值观念是指人们对社会生活中各种事物的态度和看法。不同文化背景下，人们的价值观念往往有着很大的差异，消费者对商品的色彩、标识、式样以及促销方式都有自己褒贬不同的意见和态度。企业营销必须根据消费者不同的价值观念设计产品，提供服务。

4. 消费习俗分析

消费习俗是指人们在长期经济与社会活动中所形成的消费方式与习惯。不同的消费习俗，具有不同的商品要求。研究消费习俗，不但有利于组织好消费用品的生产与销售，而且有利于正确、主动地引导健康的消费。了解目标市场消费者的禁忌、习惯、避讳等是企业进行市场营销的重要前提。

5. 消费流行分析

社会文化多方面的影响，使消费者产生了共同的审美观念、生活方式和兴趣爱好，从而导致社会需求的一致性，这就是消费流行。消费流行在服饰、家电以及某些保健品方面，表现尤为突出。消费流行在时间上有一定的稳定性，但有长有短，有的可能是几年，有的则可能是几个月；在空间上还有一定的地域性，同一时间内，不同地区流行的商品品种、款式、型号、颜色可能不尽相同。

课堂延伸

不要小看“入乡随俗”的重要性

肯德基的本土化战略在中国市场上表现得淋漓尽致，尤其是在菜单上的变化。回想当年，肯德基刚进入中国市场时，菜单上只有简单的炸鸡和汽水，与美国本土无异。然而，随着 2000 年“中国肯德基食品健康咨询委员会”的成立，这一局面发生了翻天覆地的变化。委员会汇集了 40 多位国家级食品营养专家，他们的目标是研发出能够满足中国消费者口味的产品。

2002 年，肯德基首次推出了早餐粥，这一举措标志着肯德基在本土化道路上迈出了重要一步。随后，豆浆、油条、烧饼、粥品以及老北京鸡肉卷等传统中餐陆续出现在肯德基的菜单上，甚至连米饭这一中餐的标志性食品也成为肯德基的主打产品。这一切的改变，都是为了更好地迎合中国消费者的饮食习惯。如今，走进肯德基，你可以在早餐时段享用到热腾腾的油条和豆浆，午餐时段则可以选择丰富的米饭套餐，还有各种中式小食供你选择，真正实现了“中国胃”的满足。

而在 2017 年，肯德基更是紧跟中国市场的潮流，推出了绿色健康的子品牌 Kpro，店内环境时尚，主打沙拉、三明治等健康轻食，深受消费者喜爱。不仅如此，肯德基在中国的菜单选择比美国本土还要丰富，一些在中国大受欢迎的产品甚至成功返销美国市场。此外，肯德基还积极融入中国市场，早在2008年就推出了宅急送外卖服务，2015年更是入驻了美团、饿了么等主流外卖平台，并且接入了支付宝、微信等支付方式，为顾客提供了便捷的自助点餐和取餐服务。

单元三 微观营销环境

企业的微观营销环境包括企业本身、供应商、营销中介顾客、竞争者和公众。营销活动能否成功，除营销部门本身的因素外，还要受这些因素的直接影响。微观营销环境如图2－3所示。

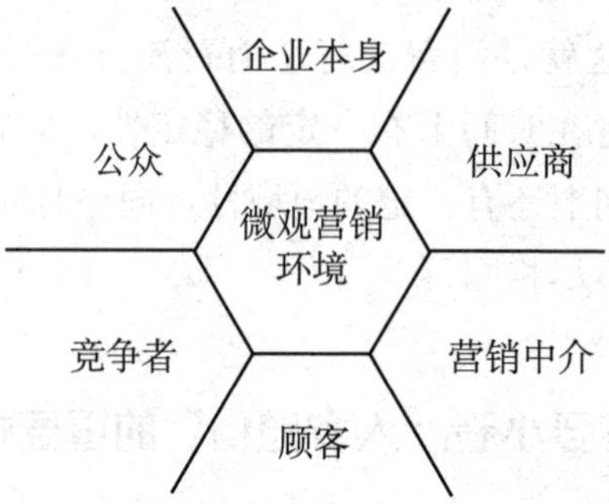

图2－3 微观营销环境

一、企业本身

企业开展营销活动要充分考虑到企业内部的环境力量和因素。企业是组织生产和经营的经济单位，是一个系统组织。企业内部一般设立计划、技术、采购、生产、营销、质检、财务、后勤等部门。企业内部各职能部门的工作及其相互之间的协调关系，直接影响企业的整个营销活动。

企业为开展营销活动，必须设立某种形式的营销部门，而且营销部门不是孤立存在的，它还面对着其他职能部门以及高层管理部门。企业营销部门与财务、采购、制造、研发等部门之间既有多方面的合作，也存在争取资源方面的矛盾。由于各部门各自的工作重点不同，有些矛盾往往难以协调。如生产部门关注的是长期生产的定型产品，要求少品种规格、大批量、标准化订单、较稳定的质量管理，而营销部门注重的是能适应市场变化、满足目标消费者需求的“短、平、快”产品，则要求多品种规格、小批量、个性化订单、特殊的质量管理。这些部门的业务状况如何，它们与营销部门的合作以及它们之间是否协调发展，对营销决策的制定与实施影响极大。

高层管理部门由董事会、总经理及其办事机构组成，负责确定企业的任务、目标、方针政策和发展战略。营销部门在高层管理部门规定的职责范围内作出营销决策，市场营销目标是从属于企业总目标并为总目标服务的次级目标，营销部门所制订的计划也必须在高层管理部门批准后实施。

所以，企业在制订营销计划，开展营销活动时，不仅要考虑企业外部环境力量，而且要充分考虑企业内部环境力量，争取高层管理部门和其他职能部门的理解和支持。这就要求企业内部进行有效沟通，协调好、处理好各部门的关系，营造良好的企业环境，更好地实现营销目标。

二、供应商

供应商是向企业及其竞争者提供生产经营所需资源的企业或个人，包括原材料、零配件、设备、能源、劳务及其他用品等供应商。供应商对企业营销业务有实质性的影响，其所供应的原材料数量和质量将直接影响产品的数量和质量；所提供的资源价格会直接影响产品成本、价格和利润。在物资供应紧张时，供应商更是起着决定性的作用。如企业开发新产品，若无开发新产品所需的原材料或设备的及时供应，就不可能成功；有些比较特殊的原材料和生产设备，还需供应商为其单独研制和生产。

企业对供应商的影响力要有足够的认识，尽可能与其保持良好的关系，开拓更多的供货渠道，甚至采取逆向发展战略，兼并或收购供应商。为保持与供应商的良好合作关系，企业必须和供应商保持密切联系，及时了解供应商的变化与动态，使货源供应在时间上和连续性上能得到切实保证；除了保证商品本身的内在质量外，还要有各种售前和售后服务；对主要原材料和零部件的价格水平及变化趋势，要做到心中有数，应变自如。根据不同供应商所供货物在营销活动中的重要性，企业对为数较多的供应商可进行等级归类，以便合理协调，抓住重点，兼顾一般。

三、营销中介

营销中介主要是指协助企业促销、销售和经销其产品给最终购买者的机构，包括中间商、实体分配公司、营销服务机构和财务中介机构。

1. 中间商

中间商包括商人中间商和代理中间商。

2. 实体分配公司

实体分配公司的主要职能是协助厂商储存并把货物运送至目的地的仓储公司。实体分配的要素包括包装、运输、仓储、装卸、搬运、库存控制和订单处理，其基本功能是调节生产与消费之间的矛盾，弥合产销时空上的背离，提供商品的时间效用和空间效用，以适时、适地和适量地把商品供给消费者。

3. 营销服务机构

营销服务机构是指协助企业推出并促销其产品到合适的市场的机构，如营销研究公司、广告公司、传播公司等。企业可自设营销服务机构，也可委托外部营销服务机构代理有关业务，并定期评估其绩效，促进其提高创造力、质量和服务水平。

4. 财务中介机构

财务中介机构是指协助企业融资或分担货物购销储运风险的机构，如银行、保险公司等。财务中介机构不直接从事商业活动，但对企业的经营发展至关重要。在市场经济中，企业与金融机构关系密切，企业间的财务往来要通过银行结算，企业财产和货物要通过保险取得风险保障，而贷款利率与保险费率的变动也会直接影响企业成本，信贷来源受到限制更会使企业处于困境。

四、顾客

顾客就是企业的目标市场，是企业服务的对象，也是营销活动的出发点和归宿。企业的一切营销活动都应以满足顾客的需要为中心。因此，顾客是企业最重要的环境因素。

1. 顾客分析的必要性

顾客是指使用进入消费领域的最终产品或劳务的消费者和生产者，也是企业营销活动的最终目标市场。顾客对企业营销的影响程度远远超过前述的环境因素。顾客是市场的主体，任何企业的产品和服务，只有得到了顾客的认可，才能赢得这个市场。现代营销强调把满足顾客需要作为企业营销管理的核心。

2. 顾客的市场类型

为便于深入研究各类市场的特点，国内顾客市场按购买动机可分为消费者市场、生产者市场、中间商市场、政府市场、国际市场。

（1）消费者市场，是指为满足个人或家庭消费需求而购买产品或服务的个人和家庭。

（2）生产者市场，是指为生产其他产品或服务，以赚取利润而购买产品或服务的组织。

（3）中间商市场，是指购买产品或服务以转售并从中营利的组织。

（4）政府市场，是指购买产品或服务以提供公共服务或把这些产品及服务转让给其他需要的人的政府机构。

（5）国际市场，是指国外购买产品或服务的个人及组织，包括外国消费者、生产商、中间商及政府。

3. 顾客分析的要求

上述各类市场都有其独特的顾客，他们有不同的变化着的需求，这要求企业以不同的方式提供相应的产品和服务，他们的需求、欲望和偏好直接影响企业营销目标的实现。为此，企业要注重对顾客进行研究，分析顾客的需求规模、需求结构、需求心理以及购买特点，这是企业营销活动的起点和前提。

五、竞争者

一个组织很少能单独为某一顾客市场服务，企业的营销系统总会受到一群竞争对手的包围和影响，竞争是商品经济的必然现象。在商品经济条件下，任何企业在目标市场进行营销活动时，都不可避免地会遇到竞争对手的挑战。即使在某个市场上只有一个企业在提供产品或服务，没有“显在”的对手，也很难断定在这个市场上没有潜在的竞争企业。

竞争环境不仅包括其他同行企业，而且还包括更基本的一些东西。一个企业掌握竞争力的最好办法是树立顾客观念。顾客在决定将要购买某件东西的过程中，究竟考虑些什么呢？假定一个人劳累之后需要休息一下，这个人会问：“我现在要做些什么呢？”他（她）的脑海可能会闪现社交活动、体育运动和吃些东西的念头。我们把这些称为欲望竞争因素。假如这个人很想解决饥饿感，那么问题就成为：“我要吃些什么呢？”各种食品就会出现在脑海，如炸土豆片、糖果、软饮料、水果等。这些能表示满足同一需要的不同的基本方式，我们可称之为类别竞争因素。这时，如果他（她）决定吃糖果，那么又会问：“我要什么样的糖果呢？”于是他（她）就会想起各种糖果来，如巧克力、甘草糖和水果糖。这些糖果都是满足吃糖欲望的不同形式，它们被称为产品形式竞争因素。最后，他（她）认为自己要吃巧克力，这样又会面对几种牌子的选择，我们把这些称为品牌竞争因素。

一般来说，企业在营销活动中需要对竞争对手了解、分析的情况有：

（1）竞争企业数量的多少。

（2）竞争企业的规模大小和能力强弱。

（3）竞争企业的对竞争产品的依赖程度。

（4）竞争企业所采取的营销策略及其对其他企业策略的反应程度。

（5）竞争企业能够获取优势的特殊材料来源及供应渠道。

企业竞争对手的状况将直接影响企业营销活动。如竞争对手的营销策略及营销活动的变化会直接影响企业营销，最为明显的是竞争对手的产品价格、广告宣传、促销手段的变化，以及产品的开发、销售服务的加强都将直接对企业造成威胁。为此，企业在制定营销策略前必须先弄清竞争对手，特别是同行业竞争对手的生产经营状况，做到知己知彼，有效地开展营销活动。

为了在市场中进行有效竞争，企业必须综合考虑四个关键因素：顾客、渠道、竞争与企业自身的资源与能力。这四个要素构成了企业制定市场定位战略时的基本维度。顾客是企业营销的核心，企业应围绕目标顾客的需求和偏好设计产品与服务；渠道决定了产品如何高效地触达用户，是连接企业与市场的关键环节；竞争要求企业密切关注市场上其他参与者的动态，灵活调整策略以获得差异化优势；而企业自身的资源、能力、文化与战略方向则决定了其在市场中的角色与可持续竞争力。成功的市场营销，本质上是企业在这四个维度上合理配置资源、明确定位、构建优势，在顾客、渠道与竞争对手之间找到有利的战略位置。

课堂延伸

针对竞争对手进行产品价值提升

——青竹画材的品牌提升

提起画材，“马利”这个品牌以其产品的色彩饱和度、牢固性、纯正度而著称，成为名副其实的行业领先品牌。在画材行业中有另外一个品牌——“青竹”，该企业所生产的产品在质量上可以和“马利”相媲美。如何提升消费者对于“青竹”的认知，成为企业发展的难题。

营销人员通过研究发现，“马利”是走专业路线，大部分是由美术行业内专业人士的推荐，从而普及。“青竹”早期有一款产品主打无甲醛健康原料，因此企业将产品定位为健康画材，从消费者的角度大力推广健康的概念，使消费者深刻地感受到“青竹”画材不仅能成就孩子的艺术梦想，同时也为孩子的健康保驾护航。企业相继推出了无甲醛水粉、无甲醛油画棒等产品，成为中国健康画材的领导品牌。

六、公众

公众是指对企业实现营销目标的能力有实际或潜在利害关系和影响力的团体或个人。公众对企业的态度，会对其营销活动产生巨大的影响，它既有助于企业树立良好的形象，也可能妨碍企业的形象。鉴于公众会对企业的命运产生重要的影响，精明的企业就会采取具体的措施，处理好与公众的关系，争取公众的支持和偏爱，为自己营造和谐、宽松的社会环境。大多数企业都建立了公共关系部门，专门筹划与各类公众的建设性关系。企业所面临的公众主要有下述几种。

1. 融资公众

融资公众是指影响企业融资能力的金融机构，如银行、投资公司、证券经纪公司、保险公司等。企业可以通过发布乐观的年度财务报告，回答关于财务问题的询问，稳健地运用资金，在融资公众中树立信誉。

2. 媒介公众

媒介公众既包括报纸、杂志、电台、电视台等传统媒体机构，也包括微信、微博、社交网络等新兴媒体机构。企业必须与媒体组织建立友善关系，争取有更多更好的有利于本企业的新闻、特写以及社论。

3. 政府公众

政府公众是指负责管理企业营销业务的有关政府机构。企业的发展战略与营销计划，必须和政府的发展计划、产业政策、法律法规保持一致，注意咨询有关产品安全卫生、广告真实性等法律问题，倡导同业者遵纪守法，向有关部门反映行业的实情，争取立法有利于产业的发展。

4. 社团公众

社团公众包括消费者权益保护组织、环保组织及其他群众团体等。企业营销活动关系到社会各方面的切身利益，必须密切注意来自社团公众的批评和意见。

5. 社区公众

社区公众是指企业所在地邻近的居民和社区组织。企业必须重视保持与当地公众的良好关系，积极支持社区的重大活动，为社区的发展贡献力量，争取社区公众理解和支持企业的营销活动。

6. 内部公众

企业的员工，包括高层管理人员和一般职工，都属于内部公众。企业的营销计划，需要全体员工的充分理解、支持和具体执行。企业应经常向员工通报有关情况，介绍企业发展计划，发动员工出谋献策，关心员工福利，奖励优秀员工，增强内部凝聚力。员工的责任感和满意度，必然传播并影响外部公众，从而有利于塑造良好的企业形象。

7. 一般公众

一般公众是指上述各种公众之外的社会公众。一般公众虽未有组织地对企业采取行动，但企业形象会影响他们的惠顾。

单元四 营销环境分析与营销对策

企业需要通过环境分析来评估环境威胁与环境机会，以便采取相应的营销对策，争取比竞争者利用同一市场机会获得较大的成效。常见的营销分析模型有以下两种。

一、波特五力模型

波特五力模型又称波特竞争力模型，是哈佛大学商学院教授迈克尔·波特（Michael Porter）在1980年出版的著作《竞争战略》中提出的。该模型认为行业中存在决定竞争规模和程度的五种力量，这五种力量综合起来影响着产业的吸引力以及现有企业的竞争战略决策。这五种力量为：供应商的议价能力、购买者的议价能力、潜在竞争者的进入能力、替代品的替代能力、同行业内现有竞争者的竞争能力。波特五力模型如图2-4所示。

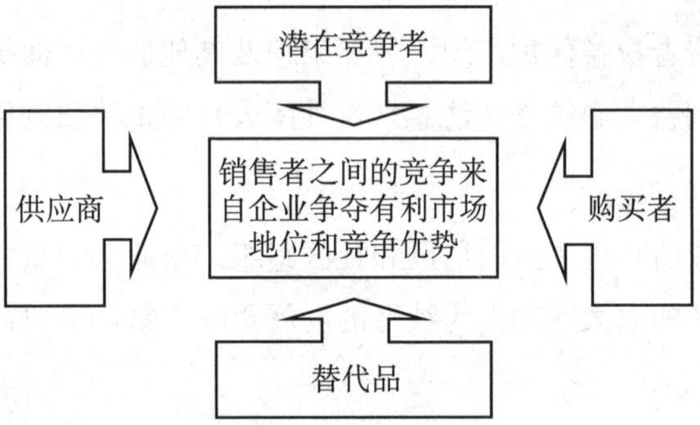

图2-4 波特五力模型

1. 供应商的议价能力

供应商主要通过提高投入要素价格与降低单位价值质量，来影响行业中现有企业的盈利能力与产品竞争力。供应商力量的强弱主要取决于其所提供给买主的是什么投入要素，当供应商所提供的投入要素的价值构成了买主产品总成本的较大比例、对买主产品生产过程非常重要或者严重影响买主产品的质量时，供应商对于买主的潜在讨价还价力量就会大大增强。

2. 购买者的议价能力

购买者主要通过压价与要求提供较高的产品或服务质量，来影响行业中现有企业的盈利能力。购买者议价能力影响主要取决于购买者数量、购买商品标准化程度以及相对应的卖方规模大小。

3. 潜在竞争者的进入能力

新进入者在给行业带来新生产能力、新资源的同时，也希望能在被现有企业瓜分完毕的市场中赢得一席之地，这就会导致与现有企业发生竞争关系，最终导致行业中现有企业盈利水平降低，甚至可能危及这些企业的生存。这种威胁的严重程度取决于两方面的因素，即进入障碍大小与预期现有企业对于进入者的反应情况。

4. 替代品的替代能力

在市场环境下，必然会有两个或多个企业，可能会由于所生产的产品互为替代品，从而产生相互竞争行为，这种源自替代品的竞争会以各种形式影响行业中现有企业的竞争战略。一般来说，替代品价格越低、质量越好、用户转换成本越低，该企业竞争力就越强，对其他替代品企业产生的威胁也就越大，越能促进行业内整体生产技术、效率和质量的提升。

5. 同行业内现有竞争者的竞争能力

大部分行业中的企业，相互之间的利益都是紧密联系在一起的，其目标都在于使得自己的企业获得相对于竞争对手的优势，具体竞争常常表现在价格、广告、产品介绍、售后服务等方面。例如，在市场趋于成熟时，产品需求增长缓慢，竞争者企图采用降价等手段促销，或者提供几乎相同的产品或服务，用户转换成本很低，对企业自身就是一个很大的挑战。

根据上述对于五种竞争力量的讨论，企业可以尽可能地采取将自身的经营与竞争力量隔绝开来、努力从自身利益需要出发影响行业竞争规则、先占领有利的市场地位再发起进攻性竞争行动等手段来对付这五种竞争力量，以增强自己的市场地位与竞争实力。

但实际上，关于波特五力模型的实践运用一直存在许多争论。目前较为一致的看法是：该模型更多是一种理论思考工具，而非可以实际操作的战略工具。

二、SWOT 分析模型

微课：

SWOT 分析法

SWOT 分析模型又称 SWOT 分析法，是一种基于内部竞争环境和竞争条件的态势分析方法，其中 S（strengths）是优势、W（weaknesses）是劣势、O（opportunities）是机会、T（threats）是威胁。

1. 威胁分析

对环境威胁的分析，一般着眼于两个方面：一是分析威胁的潜在严重性，即影响程度；二是分析威胁出现的可能性，即出现概率。威胁分析矩阵如图 2－5 所示。

		出现概率	
		高	低
影响程度	高	Ⅱ	Ⅰ
	低	Ⅲ	Ⅳ

图 2－5　威胁分析矩阵

在图 2－5 中，处于Ⅱ位置的威胁出现的概率和影响程度都高，必须特别重视，制定相应对策；处于Ⅳ位置的威胁出现的概率和影响程度均低，企业不必过于担心，但应注意其发展变化；处于Ⅰ位置的威胁出现的概率虽低，但影响程度较高，必须密切注意监视其出现与发展；处于Ⅲ位置的威胁影响程度较低，但出现的概率高，也必须充分重视。

2. 机会分析

机会分析主要考虑其潜在的吸引力（盈利性）和成功的可能性（企业优势）大小。机会分析矩阵图如图 2－6 所示。

		成功的可能性（概率）	
		高	低
潜在的吸引力	高	Ⅰ	Ⅱ
	低	Ⅲ	Ⅳ

图 2－6　机会分析矩阵图

在图 2－6 中，处于Ⅰ位置的机会，潜在的吸引力和成功的可能性都高，有极大可能为企业带来巨额利润，企业应把握战机，全力发展；而处于Ⅳ位置的机会，不仅潜在利益低，成功的概率也低，企业应改善自身条件，注视机会的发展变化，审慎而适时地开展营销活动。

用上述矩阵法分析、评价营销环境，可能出现下面 4 种不同的结果，如图 2－7 所示。

对市场机会的分析，还必须深入分析机会的性质，以便企业寻找对自身发展最有利的市场机会。

（1）环境市场机会与企业市场机会。市场机会实质上是“未被满足的需求”。伴随着需求的变化和产品生命周期的演变，会不断出现新的市场机会。但对不同企业而言，环境机会并非都是最佳机会，只有理想业务和成熟业务才是最适宜的机会。

机会程度 \ 威胁水平	低	高
高	理想业务	冒险业务
低	成熟业务	困难业务

图 2－7　市场营销环境

（2）行业市场机会与边缘市场机会。企业通常都有其特定的经营领域，出现在本企业经营领域内的市场机会，即为行业市场机会；出现于不同行业之间的交叉与结合部分的市场机会，则为边缘市场机会。一般说来，边缘市场机会的业务的进入难度要大于行业市场机会的业务，但行业与行业之间的边缘地带有时会存在市场空隙，企业在发展中也可用以充分发挥自身的优势。

（3）目前市场机会与未来市场机会。从环境变化的动态性来分析，企业既要注意发现目前环境变化中的市场机会，也要面对未来、预测未来可能出现的大量需求或大多数人的消费倾向，发现和把握未来的市场机会。

3. 企业营销对策

在环境分析与评价的基础上，企业对威胁与机会水平不等的各种营销业务，要分别采取不同的对策。

对理想业务，应看到机会难得，甚至转瞬即逝，必须抓住机会，迅速行动；否则，丧失战机，将后悔无及。

对冒险业务，面对高利润与高风险，既不宜盲目冒进，也不应迟疑不决，坐失良机，应全面分析自身的优势与劣势，扬长避短，创造条件，争取突破性的发展。

对成熟业务，机会与威胁均处于较低水平，可作为企业的常规业务，用以维持企业的正常运转，并为开展理想业务和冒险业务准备必要的条件。

对困难业务，要么努力改变环境，走出困境或减轻威胁；要么立即转移，摆脱无法扭转的困境。

模块小结

市场营销环境是企业营销职能外部的因素和力量，是影响企业营销活动及其目标实现的外部条件。营销环境的基本特征有：客观性、差异性、多变性和相关性。营销环境是企业营销活动的制约因素，营销管理者应采取积极主动的态度能动地去适应营销环境。宏观营销环境包括人口、经济、自然、政治法律、科学技术、社会文化环境。微观营销环境包括企业本身、供应商、营销中介、顾客、竞争者和公众等方面。按其对企业营销活动的影响，营销环境可分为威胁环境与机会环境，前者指对企业营销活动不利的各项因素的总和，后者指对企业营销活动有利的各项因素的总和。企业需要通过环境分析来评估环境威胁与环境机会，避害趋利，争取比竞争者利用同一市场机会获得更大的成效。

思考时间

案例分析

乐乐儿童摄影工作室环境分析

小华和朋友一起经营乐乐儿童摄影工作室（以下简称“乐乐工作室”）最近碰到了经营瓶颈，难有突破。为此，小华对工作室所处的经营环境做了以下分析。

目前，很多家庭生了第二胎、第三胎甚至更多胎，并且随着城市生活水平和家庭经济收入的提高，越来越多的家庭愿意花费一定的费用给孩子拍摄写真或亲子照，定格美丽幸福的瞬间。乐乐工作室的地理位置很好，有专业的工作团队，但是工作室的面积不够大，虽然创立一年多来，积累了不少客户，市场口碑也很好，但依然面临着该区域几家影楼的竞争，最大的竞争对手是月亮湾影楼，一家有着十余年经营历史的品牌影楼，最近还在不断革新升级当中。

乐乐工作室受到顾客青睐的原因是：独具创意的拍摄方式、轻松愉快的拍摄氛围、人性化的服务模式、特色化的后期制作等。但由于是刚起步的工作室，加上在门店面积、人员规模、经营资金等方面的限制，也存在自身不足：整体店面的软硬件配备不足，人员分工不明确，往往是一人多职，与竞争对手月亮湾影楼相比，服务的项目不具备优势等。

问题：

（1）从外部环境来看，乐乐工作室存在哪些市场机会，又面临哪些环境威胁？

（2）从内部条件来看，乐乐工作室具备哪些优势，又存在哪些劣势？

实训实习

学生应在学习完本模块内容后，根据所学知识，在课余时间选择一个行业的企业去实习实训，了解企业情况并分析企业的内外部营销环境，并根据环境威胁和市场机会来制定相应的营销策略，以适应当地的营销环境。

1. 实训方式

在教师指导下，采取学生自定实习单位实习及指导教师严格考勤及不定期抽查的形式实行岗位实习监督。这样做既可提高学生实习的积极性、针对性，又可有效监控实习内容的全面执行，使学生能全面把握所在企业的相关策略。

2. 实训要求

每天严格按照实习内容及要求，认真实习实训企业市场部有关内容环节，学习并整理企业营销环境资料，并记录实习体会，实习期满按指导教师要求撰写 2 000 字以上的实训报告。

3. 实训考核

指导教师根据学生撰写的实训报告的质量综合评定成绩（优、良、中、及格、不及格）。

模块三　消费者购买行为分析

学习目标

知识目标

1. 了解消费者市场的特点：掌握消费者市场的基本定义、分类及其主要特征，包括广泛性、复杂性、易变性和可诱导性。

2. 理解消费者购买行为类型：学习不同类型的消费者购买行为，包括生理性购买动机、心理性购买动机，以及理智动机、感情动机和惠顾动机的具体定义和特点。

3. 了解组织市场的特点：掌握组织市场的定义及其与消费者市场的区别，理解组织市场的购买行为方式及其影响因素。

4. 掌握消费者购买行为模式：理解消费者购买决策过程的各个阶段，包括需求识别、信息搜索、评估选择、购买决策和购后行为。

能力目标

1. 消费者市场分析能力：能够运用所学知识分析消费者市场的特点，识别不同类型的消费品及其市场需求。

2. 购买行为分析能力：能够分析和识别消费者的购买行为模式，理解购买动机的形成过程，并能够将其应用于实际案例中。

3. 组织市场行为分析能力：能够识别和分析组织市场的特点，理解其购买决策过程，并能够应用于市场营销策略的制定。

4. 实地调研与报告撰写能力：通过项目和实习实践，能够进行消费者购买行为的实地调研，收集数据并撰写分析报告，增强对消费者购买行为的理解。

素养目标

1. 培养对消费者购买行为的敏感性，增强对消费者需求变化的洞察力，以适应市场变化。

2. 在分析消费者购买行为时，关注社会责任，理解消费者选择背后的社会和文化因素，促进可持续消费。

案例导入

云南白药牙膏的成功

2005年，一支特立独行的牙膏以超凡的胆识和魄力、势如破竹的姿态，在中国牙膏市场掀起了一场史无前例的风暴，这支牙膏的名字就叫云南白药牙膏。2006年底，其市场销售额累计已飙升至3亿元，成功开拓了功能性牙膏高端市场的新大陆，确立了中国功能性牙膏的品牌地位，2012年销售额超12亿元，一举成为医药产品进军日化领域的成功典范。

中研普华数据显示，2024年我国牙膏市场规模达350亿元人民币，而云南白药牙膏国内市场份额达到24.60%，继续保持市场份额第一的位置。

云南白药品牌享誉中外，是中国止血愈伤、消肿止痛、活血化瘀类产品的百年品牌。云南白药牙膏是以牙膏为载体，借鉴国际先进口腔护理、保健技术研制而成的口腔护理保健产品。它选用高档软性洁牙磨料和高级润湿剂，膏体细腻，清新爽口，能有效祛除口腔异味。在日常刷牙中可使牙龈、牙周、牙齿和口腔其他组织得到专业的护理、保健，令口腔更健康，牙齿更牢固，是新一代口腔护理、保健的产品。

云南白药牙膏的成功，除了产品配方不可复制外，还有很多重要因素。

第一，云南白药牙膏很容易使人联想到云南白药的药物品牌，恰到好处地将治疗牙病这一隐性动机通过意识引导变为显性动机。消费者收入的变化会引起消费者需求重心的改变。随着收入的增加，人们会将需求重心向健康、舒适、方便侧重，对于产品的质量要求也越来越高。云南白药公司正是立足于这一点推出新一代口腔护理、保健牙膏，以牙龈、牙周、牙齿和口腔其他组织得到专业的护理、保健为特色，以高质量、高价格走牙膏高端路线，满足人们对于产品高质量要求的心理。

第二，云南白药牙膏充分利用了消费者的品牌意识，通过品牌延伸形成了泛化的刺激。在购买决策模型中，消费者要经过对品牌的识别过程，这时消费者对于品牌的信心和态度至关重要，直接影响其购买动机。云南白药牙膏会让消费者联想到云南白药的良好品质和悠久历史，从而取得消费者的充分信任。云南白药作为民族品牌，与高端的国外品牌相比，在消费者的情感选择中具有一定优势。云南白药品牌的知名度提高了云南白药牙膏的附加值，基于云南白药的价格，牙膏的高价也为消费者所理解并接受。

单元一 消费者市场

一、消费者市场概述

消费者市场又称消费品市场，是指为满足生活需求而购买货物和劳务的所有个人和家庭。一切企业，无论是生产企业还是中间流通企业，都必须研究消费者市场，因为只有消费者市场才是最终市场，是所有产品和劳务消费的终结。

消费者市场是市场体系的基础，是起决定作用的市场。消费者市场是现代市场营销理论研究的主要对象。成功的市场营销者，必须能够有效地发现并生产对消费者有价值的产品，并运用富有吸引力和说服力的方法将产品有效地呈现给消费者。

二、消费者市场的分类

对消费品分类的方法有许多，不同的商品在不同的情况下可有不同的市场作用。只有综合考虑各方面因素，灵活机动地运用商品分类的方法，才能真正达到商品分类的目的。

1. 根据消费者的消费习惯及商品的价值与耐用程度分类

（1）日用品。日用品是指售价低廉、经常使用、购买频率较高的日常必需品。此类商品的消费者对商品的性能、品种、规格和价格早已熟悉，一般情况下消费者购买时比较随便，不作过多的挑选，但要求购买便捷，如食品、牙膏、毛巾等。

（2）选购日用品。选购日用品是指售价较高，讲究式样、品质的商品。这类商品一般购买次数少，周转频率低。消费者对此类商品不像日用品那样熟悉，缺乏充分的商品知识，因此，购买时往往愿意征求他人意见或到数家商场，进行品种、质量、价格、款式等方面比较后才决策购买，购买较为谨慎，如时装、灯具、化妆品等。

（3）高档耐用消费品。高档耐用消费品是指售价高、经久耐用的高品质及特色商品。对此类商品的购买，消费者表现得最为谨慎，购买前往往要做充分的准备，对商品进行各方面的调查、研究和比较，轻易不做出购买的决策。此类商品的质量、信誉和服务的好坏，是消费者做出购买决策的关键因素，如汽车、电视机、电脑等。

2. 根据消费者的购买态度分类

（1）热门商品。热门商品是指消费者偏爱及热衷的商品，如名牌商品、时髦商品、民间传统特色商品等。对于热门商品，消费者往往表现出一种近乎崇拜的心理，购买时往往专一，轻易不接受代用品，有时甚至不惜付出更多的费用来获得此类商品。

（2）冷淡商品。冷淡商品是指消费者很少问津，从心理上排斥的商品或服务，如花圈及殡葬服务等。这类商品与热门商品形成强烈的反差，往往门庭冷落，但是对消费者而言，在必要时又是不可缺少的。

（3）理智商品。理智商品是指消费者不受情感左右，冷静理智对待的商品。热门商品、冷淡商品对消费者而言，在消费品中毕竟占少数，绝大多数商品还是消费者凭理智选择的。

3. 根据消费品的技术先进性及需求时代性分类

（1）时尚商品（或新潮商品）。时尚商品是指代表当今时尚、具有时代先进性的符合现实需求的商品，如家用电脑、冷暖空调、便携电脑、高清晰度数字电视、微波炉、汽车等。这类商品往往代表特定时期消费者的消费倾向。

（2）超前商品。超前商品是指代表新技术成果，具有先进性能的但尚未完全被消费者接受的商品，如太阳能汽车、可视电话等。这类商品往往因造价过高、售价昂贵或消费者缺乏了解而未被消费者普遍购买，但潜力很大，代表了未来的购买趋向。

（3）过时商品（或淘汰商品）。过时商品是指被新产品替代，消费需求萎缩甚至消失的商品，如大城市里的黑白电视机、胶鞋等。

三、消费者市场的特点

微课：

消费者市场的特点

1. 消费需求的广泛性

每个人、每个家庭在日常生活中，都不可避免地会发生消费行为。因此，消费者市场不仅购买者人数众多，且购买者地域分布广。从城市到乡村，从国内到国外，消费者市场无处不在。

2. 消费需求的复杂性

从交易的规模和方式来看，消费品市场购买者众多，市场分散，成交次数频繁，但交易数量零星。同时，由于消费者的收入水平不同，所处社会阶层不同，消费者的需求也会表现出一定的层次性。一般来说，消费者总是先满足最基本的生存需要和安全需要，购买衣、食、住、行等生活必需品，而后才能视情况逐步满足较高层次的需要，购买享受型和发展型商品。

3. 消费需求的易变性

从交易的商品来看，它更多地受到消费者个人因素，诸如文化修养、欣赏习惯、收入水平等方面的影响；此外，商品的花色多样、品种复杂，商品的生命周期短以及商品的专业技术性不强，替代品较多也是重要的因素。消费者在购买商品时，由于缺乏专门的商品知识和市场知识，往往容易受厂家、商家广告宣传、促销方式、商品包装和服务态度的影响。此外，消费需求不仅受消费者内在因素的影响，还会受环境、时尚、价值观等外在因素的影响。时代不同，消费需求也会随之不同。

4. 消费需求的诱导性

不像生产者市场的购买决策常常受到生产特征的限制及国家政策和计划的影响，消费者在决定采取购买行为时，具有自发性、感情冲动性。另外，消费品市场的购买者大多缺乏相应的商品知识和市场知识，其购买行为属非专业性购买，他们对产品的选择受广告、宣传的影响较大。

单元二 消费者购买动机

一、对动机理论的理解

动机是指人们为了满足某种需要而引起某种活动的欲望和意志，它促使人们采取某种行为。需要是人们对于某种事物的要求或欲望。就消费者而言，需要表现为获取各种物质需要和精神需要。需要产生动机，消费者购买动机是消费者内在需要与外界刺激相结合后主体产生的一种动力。心理学家研究了人类动机的产生和发展，提出了多种动机理论，比较有代表性的是马斯洛的需求层次理论和赫茨伯格的双因素理论。

课堂延伸

双因素理论

美国心理学家赫茨伯格于1959年提出了双因素理论，认为引起人们工作动机的因素主要有两个：一是保健因素，二是激励因素。

保健因素是指造成员工不满的因素。保健因素得不到满足，则易使员工产生不满情绪、消极怠工，甚至引起罢工等对抗行为；但在保健因素得到一定程度的改善以后，无论再如何进行改善往往也很难使员工感到满意，因此也就难以再由此激发员工的工作积极性。所以就保健因素来说："不满意"的对立面应该是"没有不满意"。

激励因素是指能提升员工工作满意度和积极性的因素。激励因素的改善能使员工感到满意的结果，能够极大地激发员工工作的热情，提高劳动生产效率；但激励因素即使管理层不给予其满足，往往也不会使员工感到不满意。所以就激励因素来说："满意"的对立面应该是"没有满意"。

双因素理论指出，只有激励因素才能够给人们带来满意感，而保健因素只能消除人们的不满，但不会带来满意感。同时，不是所有的需要得到满足都能激励起人们的积极性，只有那些被称为激励因素的需要得到满足才能调动人们的积极性；不具备保健因素时将引起强烈的不满，但具备时并不一定会调动强烈的积极性；激励因素是以工作为核心的，主要是员工在工作时发生的。

二、消费者购买动机的产生过程

消费者购买动机是指消费者为了满足某种需要而产生的购买商品的欲望和意念。购买动机可分为生理性购买动机和心理性购买动机。生理性购买动机是指由人们生理需要而产生的购买动机，如饥思食、渴思饮、寒思衣，又称本能动机，具有经常性、习惯性和稳定性等特点。心理性购买动机是指人们由于心理需要而产生的购买动机。

根据对人们心理活动的认识，以及对情感、意志等心理活动过程的研究，可将心理动机归纳为下述三类。

1. 感情动机

感情动机是指由于个人的情绪和情感方面的因素而引起的购买动机。根据感情不同的侧重点，可以将其分为三种消费心理倾向：求新、求美、求荣。

2. 理智动机

理智动机是指建立在对商品的客观认识的基础上，经过充分的分析比较后产生的购买动机。理智动机具有客观性、周密性等特点，在购买行为中表现为求实、求廉、求安全的心理。

3. 惠顾动机

惠顾动机是指对特定的商品或特定的商店产生特殊的信任和偏好而形成的重复光顾的购买动机。这种动机具有经常性和习惯性等特点，表现为偏好心理。

人们的购买动机不同，购买行为必然是多样的、多变的。企业需要深入细致地分析消费者的各种需求和动机，并针对不同的需求层次和购买动机设计不同的产品和服务，制定有效的营销策略，以获得营销成功。

单元三　消费者购买行为

消费者购买行为是指消费者为满足其个人或家庭生活需要而发生的购买商品的决策过

程。消费者购买行为是复杂的，其购买行为的产生受到内在因素和外在因素的相互影响。企业营销通过对消费者购买行为的研究，来掌握其购买行为的规律，从而制定有效的市场营销策略，实现企业营销目标。

一、消费者购买行为分析基本内容

市场营销学家把消费者的购买动机和购买行为概括为6W和6O，从而形成消费者购买行为研究的基本框架，其刺激反应模式如图3-1所示。

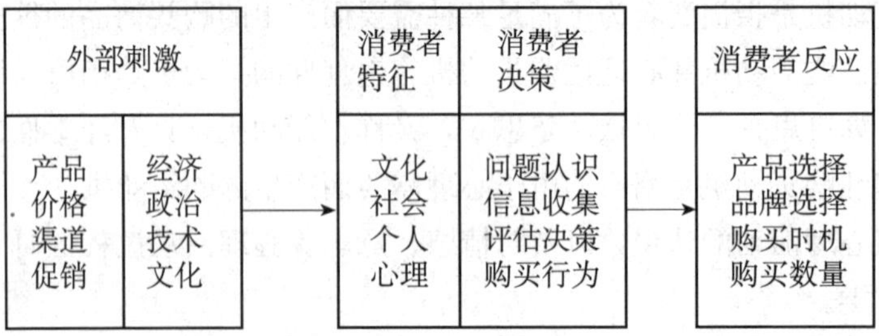

图3-1　刺激反应模式

（1）市场需要什么（what）——有关产品（objects）是什么。通过分析消费者希望购买什么，为什么需要这种商品而不是需要那种商品，研究企业应如何提供适销对路的产品去满足消费者的需求。

（2）为何购买（why）——购买目的（objectives）是什么。通过分析购买动机的形成要素（生理的、自然的、经济的、社会的、心理因素的共同作用），了解消费者的购买目的，进而制定相应的市场策略。

（3）购买者是谁（who）——购买组织（organizations）是什么。分析购买者是个人、家庭还是集团，购买的产品供谁使用，谁是购买的决策者、执行者、影响者。根据分析，制定相应的产品、价格、渠道和促销策略。

（4）如何购买（how）——购买组织的作业行为（operations）是什么。分析购买者对购买方式的不同要求，有针对性地提供不同的营销服务。在消费者市场，分析不同类型消费者的特点，如经济型购买者对性能和廉价的追求，冲动型购买者对情趣和外观的喜好，手头拮据的购买者要求分期付款，工作繁忙的购买者重视购买方便和送货上门等。

（5）何时购买（when）——购买时机（occasions）是什么。分析购买者对特定产品的购买时间的要求，把握时机，适时推出产品，如分析自然季节和节假日对市场购买的影响程度等。

（6）何处购买（where）——购买场合（outlets）是什么。分析购买者对不同产品的购买地点的要求，如消费品种的日用品，顾客一般要求就近购买，而选购品则要求在商业区（地区中心或商业中心）购买，特殊品往往会要求直接到企业或专业商店购买等。

课堂延伸

餐饮行业新模式——现实主义智选餐厅

提到"吃喝玩乐"，"吃"排在了最前面，也是消费者比较感兴趣的方面。让我们一起来思考一下，存在怎样的问题？比如说，自助餐很丰富，但是大部分消费者总觉得贵了，会觉得没有吃回本，没有达到心理的预期。如果点餐的话，最大的问题是耽误时间。快餐虽然便捷，但是口感不好，营养跟不上。对于餐饮行业来讲，是否能创造出一种既有点餐的质量，又有自助餐的丰富，还有快餐的速度和便捷的一种模式，来满足消费者对"吃"的需求呢？

在经过深度的思考与调研之后，现实主义智选餐厅应运而生。在智选餐厅，有200多种美食可供自由选择，有不同的菜系，还有当季流行的小吃，选择非常丰富，每份为小份制，单价不高，同时可以即来即选，省时方便。据工作人员介绍，现实主义智选餐厅的产品理念，就是五个字：多、快、好、省、养。"多"，是菜品多，200多道菜肴同时在线，对于消费者来讲有这次必吃的，有下次想吃的；"快"，是选餐快，20多个美食岛随用随取，智能充值结算，每个盘子下面有一个智能芯片，结账快捷，突破极限；"好"，是品质好，透明式厨房现场操作，不仅食材新鲜、菜品更加新鲜；"省"，是对比省，精致小份装按需取食，美味自由组合，不浪费才节约；"养"，是健康养，5 000多亩优质食材基地，确保食材品质，菜品才能健康。所以，在现实主义智选餐厅，无论是坚守阵地的传统鲁菜，还是打破陈规的创新菜，一次次的味蕾享受后，最让消费者惊喜的，还是超高的性价比。

二、消费者购买行为影响因素

1. 文化因素

每个消费者生活中必然受到文化因素的影响，文化因素有时对消费者购买行为起着决定性的作用，企业营销必须予以充分的关注。文化因素主要有社会阶层、家庭结构、风俗习惯、宗教信仰、价值观念、消费习俗、审美观念等。

2. 社会因素

消费者行为亦受到社会因素的影响，它包括家庭、相关群体、社会身份和地位等因素的影响。

3. 个人因素

消费者购买行为也受个人因素的影响，包括年龄与家庭生命周期、生活方式与个性、个人职业以及经济条件等。

4. 心理因素

消费者在购买过程中会受到动机、知觉、学习、态度与信念等主要心理因素的影响。

三、消费者购买行为类型

1. 根据消费者购买行为的复杂程度和所购产品的差异化程度划分

微课：

根据消费者购买行为的复杂程度划分

（1）复杂的购买行为。如果消费者属于深度参与，并且了解现有各品牌、品种和规格之间的显著差异，则会产生复杂的购买行为。复杂的购买行为是指消费者购买决策过程要经历大量的信息收集、全面的产品评估、慎重的购买决策和认真的购后评价等各个阶段。

对于复杂的购买行为，营销者应制定策略帮助购买者掌握产品知识，运用各种途径宣传本品牌的优点，影响消费者最终的购买决定，简化其购买决策过程。

（2）减少失调感的购买行为。这是指消费者并不广泛收集产品信息，也不精心挑选品牌，购买决策过程迅速而简单，但是在购买以后会认为自己所购买的产品具有某些缺陷或其他同类产品有更多的优点，进而产生失调感，怀疑之前购买决策的正确性。

对于这类购买行为，营销者要提供完善的售后服务，通过各种途径经常提供有利于本企业的产品的信息，使顾客相信自己的购买决定是正确的。

（3）寻求多样化的购买行为。这是指消费者购买产品有很大的随意性，并不深入收集信息和评估就决定购买某一品牌的产品，但是在下次购买时又转换其他品牌的产品。转换的原因可能是厌倦原口味或想试试新口味，常寻求产品的多样性。

对于寻求多样性的购买行为，市场领导者和挑战者的营销策略是不同的。市场领导者试图通过占有货架、避免脱销和广告来鼓励消费者形成习惯性购买行为。而挑战者则以较低的价格、折扣、赠券、免费赠送样品和新品牌的广告来鼓励消费者改变原习惯性购买行为。

（4）习惯性购买行为。这是指消费者并未深入收集信息和评估品牌，只是习惯于购买自己熟悉的品牌的产品，在购买后可能评价产品也可能不评价产品。对于习惯性购买行为的主要营销策略是：利用价格与销售吸引消费者试用；投放大量广告加深消费者印象；增加购买参与度和品牌差异。

2. 根据消费者购买目标选定程度划分

（1）全确定型购买行为。这是指消费者在购买商品以前，已经有明确的购买目标，对商品的名称、型号、规格、颜色、式样、商标乃至价格的幅度都有明确的要求。这类消费者进入商店以后，一般都是有目的地选择，主动地提出所要购买的商品，并对所要购买的商品提出具体要求，当商品能满足其需要时，则会毫不犹豫地买下商品。

（2）半确定型购买行为。这是指消费者在购买商品以前，已有大致的购买目标，但具体要求还不够明确，最后购买需经过选择比较才能完成。如购买空调是原先计划好的，但购买什么牌子、规格、型号、式样等心中无数。这类消费者进入商店以后，一般要经过较长时间的分析、比较才能完成其购买行为。

（3）不确定型购买行为。这是指消费者在购买商品以前，没有明确的或既定的购买目标。这类消费者进入商店主要是参观游览、休闲，漫无目标地观看商品或随便了解一些商品的销售情况，有时对有兴趣或合适的商品偶尔购买，有时则观后离开。

3. 根据消费者购买态度与要求划分

（1）习惯型购买行为。这是指消费者由于对某种商品或某家商店的信赖、偏爱而产生的经常性、反复性的购买行为。由于经常购买和使用，他们对这些商品十分熟悉，体验较深，再次购买时往往不再花费时间进行比较、选择，注意力稳定、集中。

（2）理智型购买行为。这是指消费者在每次购买前对所购买的商品，要进行较为仔细的研究和比较，购买时比较理智，头脑冷静，行为慎重，不轻易相信广告、宣传、承诺、促销方式以及售货员的介绍，主要关注商品质量、款式。

（3）经济型购买行为。这是指消费者购买时特别重视价格，对于价格的反应特别灵敏。无论是选择高档商品还是中低档商品，首选的是价格，对“大甩卖”“清仓”“血本销售”等低价促销最感兴趣。一般来说，这类消费者的购买行为与自身的经济状况有关。

（4）冲动型购买行为。这是指消费者容易受商品的外观、包装、商标或其他促销努力的刺激而产生购买的行为。这类消费者购买一般都是以直观感觉为主，从个人的兴趣或情绪出发，喜欢新奇、新颖、时尚的产品，购买时不愿做反复的比较和选择。

（5）疑惧型购买行为。这是指消费者具有内倾性的心理特征，购买时疑虑重重和小心谨慎，常常会犹豫不决而中断购买，购买后还会疑心是否上当受骗。

（6）情感型购买行为。这类消费者往往以丰富的联想力衡量商品的意义，购买时注意力容易转移，兴趣容易变换，对商品的外表、造型、颜色和命名都较重视，以是否符合自己的想象作为购买的主要依据。

（7）不定型购买行为。这类消费者的购买多属尝试性，其心理尺度尚未确定，购买时没有固定的偏爱，在上述六种类型之间游移。这种类型的购买者多数是刚开始独立生活的年轻人。

4. 根据消费者购买频率划分

（1）经常性购买行为。经常性购买行为是购买行为中最为简单的一类，指购买人们日常生活所需、消耗快、购买频繁、价格低廉的商品，如油、盐、酱、醋、茶、洗衣液、鸡精、牙膏、肥皂等。购买者一般对商品比较熟悉，加上价格低廉，往往不必花很多时间和精力去收集资料和进行商品的比较和选择。

（2）选择性购买行为。这一类消费品单价比日用消费品高，多在几十元至几百元之间，购买后使用时间较长，消费者购买频率不高。这类消费品的品种、规格、款式、品牌之间差异较大，消费者购买时往往愿意花较多的时间进行比较和选择，如服装、鞋帽、小家电、手表、自行车等。

（3）考察性购买行为。消费者购买价格昂贵、使用期长的高档商品多属于这种类型，如购买轿车、成套高档家具、钢琴、高档家用电器等。消费者购买该类商品时十分慎重，会花很多时间去调查、比较、选择。消费者往往很看重商品的品牌，大多是认牌购买，已购消费者对商品的评价对未购消费者的购买决策影响较大，消费者一般在大商场或专卖店购买这类商品。

课堂延伸

90 后消费心理研究

在当今社会，不论是消费阶层还是管理阶层，90 后主体趋势日益明显。不能理解这些拥有独立消费能力的群体而未做出管理和营销上调整的企业都会被淘汰。国外的例子比比皆是，诺基亚、柯达都曾经是行业里的佼佼者，如今都只能成为美好的回忆了。因此，掌握 90 后群体的消费心理已成为许多企业研究消费者购买行为的必要课题。

如今，大部分企业的中高管人员都是 1990 年前出生的一代，很多企业的高管，很可能还是 1980 年前出生的。他们出生和成长的年代，根本没有手机和互联网，接受的教育与文化和当下最有消费潜力的 90 后大相径庭。90 后很难理解没有手机、没有互联网，甚至不能立马沟通的日子是怎样的。

中国拥有庞大的消费市场，年轻人的消费行为极具参考价值。我们从一些最新发布的研究报告，如腾讯的《90 后的移动数字生活》、百度的《90 后洞察报告》、精硕科技的《90 后网购行为研究报告》和企鹅智酷的《透视 95 后：新生代社交行为报告》中得到以下的一些发现：90 后已经不再看传统广告；朋友推荐、网络口碑的作用，远远大于传统广告；90 后热衷社交分享；90 后渴望得到表扬和认可。他们的标签是个性、喜欢参与、喜欢分享、热衷网络文化。手机是 90 后最常用的工具，网购是其最常用的消费方式。

单元四 组织市场

一、组织市场构成

组织市场是由各种组织机构形成的对企业产品和服务需求的总和，可分为产业市场、中间商市场和政府市场。

1. 产业市场

产业市场，又叫生产者市场或企业市场，是指一切购买产品或服务并将之用于生产其他产品或服务，以供销售、出租或供应给他人的个人和组织。其通常包括以下产业：农业、林业、水产业、制造业、建筑业、通信业、公用事业、银行业、金融业、保险业、服务业等。

2. 中间商市场

中间商市场是指那些通过购买产品或服务以转售或出租给他人以获取利润为目的的个人和组织。中间商不提供形式效用，而是提供时间效用、地点效用和占有效用。中间商市场由各种批发商和零售商组成。批发商是指这样的商业单位：它购买产品或服务并将之转卖给零售商和其他商人以及产业用户、公共机关用户和商业用户等，但它不把产品或服务大量卖给最终消费者；而零售商的主要业务则是把产品或服务直接卖给消费者。

3. 政府市场

政府市场是指那些为执行政府的主要职能而采购或租用商品的各级政府单位，也就是说，一个国家政府市场上的购买者是该国各级政府的采购机构。由于各国政府通过税收、财政预算等，掌握了相当大一部分国民收入，所以形成了一个很大的政府市场。

二、组织市场的特点

1. 组织市场的规模和复杂性

通常组织市场的顾客数量较消费者市场的少，但每个顾客每次交易的规模和价值相对比较大。同时，组织市场的购买者往往集中在某些区域，以至于这些区域的业务用品购买量在全国市场中占据相当大的比重。例如，中国汽车业的零部件供应商把产品卖给为数不多的几家汽车制造企业，如一汽集团、上汽集团、北汽集团、广汽集团和东风集团等，它们多集中在北京、上海、广州、武汉等地。显然每个顾客对于供应商都是十分重要的，如果失去任何一个顾客，都将严重地影响供应企业的销售额（和就业）。大客户一般都是很重要的，要设法与他们建立密切的长期关系，有时要有专门为大顾客服务的营销队伍，进行长期的维护，从而赢取持续的订单。

组织市场在总交易量、每笔交易的当事人数、客户经营活动的规模和多样性、生产阶段的数量和持续时间等方面，要比消费者市场大得多、复杂得多。此外，组织市场的数量并不受其下游消费者市场数量的限制，因为有些组织不参加任何消费者市场。一些组织为消费者提供服务而不直接收取费用（如慈善机构、教堂、学会等），另外有些组织中根本看不到消费者这一角色的作用（如军队）。

2. 组织市场需求的特性

组织市场通过一系列的增值阶段为消费者市场提供产品，所以对最终消费的需求是引发组织市场供给的最终力量。组织市场的需求是从组织市场到消费者市场间各增值阶段一系列需求的派生。例如，出版社对用纸的需求取决于市场对书籍和杂志的需求。如果对于最终消费品需求疲软，那么对所有用以生产这些消费品的企业产品的需求也将下降。组织市场的供应商必须密切关注最终消费者的购买类型和影响他们的各种环境因素。

组织市场对产品或服务的总需求量受价格波动影响较小。一般来说，原材料的价值越低或原材料成本在制成品成本中所占的比重越小，其需求弹性就越小。在短期内，组织市场的需求特别无弹性，因为任何组织都不能随时对其生产方式或运营模式做过多变动。

3. 组织市场购买的特性

由于组织市场具有购买者数量较少而其购买规模较大的特性，与消费者市场相比，通常影响组织购买决策的人较多。大多数组织有专门的采购委员会，由技术专家、高层管理人员和一些相关人员组成。特别是在购买重要商品时，决策往往是由采购委员会中成员共同做出的。供应企业的营销人员不得不雇用一些受过专业训练、有专业知识和人际交往能力强的销售代表和销售队伍，与经过专业训练、具有丰富专业知识的采购人员打交道。

由于是专业性采购，且交易涉及的金额较大，组织购买者通常直接从厂商那里购买产品，而不经过中间商，那些技术复杂和价格昂贵的项目更是如此。同时，组织市场购买者处于强有力的谈判地位，可以让卖方做出让步，反过来购买自己产品。例如，购买者可能会要求卖方反过来购买自己的产品以确保订单的安全。

许多组织购买者日益转向大设备租赁，以取代直接购买。承租人能从中得到一系列好处：获得更多的可用资本，得到出租人最新的产品和上乘的服务以及一些税收利益。出租人最终也将得到较多的净收益，并有机会将产品出售给那些无力支付全部货款的顾客。

单元五 组织市场购买行为

一、组织市场购买行为的影响因素

1. 环境因素

影响组织市场购买行为的环境因素主要是指生产者无法控制的宏观环境因素，包括国家政治法律规定、财政政策、行业竞争态势、经济发展形势等。如果企业发现国家会对所属行业采取鼓励扶持的政策，采购部门就会提前增加投资，增加原材料采购和库存，以备后续生产使用。企业采购行为还会受到经济形势预期的影响，如果预期某种原材料将会短缺，采购部门就有可能备上一定的存货，或同销售方签订长期的订货合同。

2. 组织因素

组织因素是指生产者内部组织结构以及整个生产经营流程所涉及的供应商、中间商和其他渠道服务机构。一方面，企业要有明确组织的目标、战略、政策、制度、程序等，企业的采购人员必须知道企业的采购行为，采购过程中有哪些标准及程序，对采购人员的管理制度如何等。例如，奉行总成本控制战略的企业，就会视成本控制为第一要素。另一方面，在采购过程中，采购部地位升级，管理方法要不断完善；与供应方建立长期关系，减少沟通成本；建立采购绩效评估制度，促进采购方法革新。

3. 人际关系

与组织市场购买行为相比，消费者购买行为更加趋于理性，但由于整个过程是由人参与完成的，所以不可避免地会涉及人际关系。在参与购买过程中，人员的角色地位以及相互关系，都会对购买活动产生重要影响，如产品供应价格、交货时间等都需要与参与人员沟通。

4. 个人因素

个人因素是指组织市场购买行为中有关人员的年龄、受教育程度、个性等因素对活动的影响，具体表现在购买行为过程中，双方人员彼此沟通时，个人主观因素会对交易活动产生较大影响。

二、组织市场购买行为的类型

1. 直接重购

直接重购是指企业采购部门为了满足生产活动的需要，按惯例进行订货的购买行为。

企业采购部门根据之前和供应商打交道的经验，从供应商名单中选择供货企业，并连续订购采购过的同类产品。这是最简单的采购方式，生产者购买行为是惯例化的。

企业营销如果想要保证稳定的产品质量，就要努力维护与客户的良好关系，以保持现有客户。

2. 修正重购

修正重购也称变更重购，是指企业的采购人员为了更好地完成采购任务，适当改变采购产品的规格、价格和供应商的购买行为。

这类购买情况较复杂，参与购买决策过程的人较多。企业营销必须做好市场调查和预测工作，努力开发新的品种规格，并努力提高生产效率，降低成本，满足修正重购的需要，设法保护自己的既得市场。

3. 全新采购

全新采购是指企业为了增加新的生产项目或更新设备而第一次采购某一产品或服务的

购买行为。新购买产品的成本越高、风险越大，决策参与者的数量就应越多，需收集的信息也就越多，完成决策所需时间也就越长。

这种采购类型对企业营销来说是一种挑战，同时也是一个机会。全新采购的生产者对供应商尚无明确选择，是企业营销应该大力争取的市场。

三、生产者市场购买特点

生产者购买目的是进行再生产并取得利润。因此，生产者购买与消费者购买有很大的差别。生产者购买具有下述特征。

1. 购买者数量少，购买规模大

在生产者市场上，购买者是企业单位，购买者的数量必然比消费者市场小得多，但每个购买者的购买量都较大。在现实经济条件下，许多行业的生产集中在少数大企业，所需原料、设备的采购也就相对集中。购买者数量虽有限，但购买量相当大。

2. 购买者区域相对集中

购买者在区域上相对集中，主要是由产业布局的区域结构决定的。由于历史和地域资源的原因，产业布局结构各不相同。在我国，东北是重工业所在地，华东是纺织、电子、机械加工业发达地区。产业布局形成了生产者购买较为集中的目标市场。

3. 需求受消费品市场的影响

企业对生产资料的需求常常取决于消费品市场的需求，这被称为“衍生需求”，就是生产者购买需求归根结底是从消费者对消费品的需求中衍生出来的。

4. 需求缺乏弹性

在生产者市场上，购买者对产品的需求受价格变化的影响不大。在工艺、设备、产品结构相对稳定的情况下，市场对生产资料的需求在短期内缺乏弹性。例如，皮鞋制造商既不会因皮革价格上涨而减少对其的需求量，也不会因为价格下降而增加对其的需求量。

5. 需求波动大

生产者对于生产资料的需求比消费者对消费品的需求更容易发生波动。消费者需求的少量增加能导致生产者购买的大量增加。生产者购买变化很大，企业往往实行多元化经营，以减少风险，增强应变能力。

6. 购买人员较为专业

生产者购买必须符合企业再生产的需要，对产品的质量、规格、型号、性能等方面都有系统的计划和严格的要求，通常须由专业知识丰富、训练有素的采购人员负责采购，要求企业向采购人员提供技术资料和特殊的服务。

7. 购买方式多为直接购买

购买者多数希望直接与供应者打交道，一方面，供应商能够保证按照自己的要求提供产品；另一方面，又能与供应商保持密切关系，保证在交货期和技术规格上符合自己的需求。

8. 特殊购买方式——租赁

许多生产者是以租赁的方式取得设备的，这种方式一般适用于价值较高的机器设备、交通工具等。租赁已成为近年来生产者获得生产资料，特别是生产设备的一种重要形式。租赁的形式主要有服务性租赁、金融租赁、综合租赁、杠杆租赁、供货者租赁、卖主租赁等。

四、中间商购买行为的特点

中间商作为组织购买者之一，其购买行为也要受到环境因素、组织因素、社会因素和个人因素等的影响。但是，中间商的营销目标、营销内容、购买决策及购买行为又有自己的特点。中间商在制定购买决策、采取购买行为时，受到下述因素的制约。

1. 消费者需求

为顾客购买是中间商的一个显著特点，由此中间商有“顾客采购代理人”之称。中间商购买什么、购买多少、以什么价格购买，都必须考虑消费者个人及家庭的需求和愿望，并按照他们的需求和愿望制定采购决策。

2. 存货管理

储存是中间商的基本职能之一，储存什么、储存多少是影响中间商购买行为的一个重要因素。

3. 供应商策略

中间商购买商品是为了转售给他人，供应商的策略、供货条件、价格折让、运费折让、促销津贴等对其商品转售有直接关系，因而影响中间商的购买决策。

五、政府购买行为分析

1. 政府购买目的

（1）节约财政支出，提高采购资金的使用效率。实践证明，政府采购制度是一种集中与分散相结合的公开透明的采购制度。

（2）强化宏观调控。发挥政府在国民经济发展中的宏观调控作用，推进保护国内产业、保护环境、扶持不发达地区和中小企业。

(3) 活跃市场经济。政府采购活跃市场经济主要表现在：其一，政府采购使政府正常运转所需要的货物、需建的工程和服务，由政府自产、自建、自管转为全方位面向市场开放；其二，政府采购的公开招标、竞争性谈判等方式，促使企业按市场规律运行，不断提高产品和服务质量，提高产品竞争力等；其三，政府宏观调控，加大投资，促进内需，通过政府采购渠道来进行。

(4) 推进反腐倡廉。大量的案例表明，政府购买过程中的钱权交易是滋生腐败的主要形式。因此，在实现政府采购市场化与公开化的基础上，通过政府采购政策，可以加强政府采购主体的行为规范，有效地、及时地铲除腐败的幼苗。

(5) 保护民族产业。在政府采购市场中适度保护民族产业是发展中国家在对外开放过程中的必要措施。按照国际惯例，我们可以凭借国家安全、经济欠发达等为依据，制定一些具有保护民族产业的政府采购政策及相关的国内配套政策。在国际贸易中，这是保护本国政府采购市场，保护民族产业的一个合理、合法的手段。

2. 政府采购方式

(1) 竞争性招标采购。竞争性招标采购是国际竞争招标采购、国内竞争招标采购的总称，是政府采购最常用的方式之一。竞争性招标采购有一套完整的、统一的程序，这套程序不会因国家、地区和组织的不同而存在太大的差别。通过广泛的竞争，一方面，能使采购实体得到价廉物美的商品、工程和服务；另一方面，能促进公平竞争，确保交易公正，维护供应商和采购实体双方的利益。

竞争性招标采购虽然有很多优点，但也存在很多不足之处，突出表现在：周期长，费时多；需要的文件非常烦琐；可能造成设备规格多样化，影响标准化的实现等。因此，尽管竞争性招标采购目前仍是政府采购的主要方式，但其所占比重却在逐渐下降。

(2) 竞争性谈判采购。竞争性谈判采购既能体现充分竞争，又能体现灵活协商，逐渐成为占主导地位的采购方式，在很多国家非常流行。竞争性谈判采购不仅具有竞争性招标采购方式的优势，还具有以下优势：

1) 缩短准备期，使采购项目更快发挥作用。

2) 减少工作量，省去了大量的开标、评标工作，有利于提高工作效率，减少采购成本。

3) 供求双方能够进行更为灵活的谈判。

4) 更有利于保护民族产业。

(3) 采购手段的发展趋势。

信息产业的高速发展和信息产品的普遍使用，将会为传统的采购手段带来一次彻底的改革。今后的采购手段将以电子化为主，通过网络媒体发布采购信息并进行电子招标等采购方式将会迅速发展。

模块小结

消费者市场是市场体系的基础，是起决定作用的市场。消费者市场是现代市场营销理论研究的主要对象。成功的市场营销者，必须能够有效地发现并生产出对消费者有价值的产品，并运用富有吸引力和说服力的方法将产品有效地呈现给消费者。消费者购买行为是指消费者为满足其个人或家庭生活而发生的购买商品的决策过程。消费者购买行为是复杂的，其购买行为的产生是受到内在因素和外在因素的相互影响的。企业营销通过对消费者购买行为的研究，来掌握其购买行为的规律，从而制定有效的市场营销策略，实现企业营销目标。组织市场是由各种组织机构形成的对企业产品和服务需求的总和，可分为产业市场、中间商市场和政府市场。

思考时间

案例分析

购车的考虑

晓晴是一位普通的上班族，35 岁，月收入在 12 000 元左右。最近，晓晴周边的朋友与同事纷纷买了车，晓晴也有点动心。因为她工作的公司离家较远，加上交通拥堵，来回花在路上的时间要近 2 个小时，于是她的购车动机越来越强烈。但除了坐车的体验和喜欢漂亮的白色、流畅的车型，这时候的晓晴对车一无所知。

在驾校学车时，未来将购买什么样的车不知不觉成为几位学车者的共同话题。“我拿到驾照，就去买一部 1.4L 自动致尚版波罗车”，其中的一位学车者对波罗车情有独钟地谈到。虽然晓晴也蛮喜欢这款小车的外形，但她怎么也接受不了自己会购买这一款车，因为晓晴有坐过这款车的体验。那一次是 4 个女生（MBA 同学）上完课，一起坐小波罗出去吃中午饭，车从地下车库开出时不得不关闭了空调才能爬上高高的坡。爬个坡便要关上空调，实实在在地阻碍了晓晴对波罗的热情，虽然有不少人认为波罗是女性的首选车型。

晓晴又问了身边的其他人，“宝来，是不错的车”，周边人都反馈过来这样的信息，在差不多的价位上德国车还是不错的。晓晴的上司恰恰是宝来车主，晓晴虽无驾驶宝来的体验，但后排的拥挤却已先入为主了，想到自己的先生人高马大，宝来的后座不觉成了胸口的痛。

不久，一位与晓晴差不多年龄的女邻居，在小区门口新开的一家海南马自达专卖店里买了一辆福美来，并向晓晴做了详细介绍。晓晴很快去了家门口的专卖店，并被展厅里的车吸引。销售员的一句话深深地打动了她：“福美来各个方面都很周全，在这个价位里别的车有的配置福美来都不会少，只会更多。”此时的晓晴还不会在意动力、排量、油箱容量等抽象的数据，于是乐颠颠地拿着一堆资料回去。福美来成了她心中的首选，银色而端正的车体在晓晴的心中晃啊晃。

晓晴回家征求先生的意见，先生问：为什么放着那么多上海大众和通用公司的品牌不买，偏偏要买“海南货”？它在上海的维修点和服务网点是否完善？两个问题马上使晓晴动摇了。但她不死心，便想问问周边驾车的同事对福美来的看法。“福美来还可以，但是日本车的车壳太薄”，同事的一番话还是很有说服力的，晓晴有些茫然犹豫。慢慢地晓晴关心起了汽车杂志。随着阅读的试车报告越来越多，晓晴开始明确了自己的目标，价位在8万至15万元，于是众多品牌的车都开始进入晓晴的视野。

经过一段时间的关注，晓晴对各个车的生产厂家、每个生产厂家生产哪几种品牌、同一品牌的不同的发动机的排量与车的配置、基本的价格已如数家珍，上海通用的别克凯越、一汽大众的宝来、广州本田的飞度、东风日产的尼桑阳光、海南马自达的福美来，晓晴常用文件夹附上各款车的排量、最大功率、最大扭矩、极速、市场参考价等一行行数据，甚至将4S店的配件价格也标注出来。经过反复比较，晓晴开始锁定别克凯越和本田飞度。

别克凯越简直是一款无懈可击的靓车啊！此时同事A也正准备买车，别克凯越也是首选。晓晴开始频频地进入别克凯越的车友论坛。但不幸的是，随着对别克凯越的熟悉，晓晴很快发现，费油是别克凯越的最大缺点。想着几乎是飞度两倍的油耗，在将来拥有车的时候还要为油耗花钱，晓晴的心思便又活了。而飞度有许多优点：精巧、独特、省油、新推出1.5L VTEC发动机、活灵活现的试车报告，令人忍不住想说“就是它了”。何况在论坛里晓晴发现飞度除了因是日本车系而受到抨击外没有明显的缺点。正巧这一阶段广州本田推出了广本飞度的广告，晓晴便精心地收集着有关广本飞度的每一个信息，甚至致电广本飞度的上海4S店，查问其配件价格。维修员极耐心的回答令她对飞度的印象分又一次增加了。

究竟花落谁家呢？晓晴自己的心里知道，她已有了一个缩小了的备选品牌范围。

问题：

试分析晓晴的购买行为过程。

实训实习

学生应在学习完本模块内容后，根据所学知识在课余时间和教师指导下进行实习实训，加深对消费者行为分析理论的理解，尝试运用所学知识去分析实例。

1. 实训方式

根据所学知识，对自己本学期的一次服装购买行为进行分析。

2. 实训要求

指导教师在本班学生作业的基础上，对全体学生的购买行为进行分析，总结购买特点、购买模式，以 PPT 形式进行课堂讲解。

3. 实训考核

指导教师根据学生撰写实训报告的质量综合评定成绩（优、良、中、及格、不及格）。

模块四　市场调研与预测

学习目标

知识目标

1. 理解市场营销信息系统的构成与特点：能够清楚地描述市场营销信息系统的四个子系统（内部报告系统、营销情报系统、营销调研系统和营销决策系统），并理解其在市场营销中的作用。

2. 掌握市场调研的基本概念与方法：能够解释市场调研的定义，了解不同的调研方法（如文案调研法、访问调研法、观察调研法和实验调研法），并熟悉市场调研的基本程序。

3. 了解市场预测的基本概念与方法：能够定义市场预测，并掌握定性和定量预测的基本方法，理解其在市场决策中的重要性。

能力目标

1. 独立制定市场调查方案：能够根据实际情况，独立设计一份完整的市场调查方案，包括目标设定、方法选择、样本设计和数据分析计划。

2. 分析与解读市场调研数据：能够对收集到的市场调研数据进行整理和分析，提炼出有价值的信息，并能够撰写市场调研报告，提出合理的市场营销建议。

3. 进行市场预测：能够运用所学的市场预测方法，对特定市场或产品进行预测，分析未来的发展趋势，并为企业决策提供依据。

素养目标

1. 能够从整体上把握市场调研与预测的流程，理解各个环节之间的相互关系，提升系统思维能力。

2. 在进行市场调研和预测时，能够对所获得的信息进行批判性分析，识别信息的可靠性和有效性，做出科学的判断。

案例导入

牛肉消费趋势调查

进入2000年后，随着我国经济的快速增长以及城乡居民收入水平的不断提高，食品文化和饮食结构也在一程度上形成逐渐改善态势。人们也开始意识到仅靠猪肉不再能满足广大社会消费者的需要，而牛肉正以其低脂肪、高蛋白的特性成为我国大多数城乡居民的理想食物，并迅速地上了我国居民的餐桌。

牛肉低脂肪高蛋白，富含亚油酸，以及镁、铁、锌等矿物质，含有肉碱、维生素等物质，对人体健康非常有利。营养专家也主张多吃牛肉，牛肉也逐渐成为大多数城乡居民的理想食物。以下对牛肉的发展趋势进行分析。

一、牛肉消费整体呈迅猛增长趋势

由于受非洲猪瘟等多种因素的影响，2019年以来我国牛肉消费量快速增长。2024年我国牛肉消费量达到1 027万吨，比上年增长4.1%。这表明我国牛肉消费市场的强劲增长态势。

二、高端牛肉产品前景逐渐被看好

随着国内消费的升级，人们生活水平的不断提高，消费需求多样化和品质化的趋势越来越显著。人们更加注重产品质量、口感，对牛肉产品的需求呈现层级分化，越来越多的消费者青睐真正安全有保障、快捷方便、高品质的高端牛肉类产品。

三、规模化养殖发展是趋势

目前，我国肉牛的养殖主要以小规模养殖为主。相关数据显示：近六成的养殖户年出栏头数在10头以下。未来，我国将实施肉牛标准化规模养殖场建设等项目，支持规模养殖场进行基础设施标准化改造，提高牛肉综合生产能力。规模化养殖以饲草料加工、规模饲养、废弃物处理为重点，研发推广牛羊设施养殖配套装备，以提高劳动生产率，增加养殖效益，是行业发展的一大趋势。

四、新的产业模式不断涌现

当前，我国牛肉产业社会资本强势注入，海外并购加剧，“互联网+肉牛养殖”等各式各样具有时代特色的牛肉产业模式不断涌现。为应对不断升级的挑战与压力，国内肉牛养殖企业创新思路，强化品牌效应，提升核心竞争力的意识日渐增强。

五、冷链物流体系不断完善

牛肉产业的发展离不开物流调运。近年来，我国鼓励畜禽养殖、屠宰加工企业推行“规模养殖、集中屠宰、冷链运输、冷鲜加工”模式，提升畜禽就近屠宰加工能力，保证各类冷鲜肉及肉制品的品质。建设畜禽产品冷链物流体系，减少畜禽长距离移动，降低动物疫病传播风险，维护养殖业生产安全和畜禽产品质量安全。未来，随着技术的进步，牛肉产业冷链物流配送体系将会更加完善。

单元一 市场营销信息系统

一、营销信息系统的内涵与特点

市场营销信息系统，是指一个由人员、机器和程序所构成的相互作用的复合体。企业借助市场营销信息系统收集、挑选、分析、评估和分配适当的、及时的和准确的信息，为市场营销管理人员改进市场营销计划、执行和控制工作提供依据。

营销信息系统具有以下特点。

1. 整体性

营销信息系统是从了解市场需求情况、接受顾客订货开始，直到产品交付顾客使用，同时为顾客提供各种服务，整个营销活动中涉及大量信息收集与处理，需要整合企业内部资源，协调企业局部和全局关系，兼顾短期利益和长期利益。

2. 简明性

营销信息系统对已收集的信息进行再加工处理，并提供给企业管理层决策使用。因此，需要使用科学有效的手段收集信息，加速信息的传递过程。同时，经过再加工的信息必须简单明了、易于理解。

3. 有效性

任何信息都产生于某个特定时段，具有一定的时效性。营销信息系统向管理层提供的信息同样如此，不仅需要及时传递信息，而且需要对信息进行有效筛选优化，剔除无效信息。

二、营销信息系统的构成

不同企业，其信息系统的具体构成会有所不同，但基本框架大体相同，一般由内部报告系统、营销情报系统、营销调研系统、营销决策系统这四个子系统构成。

1. 内部报告系统

内部报告系统又称内部会计系统或订货系统，是企业营销管理者经常要使用的最基本的信息系统。其主要功能是向企业营销管理人员及时提供有关订货数量、销售额、存货水平等反映企业经营状况的信息，方便管理人员进行分析，实时监控企业的经营活动流程。

它的最大特点是：

（1）信息来自企业内部的财务、生产、销售等部门。

（2）通常是定期提供信息，用于日常营销活动的计划、管理和控制。内部报告系统提供的数据包括订单、销量、存货水平、费用、应收应付款、生产进度、现金流量等。

内部报告系统的核心是“订单—发货—账单”的循环，即销售人员将顾客的订单送至企业；负责管理订单的机构将有关订单的信息送至企业内的有关部门；有存货的立即备货，无存货的则要立即组织生产；最后，企业将货物及账单送至顾客手中。

企业应设计一个面向用户的内部报告系统，它提供给营销人员的应是他们想要的、实际需要的和可以经济地获得信息的三者的统一。在设计内部报告系统时，企业还应避免发生下述错误：一是每日发送的信息太多，以致决策者疲于应付；二是过于看重眼前，使决策者对每一个微小的变动都急于做出反应。

2. 营销情报系统

营销情报系统是营销人员日常收集有关企业外部市场营销环境资料的一些来源或程序，其主要功能是向营销部门及时提供有关外部环境发展变化的情报。由于营销情报来源广泛，如阅读书籍、报刊，上网查询，与顾客、供应商、经销商等交谈等，资料种类和格式也多种多样，准确性很难保证，因此对企业营销情报系统人员个人素质具有较高的要求。为了能有效地使用情报，企业需要建立适当的信息收集和分析系统，采取更正规的步骤来提高所收集情报的质量和数量。

3. 营销调研系统

营销调研系统的功能主要是：设计、收集、分析和提供与既定目标相关的数据信息，提交最终的调研报告，以帮助决策部门管理者制定有效的营销决策。

与内部报告系统和营销情报系统相比，营销调研系统的本质在于：它的针对性更强，是为解决特定的具体问题而从事信息的收集、整理、分析。企业在营销决策过程中，经常需要对某个特定问题或机会进行重点研究，如开发某种新产品之前，或遇到了强有力的竞争对手，或要对广告效果进行评估等。

在进行营销调研时，企业可以通过自己的调研部门开展调研活动，也可以委托外部专业公司完成。一般来说，中小企业通常缺乏进行这类研究的人力、技巧和时间，考虑到成本和信息的准确性，大都委托专业公司开展；对大企业而言，企业内部会设置营销调研部门，其拥有各种相关的专业人才和技术，资金也比较充裕。

4. 营销决策系统

营销决策系统是由软件和硬件组成的对数据进行处理的系统，又称专家系统。该系统通过对以上三个系统所提供的信息资料进行科学分析，从中提出更为有效的研究结果，以帮助决策者进行经营决策。

营销决策系统一般由两部分组成：统计库和模型库。统计库可以根据需要，用多种统计方法对数据进行简单汇总和归类等。模型库重在定量分析，多用于对研究营销系统中多种变量之间复杂关系的处理。

单元二 市场调研

一、市场调研概述

随着市场经济的发展，作为市场的参与者，企业要想组织生产和销售适销对路的产品，避免决策失误，就必须对瞬息万变的市场有全面的了解和把握。企业要在不断变化的市场环境中及时发现和捕捉新机会，适时调整经营策略，就必须进行市场调研。

市场调研是针对企业特定的营销问题，采用科学的研究方法，系统地、客观地收集、整理、分析、解释和沟通有关市场营销各方面的信息，为营销管理者制定、评估和改进营销决策提供依据的过程。

市场调研是企业营销活动的出发点，其作用十分重要，主要体现在以下几个方面。

1. 市场调研有利于政府实施宏观经济调控

在商品经济社会，市场规律是无形的手，影响社会中市场主体的活动，违反市场规律的事情是行不通的。但是，市场经济作为一种开放式经济，其在资源配置方面带有一定的盲目性。企业在以市场为导向的生产经营活动中，往往具有片面性和短视性等特点，有时会导致严重的经济问题和社会问题，譬如经济危机事件。因此为了保证整个社会经济健康、稳定、长期的发展，避免出现无序竞争和资源浪费，政府需要在不违背经济规律的基础上，通过制定相关政策、法规，对整个经济活动进行宏观调控，而有效的宏观调控必须建立在市场调研的基础之上。

2. 市场调研有利于企业改善经营管理，提高经济效益

市场经济活动变幻莫测，但依然有规律可循。企业通过市场调研，能及时发现一些利好信息，规避较高风险。

（1）有助于企业实施目标市场策略。市场上存在多种需求，而每个企业由于自身资源和实力所限，不可能生产和经营所有满足消费者需求的产品和服务，因此只能根据自身优势，生产特定产品、选择特定市场来满足消费者。通过市场调研，企业就可以了解目标市场消费者偏好、市场的大致规模以及市场的竞争状况等，从而避免经营风险。

（2）有助于企业优化营销组合，增强竞争力。在市场竞争日益激烈的今天，为了争夺

目标市场消费者，各种营销手段层出不穷。通过对竞争对手、消费者、公众等的调研，企业就能找到更适合的营销策略组合，满足消费者对产品的偏好程度、价位等需求。同时，结合多种营销组合手段在实践中的应用，企业可以更好地达到预期目的。

通过市场调研，企业可以发现消费者尚未满足的需求，了解竞争对手的数量和分布，制定符合企业自身的营销策略。

课堂延伸

铅笔行业发展前景调查

铅笔是一种用来书写以及绘画素描专用的笔类，产量占中国全部笔类产量的近一半。经过调查，当前国内铅笔行业呈现以下特征：

一、解决了原材料稀缺问题

人类对铅笔的需求越来越大，而且越发达的国家，人均铅笔使用量越大，如美国人均年使用铅笔达到15支以上。随着铅笔销量的增长，同时也出现了原料日益稀缺、木材匮乏等现实问题，如何在资源匮乏的情况下保证产品质量，这是整个铅笔行业面临的难题。

国内最大的木质铅笔生产企业之一马可于2009年率先攻克了“采用速生杨木代替椴木制作铅笔笔杆”的工艺难题并开始投入生产。在保证铅笔产品安全品质的前提下，经过逐步改善工艺、减少浪费，最大限度利用现有资源，马可攻克了该行业性难题。

截至2023年，石墨上游行业的销售渠道主要是直销、代理、投标、出口等，随着中国石墨生产企业的不断增多，木制铅笔行业的竞争也逐步加剧，渠道成为企业间竞争的重要因素，好的渠道可以为企业节省资源，获取利益。不同的企业可以选择适合自身企业产品特点的渠道方式，从而在石墨市场上占据较大的份额。

二、涌现了一批综合性专业企业

例如上海晨光文具股份有限公司（以下简称晨光文具）。晨光文具是一家整合创意价值与服务优势，倡导时尚文具生活方式，提供学习和工作场景解决方案的综合文具供应商，主要从事晨光及其所属品牌学生文具、办公文具、儿童美术等产品的设计、研发、制造和销售。

三、制定了铅笔安全标准

目前，国内市场大部分铅笔品牌执行的国家标准是GB/T 26704—2022《铅笔》。国家标准GB 21027—2020《学生用品的安全通用要求》规定了铅、汞、砷、锑、钡、镉、硒、铬等8种重金属元素的迁移限量，如铅的含量最高不超过90毫克/千克，砷不超过25毫克/千克，镉不超75毫克/千克，铬不超过60毫克/千克。这部安全标准为强制性国家标准，不符合技术规范和安全标准的学生用品，将不被允许在市场上销售；达到这一标准，也就代表这一品牌的铅笔在中国市场上属于安全产品。

欧盟及美国安全标准针对铅笔中铅等化学物质含量有一套更加严格的规定，较中国和世界其他国家的安全标准来说，其对危险元素的含量要求更严苛，以及对更多的物质进行了含量限制，覆盖范围更全面，可谓全球最严苛的铅笔安全标准。

二、市场调研内容

1. 市场环境调研

市场环境调研主要有以下几种：

（1）政治环境调研：包括对企业产品的主要用户所在国家或地区的政府现行政策、法令及政治形势的稳定程度等方面的调研。

（2）经济发展状况调研：主要是调查企业所面对的市场在宏观经济发展中将产生何种变化。调研的内容有各种综合经济指标所达水平和变动程度。

（3）社会文化因素调研：主要是对市场需求变动产生影响的社会文化因素，如文化程度、职业、民族构成、宗教信仰及民风、社会道德与审美意识等方面的调研。

（4）技术发展状况与趋势调研：主要是为了解与本企业生产有关的技术水平状况及趋势，并把握社会相关产品生产企业的技术水平的提高情况等而进行的调研。

（5）竞争对手调研：在竞争中要保持企业的优势，就必须随时掌握竞争对手的各种动向，在这方面主要是关于竞争对手数量、竞争对手的市场占有率及变动趋势、竞争对手已经并将要采用的营销策略、潜在竞争对手情况等方面的调研。

2. 市场需求调研

市场需求调研的内容主要包括：市场最大和最小需求容量；现有和潜在的需求容量；不同商品的需求特点和需求规模；不同市场空间的营销机会以及企业的和竞争对手的现有市场占有率等。

微课：

餐厅调查视频

3. 企业营销组合调研

企业营销组合调研主要有以下几种：

（1）产品调研：包括有关产品性能、特征和顾客对产品的意见和要求的调研；产品生命周期调研，以了解产品所处的生命周期的阶段；产品的包装、名牌、外观等给顾客的印象的调研，以了解这些形式是否与消费者或用户的习俗相适应。

（2）价格调研：包括产品价格的需求弹性调研；新产品价格制定或老产品价格调整所产生的效果调研；竞争对手价格变化情况调研；选择实施价格优惠策略的时机和实施这一策略的效果调研。

（3）销售渠道调研：包括企业现有产品分销渠道状况，中间商在分销渠道中的作用及各自实力，用户对中间商尤其是代理商、零售商的印象等多项内容的调研。

（4）促销方式调研：主要是对人员推销、广告宣传、公共关系等促销方式的实施效果进行分析、对比。

三、市场调研方法

市场调研方法按照数据来源分为以下四种。

1. 文案调研法

文案调研法又称资料查阅法，是指利用企业内部和外部现有的各种信息、情报资料，对调查内容进行分析研究的一种调查方法。

文案调研法有以下几个特点：第一，文案调研收集的资料以加工过的二手资料为主，而不是对原始资料的收集。第二，文案调研以收集文献性信息为主，具体表现为收集各种文献资料，包括实体书籍资料和网络资源，但存在资料分布广泛、内容重复交叉、质量良莠不齐等问题。第三，文案调研所收集的资料包括动态和静态两个方面，尤其偏重于从动态角度收集各种反映调研对象变化的历史资料与现实资料。

文案调研法资料来源主要有内部资料来源和外部资料来源两种。

（1）内部资料来源。内部资料的收集主要是收集企业内部营销活动的各种记录，主要有：

1）业务资料，包括与调研对象活动有关的各种资料，如订货单、进货单、发货单、合同文本、发票、销售记录、业务员访问报告、顾客意见和建议、同业卷宗及有关照片和录像等，可以帮助掌握本企业所生产和经营的商品的供应情况，分地区、分用户的需求变化情况。

2）统计资料，主要包括各类统计报表，企业生产、销售、库存等各种数据资料，各类统计分析资料等，是研究企业经营活动数量特征及规律的重要定量依据。

3）财务资料，是由企业财务部门提供的各种财务、会计核算和分析资料，包括生产成本、销售成本、各种商品价格及经营利润等，反映了企业活劳动和物化劳动占用和消耗情况及所取得的经济效益。

（2）外部资料来源。外部资料来源比较广泛，既有官方发布的正式资料，也有一些社会机构或部门自行收集整理的商业资料。在资料的表现形式方面，外部资料既有书籍、报刊、黄页等形式，又有网络资源。具体如下：

1）统计部门以及各级、各类政府主管部门公布的有关资料。国家统计局和各地方统计局都会定期发布统计公报等信息，并定期出版各类统计年鉴，内容包括人口数量、国民收入、居民购买力水平等。这些信息都具有综合性强、辐射面广的特点。

2）各种经济信息中心、专业信息咨询机构、行业协会和联合会提供的信息和有关行业情报。这些机构的信息系统资料齐全，信息灵敏度高。

3）国内外有关的书籍、报刊、杂志所提供的文献资料，包括各种统计资料、广告资料、市场行情和各种预测资料等。

4）有关生产和经营机构提供的商品目录、广告说明书、专利资料及商品价目表等。

5）各地电台、电视台提供的有关信息。

6）各种国际组织、学会团体、外国使馆、商会所提供的国际信息。

7）国内外各种博览会、展销会、交易会、订货会等促销会议以及专业性、学术性经验交流会议上所发放的文件和材料。

2. 访问调研法

访问调研法是指调研人员运用口头交谈的方式，向调研对象提出问题，由调研对象回答，以此了解市场实际情况、收集有关资料、获得市场信息的一种方法。

以下介绍几种常用的访问调研法。

（1）面谈调研。采用这种方法时，既可以一个人面谈，也可以几个人集体面谈；既可以一次面谈，也可以多次面谈。这种方法能直接与调研对象见面而听取意见并观察其反应，灵活性较大，可以泛泛地谈，也可以深入详细地谈，并能互相启发，得到的资料也比较真实。但是，这种方式调研的成本高，调研结果受调研人员自身素质的影响较大。面谈调研有以下两种方式：

1）入户访问法。入户访问法是指调研人员到调研对象的家中或工作单位进行访问，直接与调研对象接触。调查中可采用问卷进行询问，记录下对方的回答，或是将问卷交给对方，由对方填写完毕再回收。入户访问这种面对面的直接交流能使调研人员及时得到反馈信息，可以对复杂的问题及时解释，避免对问题的曲解。

2）拦截访问法。拦截访问是指在外部固定场所拦截调研对象，进行面对面访问。此种访问方式常在街头进行，又称街头拦截访问法，具体表现为：选择一些商业区、娱乐场所或中心街头，由调研人员按照一定的拦截标准，对符合条件的路人进行拦截访问，然后现场填写问卷，或者带到附近方便休息和填写问卷的场所完成。拦截访问法的优点：一是效率高，通常在固定场所拦截，便于直接沟通，合格样本高；二是节约时间，用时短，通常采用问卷填写，多是选择题模式；三是方便过程控制，公司督导可以在街头适时监控调研人员工作情况，提高问卷合格率。拦截访问法的缺点：一是对调研人员要求比较高，需要调研人员现场对经过的调研对象进行选择，存在很强的主观性；二是由于是现场拦截，客观上所处区域的调研对象样本代表性会有变化，还会出现拒绝填写的情况。

（2）电话调研。电话调研是由调研人员根据抽样的要求，在样本范围内，通过电话向调研对象提出询问，听取意见，以达到收集调查资料的一种调查形式。电话调研既适用于样本范围较为广泛的情况，也适用于销售工作的整个流程中。

电话调研具有十分明显的优点：首先，这种方式调研收集资料快，调研过程节省费用和时间；其次，可以访问到一些不易见面的调研对象，例如记者做新闻采访调查时，很多时候无法见到调研对象本人，多采用电话交流形式；再次，调查通常位于统一的中心位置开展工作，便于督导人员现场监控访问过程，提高调查成功率，例如发现有调研人员语速过快或表述不清时，可及时纠正；最后，在调研形式方面能以统一格式进行询问，所得资料便于统一处理。

然而，电话调研也存在一些缺点：首先，抽样总体是否符合调研目标要求，能否代表总体的特点和要求；其次，电话调研受时间约束比较明显，调研对象通常不太愿意长时间回答问题，客观上影响调查内容的全面性；最后，调研对象的拒答率也难以把握，容易发生电话无人应答或不愿意接受调查等情况。

课堂延伸

售后电话回访调查

问：您好！我是奔泰净水机售后服务部，5月6日贵单位（家）是否安装了一台奔泰净水机？

客户：是的。

1问：您觉得我们的安装人员服务态度如何？

客户：不错，还可以。

2问：净水机安装完后，安装人员是否打扫了卫生？

客户：有的。

3问：安装人员安装完净水机是否教您如何使用？

客户：教了。

4问：安装人员是否留下了售后服务电话？

客户：是的，有留电话。

5问：我们如有哪方面做得不够好，还请您多提宝贵意见，以便更好地为您服务。感谢您的使用，祝您，工作顺利。再见！

客户：再见！

(3) 邮寄调研。邮寄调研就是将预先设计好的询问表格、邮寄给调研对象，请他们按表格要求填写，然后按约定的时间寄回，调研人员根据对调研问卷或表格的整理、分析得到信息。在图书销售过程中经常采用此种方法，在报纸或杂志上刊登问卷，由读者填写意见后寄回，附以相应礼品回赠。

这种方式调研范围较广，调研对象有充裕的时间来考虑回答问题，可以具有一定的深度；调研对象在填写过程中不受调研人员的影响，可以独立思考、查阅资料，最终结论较为真实。但邮寄调查法问卷的回收率较低，调研对象可能不愿意或忘记寄回问卷；考虑到调研对象所在地点和工作问题，邮寄调查时间往往拖延较长，影响调研资料信息的时效性；调研对象有可能误解问卷的含义，随意填写，问卷的可靠性无法判断。

(4) 留置问卷调研。留置问卷调研就是由调研人员将调研问卷当面交给调研对象，并说明回答要求，留给调研对象自行填写，然后由调研人员定期收回。这种调研方式的优缺点介于面谈调研和邮寄调研之间。调研问卷回收率较高，可靠性好；但调研区域范围缩小，不适合较大范围调研，同时由于要当面送达问卷，费用比较高。

3. 观察调研法

观察调研法是指调研人员根据研究目的，有组织、有计划地运用自身的感觉器官或借助科学的观察工具，直接收集当时正在发生的、处于自然状态下的市场现象的有关资料的一种方法。在调研过程中，调研人员既可以利用自身的感觉器官，还可以运用科学的观察工具进行观察。

观察调研法可分为直接观察法和间接观察法两种，具体如下：

（1）直接观察法。直接观察法是指调研人员对所发生的事或调研对象的行为进行直接的观察和记录。直接观察法可分为参与性观察法、非参与性观察法和跟踪调查法三种。

参与性观察法，是指调研人员直接参与到特定的环境中，同调研对象一起从事某些活动，实践中常用于对商场及消费者活动做整体调研。如“神秘购物者”，调研人员伪装成顾客，直接深入现场，观察购物环境、了解服务质量、观察消费者购买行为及商品等其他情况。

非参与性观察法，是指调研人员以局外人身份，观察记录所发生的市场行为和状况。如观察公司产品销售过程，或者深入产品使用场所了解使用状况等。

跟踪调查法相比以上两种方法，具有连续性特点，是指调研人员对目标群体进行长期观察，记录时间段信息，重在了解变化过程。

（2）间接观察法。间接观察法是指调研人员采用各种间接工具或手段对调研对象进行观察以获取信息的一种方法。间接观察法可分为痕迹观察法和仪器观察法两种。

痕迹观察法，是指调研人员通过对现场遗留下的痕迹进行观察，旨在推断已发生的市场行为一种方法，例如公司的调研人员可以通过对竞争对手促销活动结束后的现场情况来推断其促销效果。

仪器观察法，是指在特定场所安装具有图像、音像或其他计数仪器等，自动获取相关信息的一种方法。如可在商场进出口安装流量观测仪器，测算当天顾客流量；又或者可以在工厂或街道安装声音测量仪，检测噪声污染情况；空气状况恶化时，还可以采用仪器进行 PM2.5 浓度测量。观察工具见表 4-1。

表 4-1 观察工具

感觉	自身器官	借助工具
视觉	眼睛	显微镜、照相机、望远镜等
听觉	耳朵	录音机、分贝测量仪等
味觉	舌	化学分析仪器等
触觉	手	金相仪、接触测试仪等
嗅觉	鼻	各种食品分析仪器等

观察调研法的优点在于观察的直接性及可靠性、适用性强、简便易行，灵活性较大。但是缺点也比较明显，观察调研法调查结果的准确性与调研人员的自身素质有很大关系，调研人员的知识结构和经验素质一定程度上影响其对调研对象及活动现象的理解。同时，观察调研法重在表面观察，无法与调研对象进行语言沟通，无法了解其内心真实想法，而且观察过程时间一般比较长，短时间无法完成，费用相应比较高。

4. 实验调研法

实验调研法是指市场实验者有目的、有意识地通过改变或控制一个或几个影响市场因素的实践活动，来观察市场现象在这些因素影响下的变动情况，认识市场现象的本质和发展变化规律。实践中，实验调研法常用来研究产品改变品种、设计、价格或广告后，公司产品销售变动情况。

实验调研法是通过实验方案设计和实施、分析处理数据后得到的实验结果，根据实验方案设计的不同，可分为以下两种。

(1) 单一实验组前后对比实验：就是选择若干实验对象作为实验组，通过实验活动前后实验对象变化结果的对比来作出实验结论。计算公式为：

实验效果=后检测一前检测

例如，某食品厂为了提高糖果的销量，认为应改变原有的陈旧包装，并为此设计了新的包装图案。为了检验新包装的效果，以决定是否在未来推广新包装，厂家取 A、B、C、D、E 五种糖果作为实验对象，对这五种糖果在改变包装的前一个月和后一个月的销量进行了检测，得到的实验结果见表 4-2。

表 4-2 单一实验组前后对比表 单位：千克

糖果品种	实验前销量 Y_0	实验后销量 Y_n	实验结果 Y_n-Y_0
A	300	340	40
B	280	300	20
C	380	410	30
D	440	490	50
E	340	380	40
合计	1 740	1 920	180

从表中可知，改变包装比不改变包装销量大，说明顾客不仅注意糖果的质量，也对其包装有所要求。因此断定，改变糖果包装，以促进其销量增加的研究假设是合理的，厂家可以推广新包装。但应注意的是，市场现象可能受许多因素的影响，180 千克的销售增加量，不一定只是改变包装引起的。

(2) 实验组与对照组前后对比实验：是指对照组实验前后与实验组前后之间进行对比的方法。

例如，某公司在调整商品配方前进行实验调研，分别选择了 3 个企业组成实验组和对照组，对其月销售额进行实验前后对比，并综合检测出了实际效果，见表 4-3。

表 4-3　实验组与对照组前后对比表

单位：万元

实验单位	前检测	后检测	前后对比	实验效果
实验组	$Y_0=20$	$Y_n=30$	$Y_n-Y_0=10$	$(Y_n-Y_0)-(X_n-X_0)$ $=10-4$ $=6$
对照组	$X_0=20$	$X_n=24$	$X_n-X_0=4$	

表 4-3 中的检测结果显示，实验组的变动量 10 万元，包含实验变量即调整配方的影响，也包含其他非实验变量的影响；对照组的变动量 4 万元，不包含实验变量的影响，只有非实验变量的影响，因为对照组的商品配方未改变。实验效果是从实验变量和非实验变量共同影响的销售额变动量中，减去由非实验变量影响的销售额变动量，反映调整配方这种实验变量对销售额的影响作用。

实验调研法的优点是：能获得市场情况第一手信息资料，而且数据具有一定的客观性和实用性。企业如果想测试下改变产品质量、价格或包装、款式会产生何种效果，就可以采用实验调研法。企业可以进行小范围试销，改变产品，了解消费者反应，然后根据实验结论，再决定是否推广到其他地区。

实验调研法的缺点是：费用较高，花费时间长；同时，尽管采用了相对科学的实验方案，仍有可能忽视一些其他因素，实验结果不可能绝对可靠，需要借鉴分析。

单元三　市场预测

一、市场预测的含义及作用

1. 市场预测的含义

市场预测，就是运用科学的方法，对影响市场供求变化的诸因素进行调查研究，分析和预见其发展趋势，掌握市场供求变化的规律，为经营决策提供可靠的依据。要正确理解和掌握市场预测，必须对市场预测的四要素进行全面掌握。

一是信息要素。信息是指与预测对象相关的各种情况及预测资料。市场预测必须大量收集社会经济发展的历史统计数据和当前的市场发展状态，对其未来的发展状态进行分析和推断。

二是方法要素。方法是指市场预测过程中对市场信息资料进行分析研究并作出科学推断的各种方法。

三是分析要素。市场预测的实质是对市场信息资料的整理、归类和推断的过程。通过对各种资料的有效分析，可从中找出经济事物的发展规律。

四是判断要素。这也是四要素中最重要的因素，是对未来不确定市场作出的肯定或否定的说明。

2. 市场预测的作用

(1) 在宏观经济管理中的作用。

1) 通过预测，预见市场活动发展趋势，为编制国民经济发展计划提供资料，同时为制定间接调控生产、流通、分配和消费的政策、法规提供依据，促使宏观经济管理各项工作进一步适应市场发展要求。

2) 通过市场商品供需总量及构成预测，预见商品供需发展变化趋势，据此研究供需总额及结构平衡状况，以便实现调整生产与消费的关系，安排积累与消费的比例，调整生产与投资结构，扭转经济发展中可能出现的失衡现象。

3) 通过预测，预见关系国计民生的主要产品供需变化，明确重点产品发展方向，控制长线产品，支持短线产品。

(2) 在企业生产经营管理中的作用。

1) 通过预测，预见市场未来发展趋势，为企业确定生产经营方向，制订企业生产经营的发展计划提供依据。

2) 通过预测，探明消费者消费心理变化，购买力增减、具体商品需求趋向等，然后结合企业自身条件，分析优势与差距，寻求可行的解决方案。

3) 通过预测，摸清竞争对手状况，制定相应策略，克“敌”制胜。

4) 通过预测，了解与企业有关的各项市场环境因素变化，有针对性地制定适当措施和利用环境策略，以确保企业生产经营顺利发展。

文本阅读：

国家统计局：2025 年一季度居民收入和消费支出情况

课堂延伸

2025 年商业十大热点

2025 年 1 月 10 日，中国商业联合会主办、中国商联专家委员会承办、香港科技大学利丰供应链研究院协办的《2025 年中国商业十大热点评述报告》（以下简称《报告》）在北京发布。《报告》汇聚了 160 余位专家的意见，深入分析了我国商贸流通领域的最新趋势和发展方向。

热点一：三中全会精神引领统一大市场加快建设，新质生产力带动流通体系效率跃升

2024 年召开的党的二十届三中全会强调构建全国统一大市场，完善流通体制，加快发展物联网，健全流通规则和标准。流通企业结合技术应用，创新商业业态和模式，推动

流通体系实现效率跃升，促进新生产力由量变到质变。

热点二：扩大消费位置更加突出，消费市场稳定向好增长

2024年，政府将扩大内需作为首要任务，实施“消费促进年”政策，推动消费持续扩大。“以旧换新”等政策措施显著拉动消费，服务消费表现强劲。预计2025年，消费品市场将实现约5%的平稳增长。

热点三：“服务消费升级”趋势明显，增长空间广阔且潜力巨大

服务消费已成为居民消费增长的热点领域，市场规模持续扩大。随着服务业市场的进一步开放和政策支持，服务消费的扩容升级有望进一步提速，潜力巨大。

热点四：县域商业持续扩容升级凸显消费活力，商业企业渠道下沉开辟增长蓝海

县域经济在推动国家经济高质量发展中发挥着重要作用。县域商业加快扩容升级，品质提升成为消费新趋势。品牌下乡、渠道下沉成为显著趋势，推动县域居民消费从实用型向多层次、品质型升级。

热点五：餐饮市场更注重质价比，绿色营养健康消费理念增强

2024年，餐饮业面临终端需求疲软、品类竞争激烈等挑战。政府高度重视餐饮业的恢复发展，出台多项政策促进餐饮业高质量发展。2025年，餐饮市场将呈现平稳向好、质量提升和绿色健康趋势。

热点六：线上线下应需而变，零售业回归商业本质

零售业态分化更加明显，结构性变化特征突出。零售商需凸显满足消费者特定需求的差异化竞争优势，提升商品优选、氛围营造、体验项目设计、供应链整合等能力。

热点七：生鲜品质消费需求持续旺盛，农产品市场带动消费有效增长

消费者对高质量农产品的需求持续增长，推动农产品市场创新服务模式和多元化功能。冷链物流保鲜设施建设将有效推进，提升农产品市场的集散优势。

热点八：数字消费打开内需增长新空间，数字文化消费引领生活方式新变化

数字消费成为内需增长的新引擎，数字文化消费引领生活方式新变化。政府出台多项扶持政策，推动数字消费发展，丰富供给端，做强需求端，强化支撑端，创新场景端。

热点九：商贸物流着力推进降本增效，高质量发展引领行业实践

商贸物流业通过数字技术应用、业务模式优化、多元主体合作等方式，实现业务流程、组织方式乃至供应链协同等方面的综合提升，完成由“局部优化”向“全局优化”推进的转变。

热点十：零售出海大势所趋，合规与本地化是成功关键

面对地缘政治紧张和国内竞争激烈的环境，中国零售企业加快海外市场布局。合规、本地化、供应链韧性成为关键，企业需开展全方位、深层次的市场调研，构建灵活可靠的供应链体系，携手当地企业建立战略合作伙伴关系。

二、市场预测的内容

市场预测探讨的是市场发展的未来状况，由于市场状况的发展变化会受到多方面因素的影响，所以，市场预测的内容相当广泛，以下仅列出常见的五个方面。

1. 市场供给状况的发展变化预测

市场供给预测是指对一定时期和一定范围的市场供应量、供应结构、供应变动因素等进行分析预测。由于市场供给的大小能够反映市场供应能力的大小，因而，它是决定市场供求状态的重要变量。市场供应量和供应结构的分析预测，既有对消费品与生产资料的分类预测，也有对全部商品、某类商品和某种商品三个层次的分类预测。一般来说，应在市场供给调查的基础上，运用合适的预测方法对商品的生产量、国外进口和其他供应量等决定供应总量的变量进行因素分析、趋势分析和相关分析，并在此基础上，再对市场供应量和供应结构的变化前景作出预测推断。

2. 市场商品容量及其变化趋势预测

市场需求现状的发展通常体现在商品容量（即具备货币支付能力的有效需求总量）及其结构的变化之中。市场容量及其变化预测可分为生产资料市场预测和消费资料市场预测。生产资料市场预测是通过对国民经济发展方向、发展重点的研究，综合分析预测期内行业生产技术、产品结构的调整，预测工业品的需求结构、数量及其变化趋势。消费资料市场预测重点有以下三个方面：

(1) 消费者购买力预测。预测消费者购买力要做好两个预测：第一，人口数量及变化预测。人口的数量及其发展速度在很大程度上决定着消费者的消费水平。第二，消费者对货币收入和支出的预测。

(2) 购买力投向预测。消费者收入水平的高低决定着消费结构，即在消费者的生活消费支出中，商品性消费支出与非商品性消费支出的比例。消费结构规律是收入水平越高，非商品性消费支出会增大，如娱乐、消遣、劳务费用支出增加，而在商品性支出中，用于饮食费用支出的比重大大降低。另外，还必须充分考虑消费心理对购买力投向的影响。

(3) 商品需求的变化及其发展趋势预测。根据消费者购买力总量和购买力的投向，预测各种商品需求的数量、花色、品种、规格、质量等。

3. 销售预测

销售预测是指对未来特定时间内全部产品或特定产品的销售数量与销售金额的预测。销售预测是在充分考虑未来各种影响因素的基础上，结合本企业的销售实绩，通过一定的分析方法提出切实可行的销售目标。

4. 市场占有率预测

市场占有率预测是指在一定市场范围内，对本企业的商品销售量或销售额占市场销售总量或销售总额的比例的变动趋势的预测。市场占有率预测一般采用企业销售预测与市场需求预测相对比的办法。

企业产品的市场占有率是企业产品的市场竞争力的综合表现。市场占有率的预测包括企业绝对市场占有率的预测与相对市场占有率的预测。企业不仅应该预测本身产品的市场占有率以及其变化趋势，还应对同类产品、替代产品的市场占有状况及其变化趋势进行预测。

5. 市场行情预测

市场行情预测是对整个市场或某类商品的市场形势和运行状态进行预测分析，揭示市场的景气状态，是处于扩张阶段，还是处于紧缩阶段或疲软阶段；或揭示某类市场是否具有周期波动规律，以及当前和未来周期波动的走向；或揭示某种商品因供求变动而导致价格是上涨还是下降；等等。市场行情预测的目的在于掌握市场周期波动的规律，判断市场的景气状态和走势，分析价格水平的变动趋向，为企业经营决策提供依据。

三、市场预测方法

市场预测的方法有很多，总的来说可分为定性预测和定量预测两大类。在市场预测中必须对预测对象进行具体分析，选择最合适的方法。

1. 定性预测

定性预测是指预测者依靠熟悉业务知识、具有丰富经验和综合分析能力的人员与专家，根据已掌握的历史资料和直观材料，运用个人的经验和分析判断能力，对事物的未来发展做出性质和程度上的判断，然后通过一定形式综合各方面的意见，作为预测未来的主要依据。这种方法在社会经济生活中有广泛的应用，特别是在预测对象的影响因素难以分清主次，或其主要因素难以用数学表达式模拟时。

以下是几种常用的定性预测方法。

（1）对比类推法。对比类推法是指利用事物之间具有共性的特点，把已发生事物的表现过程类推到后发生或将发生的事物上去，从而对后续事物的前景做出预测的一种方法。依据类推目标，对比类推法可以分为产品类推法、国际类推法、行业类推法等。

1）产品类推法就是以国内市场上的同类产品或类似产品在发展中所表现的特征来类推某产品的生命周期。许多产品在功能、构造、用途等方面具有很大的相似性，因而这些产品的市场发展规律往往也有某种相似性，我们可以利用这些相似性进行类推。例如，我们可以利用智能手环的发展特性来类推智能手表的发展特性，也可以利用扫地机器人的发展规律类推洗地机的市场发展趋势。

2）国际类推法就是将要分析的产品同国外发达国家的同类产品的发展变化规律相对比，借以判断国内某产品处于生命周期的哪个阶段。

3）行业类推法是根据同一产品在不同行业使用时间的先后，利用该产品在先使用行业所呈现出的特性，类推该产品在后使用行业的规律。许多产品的发展是从某一行业市场开始的，逐步向其他行业推广。如电脑最初是在科研和教育领域使用，然后才转向民用和家用的。

（2）领先指标法。领先指标法又称朴素预测法，是通过一些通俗的统计指标，利用最简单的统计处理方法和有限的数据资料来进行预测的一种方法。领先指标法就是通过将经济指标分为领先指标、同步指标和滞后指标，并根据这三类指标之间的关系进行分析预测。

（3）意见推断预测法。意见推断预测法是指在缺乏足够的定量数据或当市场环境存在较高不确定性时，借助企业内部或外部相关人员的经验判断与主观意见，对市场需求、销售趋势等进行预测的一种方法。该法强调专家经验、市场直觉与行业理解的综合运用，常用于新产品预测、突发事件处理或早期市场阶段，主要包含推销人员估计法和厂长（经理）评判意见法。

1）推销人员估计法。推销人员估计法就是将不同推销人员的估计值综合汇总起来，作为预测结果值。由于推销人员一般都很熟悉市场情况，因此，这一方法具有一些显著的优势。表 4-4 是推销人员关于下个月某产品可能的销售量的预测。

表 4-4　推销人员关于某月份产品销售量的预测

推销人员	预测项目	销售量	出现概率	销售量×概率
甲	最高销售量	1 000	0.3	300
	最可能销售量	800	0.5	400
	最低销售量	500	0.2	100
	期望值			800
乙	最高销售量	1 000	0.2	200
	最可能销售量	700	0.5	350
	最低销售量	400	0.3	120
	期望值			670
丙	最高销售量	900	0.2	180
	最可能销售量	600	0.6	360
	最低销售量	400	0.2	80
	期望值			620

如果企业对三位推销人员意见的信赖程度是一样的，那么平均预测值为

$$(800+670+620)\div 3=697$$

2）厂长（经理）评判意见法。厂长（经理）评判意见法，就是由企业的负责人把与市场有关或者熟悉市场情况的各负责人员和中层管理部门的负责人召集起来，让他们对未来的市场发展形势或某一重大市场问题发表意见，做出判断；然后，将各种意见汇总起来，进行分析研究和综合处理；最后得出市场预测结果。

（4）专家预测法。专家预测法又称专家会议法，是根据市场预测的目的和要求，向有关专家提供一定的背景资料，通过会议的形式对某一经济现象及其前景进行评价，并在专家分析的基础上，综合他们的意见，对市场发展趋势进行量的推断。

专家会议法具有较高的准确性——这种方法参与的人数多，所拥有的信息量远远大于个人拥有的信息量，因而能凝集多人的智慧，避免个人判断法的不足，在一些重大问题的预测方面较为可行可信；与会人员能畅所欲言，自由辩论，充分讨论，集思广益。

在具体的操作方法上，专家会议法有直接头脑风暴法和质疑头脑风暴法两种。直接头脑风暴法是指根据一定的规则，开展共同的讨论，鼓励每个人独立思考，充分发表意见。质疑头脑风暴法是指同时召开由两组人员参加的两个会议，一个组会议按照直接头脑风暴法提出设想，另一个组会议则是对第一个组会议的各种设想进行质疑，并通过质疑进行全面评估，直到没有问题可以质疑为止。

在方法使用过程中，会议主持人要尊重每一位与会者，鼓励与会者各抒己见，使与会者在积极发言的同时保持谦虚恭敬的态度，对任何意见都不应带有倾向性。要掌握好会议的时间和节奏，既不能拖得太长，也不要草草收场；当话题分散或意见相持不下时，能适当提醒或调整会议的进程等。

（5）德尔菲法。德尔菲法也称专家调查法，是指根据有专门知识的人的直接经验，对研究的问题进行判断、预测的一种方法。它是美国兰德公司于 1946 年首先用于预测领域的。德尔菲法具有反馈性、匿名性和统计性特点，适用于长期预测和对新产品的预测，在历史资料不足或不可测因素较多时尤为适用。选择合适的专家是做好德尔菲预测的关键环节。

德尔菲法的优点在于，各专家不通过会议形式交换意见和进行讨论，而是在互相保密的情况下，用书面形式独立地回答预测者提出的问题，并反复修改各自的意见，最后由预测者综合意见确定市场预测的结论。这在一定程度上克服了畏惧权威及不愿听到不同意见等弊病，使专家能够充分地发表意见，最后取得客观的调查预测结果。其不足之处在于由于反馈次数较多，反馈时间较长，有的专家可能因工作或其他原因而中途退出，影响预测的准确性。

德尔菲法的具体实施步骤如下：

步骤一：确定调查题目，拟定调查提纲，准备向专家提供的资料（包括调查目的、期限、调查表以及填写方法等）。

步骤二：组成专家小组。按照课题所需要的知识范围，确定专家小组。专家人数的多少，可根据预测课题的大小和涉及面的宽窄而定，一般不超过 20 人。

步骤三：向所有专家提出所要预测的问题及有关要求，并附上有关这个问题的所有背景材料，同时请专家提出还需要什么材料，然后由专家做书面答复。

步骤四：各个专家根据自身所收到的材料，提出自己的预测意见，并说明自己是怎样利用这些材料提出预测值的。

步骤五：将各位专家第一次判断意见汇总，列成图表，进行对比，再分发给各位专家，让专家比较自己同他人的不同意见，修改自己的意见和判断。也可以把各位专家的意见加以整理，或请身份更高的其他专家加以评论，然后把这些意见再分送给各位专家，以便他们参考后修改自己的意见。

步骤六：将所有专家的修改意见收集起来，汇总，再次分发给各位专家，以便做第二次修改。逐轮收集意见并为专家反馈信息是德尔菲法的主要环节，收集意见和信息反馈一般要经过三四轮。在向专家进行反馈的时候，只给出各种意见，但不说明发表各种意见的专家的具体姓名。这一过程重复进行，直到每一个专家不再改变自己的意见为止。

步骤七：对专家的意见进行综合处理。

2. 定量预测

定量预测是根据已掌握的比较完备的历史统计数据，运用一定的数学方法进行科学的加工整理，借以揭示有关变量之间的规律性联系，用于预测和推测未来发展变化情况的一类预测方法，其主要特点是利用统计资料和数学模型来进行预测。这并不意味着定量预测方法完全排除主观因素，只不过与定性预测方法相比，各种主观因素所起的作用小一些罢了。

以下是几种常用的定量预测方法：

(1) 加权算术平均法。加权算术平均法是用各种权数算得的平均数称为加权算术平均数，它可以以自然数作权数，也可以以项目出现的次数作权数，所求平均数值即为测定值。

(2) 趋势平均预测法。趋势平均预测法是以过去发生的实际数为依据，在算术平均数的基础上，假定未来时期的数值是它近期数值直接继续，而同较远时期的数值关系较小的一种预测方法。

(3) 指数平滑法。指数平滑法是以一个指标本身过去变化的趋势作为预测未来的依据的一种方法。对未来进行预测时，考虑近期资料的影响应比远期大，因而对不同时期的资料有不同的权数，越是近期资料权数越大，反之权数越小。

(4) 平均发展速度法。平均发展速度反映现象逐期发展速度的平均程度，是各个时期环比发展速度的几何平均数，说明社会经济现象在较长时期内速度变化的平均程度。平均发展速度的计算有两种方法：几何平均法（水平法）和代数平均法（累计法或方程式法）。

(5) 一元线性回归预测法。根据 x、y 现有数据，寻求合理的 a、b 回归系数，得出一条变动直线，并使线上各点至实际资料上的对应点之间的距离最小。设变动直线方程为：

$$y=a+bx$$

(6) 高低点法。高低点法是利用代数式 $y=a+bx$，选用一定历史资料中的最高业务量与最低业务量的总成本（或总费用）之差 Δy，与两者业务量之差 Δx 进行对比，求出 b，然后再求出 a 的方法。

课堂延伸

时间数列

时间数列中的实际数据与直线上的数据总可能有所偏差，但只要偏差较小，拟合的直线对时间数列就有较强的代表性。实际上，有时不必找到拟合直线的方程式，只要符合直线趋势外推法的原理，直接用一些简便的方法就能求出预测值。

最简便的方法是增减量预测法和平均增减量预测法。

1. 增减量预测法

这种方法是以上期实际值与上两期之间的增减量之和，作为本期预测值的一种预测方法。其公式为：

$$Y_t = Y_{t-1} + (Y_{t-1} - Y_{t-2})$$

例如，某企业某产品2024年的销售量为758吨，2023年的销售量为724吨，预测2025年的销售量为：

$$Y_{2025} = 758 + (758 - 724) = 792(\text{吨})$$

2. 平均增减量预测法

这种方法是先计算出整个时间数列逐期增减量的平均数，再与上期实际数相加，从而确定预测值的方法。其公式为：

$$Y_t = Y_{t-1} + [(Y_{t-1} - Y_{t-2}) + (Y_{t-2} - Y_{t-3}) + \cdots + (Y_{t-n} - Y_{t-(n+1)})]/n$$

假如上例企业某产品2022年的销售量为702吨，2021年的销售量为676吨，2020年的销售量为655吨，则预测2025年的销售量为：

$$\begin{aligned} Y_{2025} &= 758 + [(758 - 724) + (724 - 702) + (702 - 676) + (676 - 655)]/4 \\ &= 758 + (34 + 22 + 26 + 21)/4 = 783.75(\text{吨}) \end{aligned}$$

模块小结

市场营销信息系统是以企业对市场各组合要素的分析为基础而建立的研究方法，是围绕将产品从生产者销售到顾客手中的整个过程所开展的各项活动，由内部报告系统、营销情报系统、营销调研系统、营销决策系统四个子系统构成。

市场调研是针对企业特定的营销问题，采用科学的研究方法，系统地、客观地收集、整理、分析、解释和沟通有关市场营销各方面的信息，为营销管理者制定、评估和改进营销决策提供依据的过程。市场调研的具体方法有文案调研法、访问调研法、观察调研法和实验调研法。

市场预测，就是运用科学的方法，对影响市场供求变化的诸因素进行调查研究，分析和预见其发展趋势，掌握市场供求变化的规律，为经营决策提供可靠的依据。市场预测具体有定性预测和定量预测两大类。

思考时间

案例分析

步康老人鞋的市场调查

随着我国经济的快速增长，民众对生活品质的期望持续提升，商品市场不断细化，专注于老年人鞋类市场的步康公司，其产品销售额呈现上升趋势。然而，近期该公司销售与产品管理团队正面临产品出货量及销售额下降的挑战。今年初，步康公司推出了一款设计新颖的老人鞋，该产品更符合目标消费者的需求，且在外观设计上融入了流行时尚元素。由于采用了新材料，生产过程变得更为复杂，导致产品售价较传统产品高出30%以上。为了评估市场对新品的接受程度，步康公司在春节前夕在线上商城开展了新品预订销售活动，小批量投放市场取得了显著成效，产品一经上线即被迅速抢购一空。多家线下经销商也主动表达了订货意愿。通过对消费者行为的观察和产品销量的跟踪分析，销售与产品管理团队对市场反应感到满意。他们认为，在当前市场环境下，只要产品品质与外观设计符合消费者期望，即便价格较高，市场接受度依然可观。因此，步康公司决定迅速扩大生产规模，以期迅速占领市场份额。

为了规划后续月份的生产量，步康公司依据过去一年的月销售数据，采用加权移动平均法进行销售预测，并结合预售活动的积极反馈，决定将60%的生产资源分配给新产品，剩余40%用于老产品的生产。2月份的产品迅速被市场消化。但截至4月初，3月份的产品销售情况并不理想。步康公司经过与几家线下经销商的沟通，以及参考线上销售数据了解到，当前面临销售困难的情况，原以为新品会热销，但2月份订购的产品销售了一个多月，销售量却未达到预期。目前，经销商们不愿意继续订购该类产品。面对市场突如其来的变化，销售与产品管理团队感到困惑，他们对产品经过预售和市场调研后为何未能达到预期销售目标感到不解。

问题：

（1）你认为步康公司新产品滞销的问题出在哪里？

（2）为什么市场的实际发展状况会与步康公司市场调查与预测的结论大相径庭？

实训实习

学生应在学习完本模块内容后，根据所学知识在课余时间，选择一个行业的企业去实习实训，利用所学市场调研知识，了解企业当前的经营现状，尝试进行分析其营销活动。

1. **实训方式**

在教师指导下，采取学生自定实习单位的实习形式，同时实行严格考勤和不定期抽查的岗位实习监督。学生根据所学知识选择一个行业的企业，进行市场调研与营销环境分析，指导教师通过定期检查和互动交流，确保学生能全程参与并完成实训任务，培养学生的实践能力和问题解决能力。

2. **实训要求**

学生需每天按时到实习企业市场部工作，认真参与企业的日常营销活动，学习并整理企业的营销环境资料。学生需将每天的实习情况进行总结，晚上撰写实习体会，记录自己对所学知识的实际应用和思考。实习结束时，学生应根据实际调研和分析，撰写一份不少于2 000字的实训报告，报告内容包括对所选企业的营销环境分析、所面临的挑战与机会、提出的营销策略等。

3. **实训考核**

指导教师将根据学生撰写的实训报告的质量进行综合评定。考核标准包括：

（1）实训报告的内容是否充实、准确，是否能够深入分析企业的内外部营销环境；

（2）学生在实习过程中表现出的实际操作能力和解决问题的能力；

（3）实训过程中的总结与反思，是否能通过实际案例提出合理的营销策略。

最终成绩将根据报告的完整性、分析的深度以及学生参与度等因素进行评定（优、良、中、及格、不及格）。

模块五　市场营销战略

学习目标

知识目标

1. 理解企业战略与市场营销战略的区别：能够清晰阐述企业战略和市场营销战略的定义、特点及其在企业管理中的不同作用，理解两者之间的关系。

2. 掌握市场营销战略计划的过程：能够描述企业市场营销战略计划的各个步骤，包括确定企业使命、目标和制订业务投资组合计划等。

3. 熟悉战略分析工具的应用：能够理解并运用“波士顿矩阵”等战略分析工具，分析企业的市场地位和产品组合，进行市场营销战略的制定。

4. 了解竞争性市场营销战略：能够识别并解释不同类型的竞争性市场营销战略，如成本领先、差异化和集中化战略等，理解其在实际应用中的适用性。

能力目标

1. 制订营销战略计划：能够根据市场环境和企业内部条件，独立制订一份完整的市场营销战略计划，包括目标设定、市场分析和策略实施方案。

2. 运用战略分析工具：能够熟练运用波士顿矩阵等分析工具，对企业的产品组合进行评估，并提出相应的战略建议。

3. 分析和评估市场竞争：能够分析市场竞争状况，识别竞争对手的策略，并制定相应的应对措施，提升企业的市场竞争力。

4. 撰写营销战略报告：能够撰写详细的营销战略报告，内容包括市场调研、战略分析、目标设定及实施方案，具备基本的报告撰写和表达能力。

素养目标

1. 能够从全局的角度思考企业的市场营销战略，增强对市场变化的敏感性和应对能力，形成系统的战略思维模式。

2. 在制定和实施营销战略的过程中，能够有效地与团队成员协作，进行信息共享和意见交流，提升团队合作能力。

案例导入

小米的升级之路

十周年之际，作为小米集团董事长兼CEO的雷军在小米北京总部举行了一场主题为“一往无前”的十周年公开演讲。在这场个人演讲中，雷军吐了吐创业初期的酸水，透露了小米成长背后的故事，定下新的发展策略。个人演讲结束后，雷军携三款新品作为小米十周年献礼亮相：分别是小米透明电视、小米10至尊纪念版以及红米K30至尊纪念版。

作为全球首款量产的透明电视，小米去除了传统电视背板，通过音响、主机一体式的底座架起一整块透明形态55英寸OLED自发光屏幕。这款透明电视关机状态下极富玻璃的通透质感，而开机后，透明屏幕瞬间被点亮，画面宛若浮于空中。这款透明电视的整体感受是产品前卫，也富有科技感，但49 999元的售价以及其高端产品属性注定了这款产品的受体将十分小众化。

同样，小米10至尊纪念版也是一款小米冲击高端市场的产品。其特点有120Hz刷新率，搭载骁龙865处理器，支持Wi-Fi 6，支持120W有线快充、50W无线充电和10W无线反向充电等。高端旗舰机型应该具备的核心配置要素在小米10至尊纪念版上都有。当然，小米10至尊纪念版的起售价也拔高到5 299元。

红米K30至尊纪念版则补齐了上一个版本缺少高刷新率、双扬声器两大遗憾。雷军称其无槽点、无遗憾，定价1 999元彰显了无敌的性价比。

三款产品中小米透明电视、小米10至尊纪念版所瞄准的是高端产品市场，同样1 999元起售价格的红米K30至尊纪念版则与小米手机一代遥相呼应，回归性价比。

究其原因，无非是中国智能机市场有了大的变化，之前单一主攻的低价市场面临越来越多的竞争者如OPPO、VIVO、华为、荣耀等，市场份额开始被友商瓜分走一部分。在这样的大环境下，小米开始重新梳理旗下手机产品线并制定新的发展策略：红米专注极致性价比，主攻电商市场，小米专注中高端和新零售。

2019年1月，小米公司正式宣布红米（Redmi）品牌独立。至此，红米便从原小米手机手中接棒了“极致性价比”的衣钵。随后红米独立后打造的Note 7首战告捷，不到一个月时间国内销量破百万部。被重新赋予新使命的小米9，最终定价2 999元，相较原本3 299元的起售定价有所降低，或许这只是雷军最后的妥协。

至此，小米手机产品发展路线尘埃落定。红米将扛起冲量大旗以确保市场份额的维持与增长，小米则进一步深化高端产品发展路线，两者的品牌对比调性将更加的鲜明。

单元一　企业战略与市场营销战略

一、企业战略

战略一词最早是军事方面的概念，指军事将领指挥军队作战的谋略。在中国，战略一词历史久远，“战”指战争，“略”指“谋略”。春秋时期孙武的《孙子兵法》被认为是中国最早对战略进行全局筹划的著作。20 世纪 60 年代，战略思想开始运用于商业领域，并与达尔文“物竞天择”的进化论共同成为战略管理学科的两大思想源流。

企业战略是指企业为实现其长期发展目标而制定的行动方案和资源配置决策。美国企业家伊戈尔·安索夫在 1976 年出版的《从战略规划到战略管理》一书中首次提出了“企业战略管理”概念，即企业战略管理是确定企业使命，根据组织外部环境和内部条件设定企业的战略目标，为保证目标的正确落实和实现进行谋划，并依靠企业内部能力将这种谋划和决策付诸实施，以及在实施过程中进行控制的一个动态管理过程。

企业战略通常分为三个层次：

（1）公司层战略：也称总体战略，是企业最高层次的战略，是企业整体的战略总纲。公司层战略确定企业未来的总体发展方向，决定企业应该进入哪些行业或市场，如何在这些行业或市场之间分配资源，以及如何协调各业务单位之间的关系。公司层战略主要由企业高层管理者制定。

（2）业务层战略：也称经营单位战略，是在公司战略指导下，针对特定业务单元制订的战略计划。业务层战略关注如何在特定市场中与竞争对手进行竞争并获得竞争优势。对于只经营一种业务的企业，业务层战略与公司层战略可能是重合的。

（3）职能层战略：是为支持公司层战略和业务层战略而在特定职能领域制定的战略，如人力资源战略、财务战略、生产战略、研发战略等。职能层战略更加具体、详细，是战略体系的执行层面。

企业战略管理的核心在于通过制定和实施战略，协调企业内外部环境，实现企业目标。它是一个动态过程，需要持续评估和调整，以适应不断变化的环境。

二、市场营销战略

市场营销战略是企业职能层战略的重要组成部分，但由于其直接面向市场和顾客，对企业成功具有关键作用，因此常被视为企业战略体系中最重要的职能战略之一。市场营销战略是指企业为满足目标市场需求、实现营销目标而制定的系统性行动方案。

市场营销战略的核心内容包括：

（1）市场细分：根据消费者需求、购买行为等特征将整体市场划分为不同的细分市场。

（2）目标市场选择：评估各细分市场的吸引力，选择企业要服务的一个或多个细分市场。

（3）市场定位：确定产品或服务在目标顾客心目中的独特位置，与竞争对手区分开来。

（4）营销组合策略：制定产品策略、价格策略、分销渠道策略和促销策略，以实现企业在目标市场的定位。

市场营销战略制定过程通常包括市场分析、竞争分析、消费者分析、自身条件分析等，然后基于这些分析结果制定营销目标和相应的战略方案。有效的市场营销战略应能够识别并把握市场机会，创造顾客价值，建立持久的顾客关系，从而为企业创造价值。

市场营销战略实施需要各种资源的投入和营销活动的执行，同时需要通过营销控制系统对战略实施效果进行监控和评估，并根据市场反馈不断调整和优化战略。

三、企业战略与市场营销战略的区别

企业战略与市场营销战略虽然密切相关，但在多个方面存在明显区别：

（1）范围不同：企业战略涵盖企业整体发展方向、资源配置和业务组合等宏观决策，是全局性的；市场营销战略则聚焦于如何在特定市场中开展营销活动，范围相对狭窄，属于企业战略体系的一个组成部分。

（2）层次不同：企业战略通常包括公司层战略、业务层战略和职能层战略三个层次；而市场营销战略主要属于职能层战略范畴，尽管在某些情况下（如单一业务企业）可能上升到业务层战略的高度。

（3）决策者不同：企业战略主要由企业高层管理者制定；市场营销战略则主要由营销部门负责人在高层指导下制定。

（4）关注重点不同：企业战略关注企业在哪些行业或市场中竞争，如何在这些市场之间分配资源；市场营销战略关注如何在特定市场中吸引顾客、创造顾客价值和建立顾客关系。

（5）时间跨度不同：企业战略通常具有更长的时间跨度，关注企业长期发展；市场营销战略虽然也有长期规划，但通常更关注中短期的市场表现。

尽管二者有所区别，但企业战略与市场营销战略仍然是相互依存、相互影响的关系：

（1）企业战略为市场营销战略提供方向指导和资源支持。企业在公司层战略中决定进入哪些行业或市场，这直接影响市场营销战略的制定。

（2）市场营销战略为企业战略的实施提供重要支撑。有效的市场营销战略能够帮助企业实现在特定市场中的竞争优势，从而支持企业整体战略目标的实现。

（3）市场营销信息和市场洞察也为企业战略的调整提供重要输入。市场营销部门直接面向市场和顾客，能够获取关于市场变化、顾客需求和竞争态势的第一手信息，这些信息对企业战略的制定和调整具有重要价值。

企业要获得持续的竞争优势和发展，必须确保企业战略与市场营销战略的有效协同，形成一个统一、连贯的战略体系。

单元二 市场营销战略计划过程

一、确定企业使命

企业使命是指企业在社会经济发展中所应担当的角色和责任，是指企业的根本性质和存在的理由，说明企业的经营领域、经营思想，为企业目标的确立与战略的制定提供依据。

简单地理解，企业使命应包含以下内容：

（1）企业的使命实际上就是企业存在的原因或者理由，也就是说，是企业生存的目的定位。

（2）企业使命是企业生产经营的哲学定位，也就是经营观念。企业确定的使命为企业确立了经营的基本指导思想、原则、方向、经营哲学等，影响经营者的决策和思维。

（3）企业使命是企业生产经营的形象定位。

二、确定企业目标

基于经营业务及内外环境分析，企业可制定企业目标。企业目标包括利润、销售额、市场份额等目标。

企业目标划分方法多样，按时间分可分为当前目标（1年以内）、短期目标（1～3年）、中期目标（3～5年）、长期目标（5年以上）；按整体与局部可分为整体目标、部门目标；按职能可分为营销目标、销售目标、财务目标、生产目标、人力资源目标、研发目标等；按管理层级由低到高可分为基层作业目标、中层职能目标、高层战略目标。

三、制订企业业务投资组合计划

根据企业战略营销过程，在明确了企业的使命和目标之后，就需要制订具体的业务投资组合计划。企业必须对现有的各种业务加以分析、评价，看看哪些应当发展，哪些应当维持，哪些应当减少或淘汰。因此，企业确定业务投资组合，就是把企业有限的资源用于经营效益最高的业务。

企业制订业务投资组合计划，需要确定其能为自身带来的最大效益，需要对企业各个战略业务单位的经营状况进行分析和评价。常用的评价方法主要有波士顿矩阵法和GE矩阵法。

1. 波士顿矩阵法

波士顿矩阵法由美国著名的管理学家、波士顿咨询公司创始人布鲁斯·亨德森于1970年首创，又称市场增长率-相对市场份额矩阵、波士顿咨询集团法、四象限分析法、产品系列结构管理法等。

波士顿矩阵认为一般决定产品结构的基本因素有两个：市场引力与企业实力。市场引力包括企业市场增长率、目标市场容量、竞争对手强弱及利润高低等，其中市场增长率是决定企业产品结构是否合理的外在因素。企业实力包括市场占有率、技术、设备、资金利用能力等，其中市场占有率是决定企业产品结构的内在要素，它直接显示出企业竞争实力。

销售增长率与市场占有率既相互影响，又互为条件。市场引力大，市场占有率高，可以显示产品发展的良好前景，企业也具备相应的适应能力，实力较强。如果仅有大的市场引力，而没有相应的高市场占有率，则说明企业尚无足够实力，则该种产品也无法顺利发展；相反，企业实力强，而市场引力小的产品也预示了该产品的市场前景不佳。

如图5-1所示，波士顿矩阵基于两个关键因素来评估产品或业务单位：

市场增长率（纵轴）代表市场引力，反映市场的吸引力和发展潜力；

市场份额（横轴）代表企业实力，反映企业在市场中的竞争地位。

明星类产品位于左上角，以星星表示，代表高市场增长率和高市场份额的产品。这类产品需要持续投资以扩大规模，未来可能成为现金牛。

问题类产品位于右上角，以问号表示，代表高市场增长率但低市场份额的产品。这类产品需要选择性投资或考虑退出。

现金牛类产品位于左下角，以美元符号表示，代表低市场增长率但高市场份额的产品。这类产品能产生稳定的现金流，可用于支持其他业务发展。

瘦狗类产品位于右下角，以圆圈表示，代表低市场增长率和低市场份额的产品。这类产品应考虑撤资或收缩策略，将资源转移到其他业务。

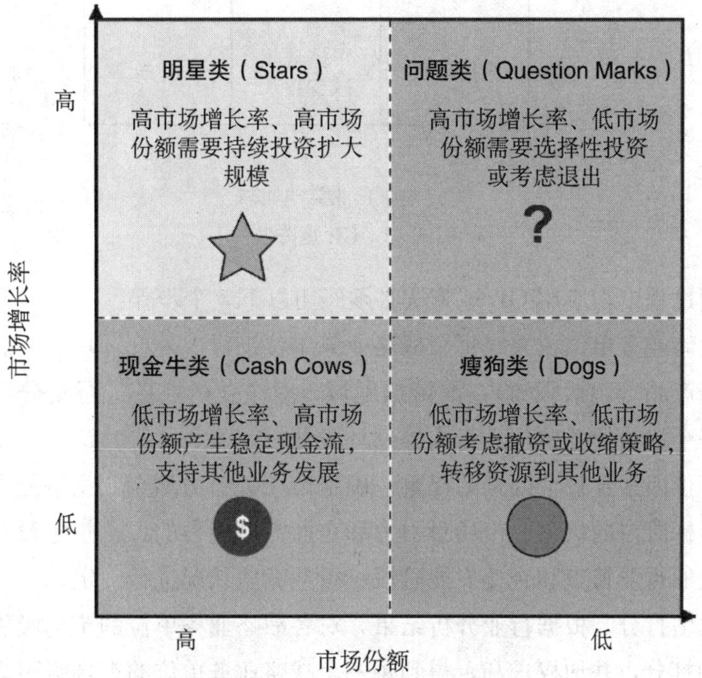

图 5-1　波士顿矩阵法

利用这种工具，可以将集团的各项业务（政策性业务除外）进行归类。这四类业务并不能简单地排出谁好谁坏，关键是针对不同类型的业务进行不同的分析，制定不同的竞争战略。比如瘦狗业务一般被认为是最坏的业务组合，但由于其曾经有过大量消费者偏好购买，仍然在消费者心中保持着长期可靠的形象。如果公司确定的目标是取得收入的增长，那么相应的资源配置可能需要向明星业务和问题业务倾斜，如果公司以追求稳定的现金流为目标，就应该维持和发展现金牛业务。

2. GE 矩阵法

GE 矩阵法又称通用电气公司法、麦肯锡矩阵法、九盒矩阵法、行业吸引力矩阵法，是美国通用电气公司设计的一种投资组合分析方法。相对于波士顿矩阵法，GE 矩阵法有较大的改进，在两个坐标轴上增加了中间等级，增加了分析考虑因素。

GE 矩阵法运用加权评分方法分别对企业各种产品的市场吸引力（包括市场增长率、市场容量、市场价格、利润率、竞争强度等因素）和企业竞争能力（包括生产能力、技术能力、管理能力、产品差别化、市场推广能力等因素）进行评价，按加权平均的总分划分为大（强）、中、小（弱），从而形成 9 种组合。GE 矩阵法如图 5-2 所示。

市场吸引力 \ 企业竞争能力	强	中	弱
大	扩大投资 保持优势	深化市场 谋求主导地位	有选择地发展
中	选择市场 加大投入	细分市场 专业化	专门化 缩小市场范围
小	维持现状	维持现状 减少投入	放弃

图 5-2　GE 矩阵法

在战略规划过程中，应用 GE 矩阵法必须经历以下 5 个步骤：

（1）确定战略业务单位，并对每个战略业务单位进行内外部环境分析。根据企业的实际情况，或依据产品（包括服务），或依据地域，对企业的业务进行划分，形成战略业务单位，并对每一个战略业务单位进行内外部环境分析。

（2）确定评价因素及每个因素的权重。确定市场吸引力和企业竞争能力的主要评价指标，及每一个指标所占的权重。市场吸引力和企业竞争能力的评价指标没有通用标准，必须根据企业所处的行业特点和企业发展阶段、行业竞争状况进行确定。

（3）进行评估打分。根据行业分析结果，对各战略业务单位的市场吸引力和企业竞争能力进行评估和打分，并加权求和，得到每一个战略业务单位的市场吸引力和企业竞争能力最终得分。

（4）将每个战略业务单位标在 GE 矩阵上。根据每个战略业务单位的市场吸引力和企业竞争能力总体得分，将每个战略业务单位标在 GE 矩阵上。

（5）对各战略单位策略进行说明。根据每个战略业务单位在 GE 矩阵上的位置，对各个战略业务单位的发展战略指导思想进行系统说明和阐述。

在应用 GE 矩阵法时，必须注意以下几个问题，否则可能无法客观准确确定每项业务的定位和策略。

（1）评价指标尽量定量化。对于每项评价指标尽量定量化，没法定量化的要划分量级，对每个量级的得分进行统一规定。

（2）不同业务之间每个评价指标的权重可以不同。由于每一个战略业务单位所处的生命周期的阶段不同，每一项业务的特点也不同，企业关注每项业务的侧重点也不同，比如对于成长型的业务，企业可能更关注该业务的增长潜力和发展速度，对于成熟型的业务，企业可能更关注市场总量和盈利能力。因此，评价指标权重的确定，必须根据每一项业务的特点进行确定。不同战略业务单位之间，企业竞争能力评价指标的权重也不相同，因为对于不同的战略业务单位，企业所处的市场地位不同，企业关注和追求的目标也不相同，所以评价指标的权重也不同。

四、规划市场发展战略

市场发展战略是由现有产品和相关市场组合而产生的战略。它是发展现有产品的新顾客群或新的地域市场从而扩大产品销售量的战略。在企业营销决策中，一般采用的市场发展战略有四种，即成长型战略、稳定型战略、收缩型战略和淘汰型战略。

1. 成长型战略

成长型战略是指采用积极进攻态度的战略形态，主要适合行业龙头企业、有发展后劲的企业及新兴行业中的企业。具体的战略形式包括：密集型增长战略、多元化经营战略、一体化经营战略。

（1）密集型增长战略。密集型增长战略是指企业以较快的增长速度来增加现有产品或劳务的销售额、利润额及市场占有率。实行这种战略通常有以下三种途径：

1）市场渗透战略。市场渗透战略是指实现市场逐步扩张的拓展战略，该战略可以通过扩大生产规模、提高生产力、增加产品功能、改进产品用途、拓宽销售渠道、开发新市场、降低产品成本、集中资源优势等单一策略或组合策略来开展，其战略核心主要体现在两个方面：利用现有产品开辟新市场实现渗透、向现有市场提供新产品实现渗透。

市场渗透战略是比较典型的竞争战略，主要包括成本领先战略、差异化战略、集中化战略三种具有竞争力的战略形式。成本领先战略是通过加强成本控制，使企业总体经营成本处于行业最低水平的战略；差异化战略是企业采取的有别于竞争对手经营特色（产品、品牌、服务方式、发展策略等）的战略；集中化战略是企业通过集中资源形成专业化优势（服务专业市场或立足某一区域市场等）的战略。

2）市场开发战略。市场开发战略，即企业采取种种措施，进入新的市场来扩大现有产品的销售。这种战略具体表现为扩大销售区域，由地区的销售扩展到全国的销售，由国内销售扩展到国际性销售；还可以增加目标市场数目，进入新的细分市场，进行有效开发。

3）新产品开发战略。企业在销售过程中，立足现有的市场，根据消费者需求开发出新产品或改进产品，增加现有产品的吸引力。具体表现为对产品规格、花色、品种、型号等方面进行调查，深入了解消费者偏好，通过满足消费者需求，达到企业销售增长的目的。

（2）多元化经营战略。多元化经营战略是指一个企业同时经营两个或两个以上行业的拓展战略，又可称“多行业经营”，主要包括三种形式：同心多元化、水平多元化、综合多元化。

同心多元化是利用原有技术及优势资源，面对新市场、新顾客增加新业务实现的多元化经营；水平多元化是针对现有市场和顾客，采用新技术增加新业务实现的多元化经营；综合多元化是直接利用新技术进入新市场实现的多元化经营。

多元化经营战略适合大中型企业，该战略能充分利用企业的经营资源，提高闲置资产的利用率，通过扩大经营范围，缓解竞争压力，降低经营成本，分散经营风险，增强综合竞争优势，加快集团化进程。但实施多元化战略应考虑选择行业的关联性、企业控制力及跨行业投资风险。

(3) 一体化经营战略。一体化经营战略是指两个或两个以上独立的经营实体横向或纵向联合成立一个经营实体或企业集团的拓展战略，是社会经济发展到一定阶段的必然形式。实施该战略有利于实现企业资源的有效组合与合理调配，增加经营资本规模，实现优势互补，增强集合竞争力，加快拓展速度，促进规模化经济的发展。

一体化经营战略主要有后向一体化、前向一体化和水平一体化三种形式。

后向一体化是指企业通过购买、合并或兼并本企业的原材料供应企业，实行产供联合；前向一体化是指企业通过购买、合并或兼并本企业的后续生产或经销企业，实行产销结合，或者延伸自己的产品；水平一体化也称横向一体化，是指企业通过购买或兼并同行业中的企业，或者在国内或国外和其他同类行业合资生产经营。

在工业发达的西方国家，一体化经营战略主要是采取控股的形式组建企业集团，各集团的共同特点是：由控股公司（母公司）以资本为纽带建立对子公司的控制关系，集团成员之间采用环行持股（相互持股）和单向持股两种持股方式，而且分为以大银行为核心对集团进行互控和以大生产企业为核心对子公司进行垂直控制两种控制方式。

在我国，一体化经营战略主要是采用合并、兼并、控股、参股等形式，通过横向联合组建成立企业联盟体。

企业合并战略是指参与企业通过所有权与经营权同时有偿转移，实现资产、公共关系、经营活动的统一，共同建立一个新法人资格的联合形式。采取合并战略，能优化资源结构，实现优势互补，扩大经营规模，但同时也容易吸纳不良资产，增加合并风险。

企业兼并战略是指企业通过现金购买或股票调换等方式获得另一个企业全部资产或控制权的联合形式。其特点是：被兼并企业放弃法人资格并转让产权，但保留原企业名称成为存续企业。兼并企业获得产权，并承担被兼并企业债权、债务的责任和义务。通过兼并可以整合社会资源，扩大生产规模，快速提高企业产量，但也容易分散企业资源，导致管理失控。

2. 稳定型战略

稳定战略是采取稳定发展态度的战略形态，主要适合中等及以下规模的企业或经营不景气的大型企业，可分为无增长战略（维持产量、品牌、形象、地位等水平不变）、微增长战略（竞争水平在原基础上略有增长）两种战略形式。该战略强调保存实力，能有效控制经营风险，但发展速度缓慢，竞争力弱小。

3. 收缩型战略

收缩型战略是采取保守经营态度的战略形态，主要适合处于市场疲软、通货膨胀、产品进入衰退期、管理失控、经营亏损、资金不足、资源匮乏、发展方向模糊的危机企业。

收缩型战略具体表现为通过改变经营计划、调整经营部署，转移市场区域（主要是从大市场转移到小市场）或行业领域（从高技术含量向低技术含量的领域转移）；通过削减支出、降低产量，退出或放弃部分地域或市场渠道；出售或转让企业部分或全部资产。

收缩型战略的优点是通过整合有效资源，优化产业结构，保存有生力量，能减少企业亏损，延续企业生命，并能通过集中资源优势，加强内部改制，以图新的发展。其缺点是容易荒废企业部分有效资源，影响企业声誉，导致士气低落，造成人才流失，威胁企业生存。

4. 淘汰型战略

淘汰型战略是指将现有产品或业务从现有市场退出的一种营销战略。如果某一项业务已经没有增长潜力，可以考虑采用这种战略。

当产品销售不佳，企业暂时停止生产经营，待查明原因对产品进行改进营销策略后，再生产投入市场，争取赢得顾客欢迎，这是采用临时性淘汰战略。当在甲市场产品出现滞销的，却在乙市场畅销时，企业可以退出甲市场，集中力量开发乙市场，这是采用转移性淘汰战略。当企业产品已经处于衰退期，或刚上市但销售前景非常不乐观，应果断地退出市场，这是采用彻底性淘汰战略。

单元三　竞争性市场营销战略

一、竞争性市场营销战略概述

市场营销战略是企业在现代市场营销理念的指导下，针对特定市场环境所制定的长远规划，其目的是帮助企业实现经营目标，提升市场竞争力。竞争性市场营销战略的核心在于应对市场竞争，通过资源的合理配置和创新，实现市场份额的提升与利润增长。

一个有效的竞争性市场营销战略不仅需要分析外部市场环境，还应充分考虑内部资源的优势与限制。具体来说，企业通过识别市场中的机会与威胁，结合其自身的资源与能力，制定适合的竞争战略，以最大化市场回报。

二、竞争性市场营销战略的类型

1. 成本领先战略

成本领先战略要求企业通过大规模生产、技术创新或成本控制，获得行业中最低的单位成本，从而在价格竞争中占据优势地位。采用成本领先战略的企业通常专注于通过提高生产效率、减少浪费等方式降低成本，使其在市场中能够提供更低价格的产品。

成本领先战略通常体现在产业生命周期的“成长期”和“成熟期”。例如，京东通过大规模的仓储物流系统、技术创新和高效的供应链管理，成功降低了产品的配送成本，保持了较低的产品售价。

2. 差异化战略

差异化战略通过提供独特且不可替代的产品或服务，使企业在市场中脱颖而出。企业通过技术创新、品牌建设或独特的客户体验等方面的创新，建立产品的差异性，从而吸引特定的消费者群体。

差异化战略通常体现在产品“成长期”或“成熟期”的创新阶段。企业通过创新产品特性或品牌价值，形成市场中的独特竞争优势。例如，华为通过创新的5G技术和高端智能手机的差异化设计，成功吸引了全球范围内的消费者。华为的旗舰手机不仅在技术上领先，还通过自有的操作系统和品牌文化，建立了与苹果等其他品牌的独特差异化竞争优势。

课堂延伸

小米的差异化战略

小米手机的衍生产品之丰富，是其他手机难以企及的。小米商城推出了小米配件、小米盒子，还有存储卡、手机壳、挂饰、公仔等等；小米社区里有各种好玩的App，小米MUIN的各种云端服务。小米的这些产品既能借助小米获得利润，又能反向为小米做宣传。

小米手机上搭载的深入优化开发的MIUI系统区别于大家已经看习惯了的安卓系统，给顾客带来不一样的用户体验。

在客户服务上，小米力争离客户近一点，服务更细一点，体现了其“为用户省一点心”的服务理念。小米现在采用的是互联网销售＋线下体验店销售相结合的模式，既适应了消费者网购的潮流，又增加了用户线下新品体验的感受。同时各大论坛及微博为网友们提供了很好的交流平台，客户可以及时反馈意见，让小米的服务尽量做到完美。

3. 集中化战略

集中化战略又称专一化战略，是指企业将资源集中在特定的市场细分上，专注于满足该细分市场的需求。企业通过精准的市场定位，深耕特定市场或客户群体，实现产品与服务的专业化。

集中化战略适用于细分市场较小但高度需求的情况。通过对特定市场的深入理解，企业能够提供精准服务，达到市场领先地位。

例如，小米通过专注于中低端智能手机市场，结合线上电商和线下体验店的双重销售模式，成功抢占了中国及其他新兴市场的市场份额。其“性价比高”的定位使其在价格敏感型的消费者群体中得到了广泛认可。

课堂延伸

从“老字号”到“潮牌”，五芳斋是如何做到的？

有着百年历史的老字号品牌五芳斋最近几年活动频频，凭借一次又一次的成功传播以及潮味十足的跨界联名，让自己从昔日的“粽子大王”蜕变成今日的“中华节令美食创导者”。五芳斋拍摄的短片《小青团的淘气日常》，萌化了无数观众的心。

我们发现，只要有传统节日的地方，就必定有五芳斋的身影。为什么五芳斋的每一次动作都能击中用户？它是怎样为传统品牌注入更潮的基因的？我们不妨从营销战略的角度来解读一下。

一、产品类别多样，让“粽子大王”变得更加日常

浙江嘉兴自古就有“江南粮仓”的美誉，而起源于1921年的五芳斋也有个响当当的名号——粽子大王。有数据显示，2018年五芳斋粽子年销量高达4亿只，是粽子行业的龙头企业。不过，五芳斋这几年在营销上的探索，并不只是为了“卖出更多粽子”这么简单，而是显然有着更宽广的视野。

粽子和月饼、汤圆这些节令性的食品一样，每年只有几个月的销售期。为了让这些节日专属的食品更加日常化，五芳斋选择了将粽子生活化和日常化，打造了诸如“粽子酥”“粽子雪糕”青团一类的衍生甜点，让更多消费者在生活中接受并产生粽子消费的习惯。

除了端午节的粽子以外，五芳斋还打造出更多年轻人喜欢的节令美食。比如，清明期间在江浙地区的青团、中秋的月饼，或是腊月的八宝饭等，让消费者在潜移默化中产生了“在五芳斋可以买到所有节令美食”的认知，粽子大王也在这样的过程中变得更加日常。

除此之外，五芳斋还生产咸鸭蛋产品，将其和“一根油条两个咸蛋，考试100分”巧妙联系起来，吸引了很多学生群体的关注，其广告语“网课虽烦恼，考试跑不了，考前吃一个，心中有把握”更是让人印象深刻。

二、围绕传统和复古，树立统一品牌形象

2018年重阳节期间，五芳斋用20世纪80年代的复古画风，配上网络化又朴素的沙雕文案重新剪辑了一支广告，再加上短片中蛤蟆镜、爆炸头、花衬衫等经典元素，使得短片很快就在网上走红。在“1989年纪录片”爆火以后，五芳斋继续走复古路线，将2019年春节广告的场景定格在了民国时代，用鲁迅、阮玲玉等多位名人的依次出场串起了一个专属于民国的新年景象。

三、追随时代脚步，开展跨界交流

除了用更新的产品和传播去适应新生代的消费群体之外，五芳斋也一直聚焦年轻群体，并结合他们的喜好打造出不少畅销的联名产品。如和唐老鸭系列、拉面说、小罐茶等跨界合作，极大地提升了五芳斋的品牌知名度。

竞争性市场营销战略是帮助企业在竞争激烈的市场环境中站稳脚跟的关键。企业可以根据自身的优势和市场需求，选择成本领先、差异化或集中化战略。

一个成功的营销战略不仅仅是理论上的分析，更是在实践中不断调整和优化的过程。企业需根据市场和竞争的变化灵活调整战略，确保在竞争中始终保持优势。

模块小结

市场营销战略是指企业在现代市场营销观念下，为实现其经营目标，对一定时期内市场营销发展的总体设想和规划。营销战略计划的制订包括四个步骤，即确定企业使命、确定企业目标、制订企业业务投资组合计划以及规划市场发展战略。企业战略管理是确定企业使命，根据组织外部环境和内部条件设定企业的战略目标，为保证目标的正确落实和实现进行谋划，并依靠企业内部能力将这种谋划和决策付诸实施，以及在实施过程中进行控制的一个动态管理过程。

思考时间

案例分析

青啤集团的营销战略管理模式

青岛啤酒集团是国家特大型企业集团，始建于 1903 年，是我国最早的啤酒生产企业之一。1993 年，青岛啤酒股份有限公司成立。1997 年，青岛啤酒集团有限公司成立。到 1999 年底，青啤集团总资产达到 54 亿元，生产能力超过 150 万吨。

1988 年，青啤集团制定了“大名牌”发展战略。通过“高起点发展，低成本扩张”的途径，青啤在市场风浪的博击中不断发展壮大。多年来，青啤盲目以名牌自居，认为自己实力雄厚、远销 40 多个国家和地区，认为自己的啤酒永远是供不应求的。青啤打着光闪闪的金字招牌，躲在计划经济的阴影下裹足不前；青啤依赖计划经济时期的国营商业主渠道，一直停留在两个人批条子卖酒的水平上。每年二三十万吨的产销量，青啤有品牌、无规模，加上洋啤酒的入侵，1996 年，青啤的市场份额只剩下可怜的 2.3%。青啤停留在金字塔的塔尖上，失去了企业发展的好时机。它既没能走向世界，又失去了自己的老市场，青岛人开始转向喝“崂山”啤酒，因为青啤的价格太高。1996 年，青啤新的决策人认为，青啤一不缺品牌、资金，二不缺技术、人才，真正缺的是企业整体的发展战略。为了拓展市场，青啤做了以下几方面的努力。

一、健全“金字塔式”产品结构，不断向“金字塔”的中底部延伸

青啤经过长期的调查发现，中国啤酒市场呈现明显的“金字塔”状，中高档啤酒占有不足 10%的市场份额，其余是大众消费市场。为了适应这种市场格局，从 1997 年开始，青啤一改贵族酒的架势，毅然推出适合大众消费的系列产品，定价大都在 5 元以下，以低价位靠近了普通消费者。在努力发展中低档产品的同时，青啤并没有丢弃掉自己的优势，“高起点发展”与拓展中低档市场并存。“高起点发展”的典型代表是与日本朝日啤酒公司合资建立的深圳青岛啤酒朝日有限公司。该公司引进了世界最先进的纯生啤酒生产设备，年产 10 万吨，被专家誉为“面向 21 世纪具有高新技术的样板工厂”。瓶装纯生青岛啤酒自 2000 年初上市以来，市场发展非常迅速，前景广阔，引领着中国高档啤酒发展的新潮流。几年来，青岛啤酒集团还加大科技开发力度，逐步研制出适合不同消费需求的 40 多个品种，还开发出青岛啤酒系列产品近百种，有效构筑起了品种层次化的产品结构。

二、推行“直供模式”和“新鲜度管理模式”，主动寻找和开拓市场

为保障产品快速有效地供应，青啤集团投巨资加快了销售网络的建设，推行销售的“直供模式”。现在，青岛啤酒集团已在全国大中城市设立了 40 多个销售分公司和办事处，初步建成了覆盖全国的市场销售网络，全国市场占有率由原来的 2%提高到 7%，并正向 10%的目标迈进。与此同时，青岛啤酒集团实施了“新鲜度管理”模式，减少产成品的流通环节和流通时间，严格限制各分公司和办事处的啤酒库存量。青岛市民可以买到当天的青岛啤酒；山东及临近省份市场上的消费者可以喝到本周青岛啤酒；边远市场上的消费者则可以喝到当月的青岛啤酒。“新鲜度管理”模式的实施，使市场上青岛啤酒的新鲜度大大提高，有效地促进了啤酒销量的增加和市场的拓展。

三、通过收购实现低成本扩张战略

低成本扩张是近几年青啤产量迅速提高的首要原因。国内啤酒企业一直是小而乱、多而散的局面，全国 590 多家啤酒企业仅有 19 家年产量超过 20 万吨，国内啤酒业现状为青啤集团扩张提供了可能。青啤集团充分利用自己的品牌、资金、技术、政策、规模等五大优势，寻找适合战略需要的扩张对象，通过破产收购、政策兼并、控股联合等手段进行资本运营，迅速壮大实力，扩大市场占有率。短短几年时间里，从南到北，青啤集团在全国已兼并了 30 多家啤酒企业。在这场收购狂潮中，洋啤酒也未能幸免。从 1999 年 9 月开始，青啤集团已收购了珠海斗门皇妹酿酒有限公司、上海啤酒公司、上海嘉士伯啤酒公司、五星啤酒公司、三环啤酒公司等数家洋啤酒厂。其中，青啤集团收购上海嘉士伯公司 75%的股份耗资 1.5 亿元；收购亚投公司控股的五星、三环啤酒公司更是创下了 2 250 万美元的耗资之最。青啤集团的扩张不是盲目的，而是遵循全国化战略思路进行的，青啤集团的目的是要发展集团规模经济。

(1) 组建区域作战集团军。青啤集团收购了大量的中小啤酒厂。为把分散的力量凝聚起来，青啤集团根据并购企业的分布情况，成立了华东、华南、东北、西北、北方等事业部。这些事业部是集团公司领导下的独立体系，统一产供销，统一市场管理。事业部体制的推行，既解决了并购后的管理难题，又使收购后的企业具备了区域作战的能力。青啤集团的几个事业部，支撑起了青啤集团生产销售的全国化战略。

(2) 强势企业文化是巨大的凝聚力，它使几十个公司牢牢地结合成一个整体。青啤集团推行低成本扩张获得成功，其中，强势企业文化起着巨大的作用。这一点在青啤集团托管崂山啤酒厂的实例中得到充分的证明。青啤集团托管崂山啤酒厂后，严格贯彻青岛啤酒工艺和质量保证体系；落实了以降低成本、提高效益为目标的承包考核激励机制；严格推行青啤管理模式，建立健全激励约束机制……通过严格的控制，崂山啤酒的生产工艺和技术指标完全达到了青啤集团的内控标准。我们可以这样说，青啤集团低成本扩张的成功，也是青啤集团推行强势企业文化的成功，否则，青啤集团收购的一大堆企业只能是一堆散沙。

（3）实行品牌整合与升华，发展名牌牵动下的系列品牌。青啤集团在收购初期就树立了防止“品牌污染”的防范意识，分了三个层次进行品牌管理：一是青岛本地诸厂的纯正青啤；二是正在探讨的利用斗门和三水的良好水质，生产达到青啤标准的产品；三是对其他并购企业未能达到青啤标准的产品，仍然用“青岛啤酒系列产品”命名，但不会直接贴青啤标签，而是保留原品牌名称，即“用你的瓶子”装“我的酒”。青啤集团的战略是以品种系列化的“青岛”啤酒占领中高档市场，以收购当地品牌（即第二、第三层次品牌）占领大众市场。这样，“青岛”啤酒的无形资产就与地方品牌的区域优势和价格优势有机地结合在一起，形成了“青岛”这个名牌牵动下的系列品牌，既有国家名牌“青岛”，又有系列化的地域名牌。

青啤集团对主品牌和次品牌的处理也非常谨慎。主品牌应该占到总量的50%，这样才能保持住主品牌的拓展能力，其他系列品牌也才会形成“连锁”效应。“青岛”这个品牌在国内外的影响力也越来越大，品牌价值越来越高。

问题：

分析青啤集团的营销战略管理过程，指出其成功之处。

实训实习

学生应在学习完本模块内容后，根据所学知识在课余时间选择一个行业的企业去实习实训，分析企业当前的营销战略。

1. 实训方式

在教师指导下，采取学生自定实习单位实习形式。这样做既可提高学生实习的积极性、针对性，又可有效监控实习内容的全面执行，使学生能了解企业经营现状。

2. 实训要求

实训结束后，学生应对企业经营现状有一定了解，将其实训所得记录下来，以报告的形式提交。格式不限，但内容要求充实、详细。

根据时间充裕程度，安排学生进行课堂报告讲解，师生互动交流，加强对企业市场营销活动的理解和分析。

3. 实训考核

指导教师根据学生撰写实训报告的质量及课堂报告讲解的效果综合评定成绩（优、良、中、及格、不及格）。

模块六　目标市场策略

学习目标

知识目标

1. 理解市场细分的概念及作用：能够阐述市场细分的定义、目的及其在市场营销中的重要性，理解市场细分如何帮助企业识别和满足不同消费者的需求。

2. 掌握市场细分的标准和方法：能够列举并解释市场细分的主要标准（如地理、人口统计、心理和行为因素），并能够运用这些标准进行简单的消费者市场细分。

3. 理解目标市场选择策略：能够描述不同的目标市场选择策略，包括无差异性市场策略、差异性市场策略和密集性市场策略，并理解每种策略的适用情境。

4. 理解市场定位的概念及策略：能够定义市场定位，理解市场定位的重要性，并掌握不同的市场定位策略，如基于产品特性、用户特征、竞争对手等进行定位。

能力目标

1. 进行市场细分分析：能够根据不同的标准，对市场进行有效的细分，识别出潜在的目标市场，并分析每个细分市场的特点和需求。

2. 制定目标市场选择策略：能够根据市场分析结果，选择适合的目标市场策略，并制定相应的营销组合策略，以满足目标市场的需求。

3. 进行市场定位：能够为特定产品或服务制定市场定位策略，明确目标消费者群体，并设计相应的营销活动，以有效传达产品的独特价值。

4. 撰写市场分析报告：能够撰写详细的市场分析报告，内容包括市场细分、目标市场选择及市场定位策略，并提出合理的营销建议。

素养目标

1. 能够敏锐地捕捉市场变化，理解消费者需求的多样性，增强对市场动态的敏感性和适应能力。

2. 在进行市场细分和目标市场选择时，能够运用数据分析工具进行有效分析，提升基于数据的决策能力。

案例导入

桂林山水甲天下

桂林，简称桂，位于中国华南地区，是湘桂走廊南端的重要节点城市。作为国家批准的国际旅游城市和全国旅游创新发展先行区，桂林以其独特的自然景观闻名于世，有“桂林山水甲天下”之美誉。

桂林地形以西部、北部及东南部高，中部较低为特点。以中山或低中山地形为主，其中越城岭主峰猫儿山海拔 2 141.5 米，被称为华南第一峰。桂林最具代表性的地质特征是典型的喀斯特地貌，形成了举世闻名的峰林平原景观。这种地质构造创造了“山青、水秀、洞奇、石美”的自然景观组合，成为全球喀斯特地貌的杰出代表。

漓江是桂林景观的核心，全长 83 千米，水质清澈，江面如镜。两岸峰林连绵，奇峰异石林立，形成“千峰环野立，一水抱城流”的壮观景象。漓江景区已被评为国家 AAAAA 级旅游景区，其风光被选为人民币 20 元纸币的背景图案，彰显了其在我国自然景观中的重要地位。沿江漂流，可以近距离欣赏到九马画山、黄布倒影、兴坪渔村等著名景点，体验“舟行碧波上，人在画中游”的意境。

象鼻山矗立于漓江与桃花江汇流处，形如巨象伸鼻饮江，是桂林市的标志性景观。这座山高 108 米，占地 3.7 公顷，因其独特的形态而闻名于世。贯穿象鼻的水月洞，形成了“象山水月”的奇观，展现了自然鬼斧神工的造化之美。

龙胜梯田位于桂林市龙胜各族自治县，海拔在 300～1 100 米，形成于元朝时期，距今已有 650 多年历史。梯田层层叠叠，顺山势而建，最大的梯田有 66 层。这些梯田随着季节变化展现不同景象：春季水满田畴，夏季绿浪翻滚，秋季金黄一片，冬季白雪覆盖，构成了“春如银带、夏似绿波、秋赛黄龙、冬为玉砌”的壮观景色。

桂林的溶洞景观同样令人惊叹。芦笛岩内的钟乳石千姿百态，形成了宏伟的地下宫殿；七星岩石窟群如北斗七星排列，洞内有山，山中有洞，形成了复杂的地下溶洞系统。这些溶洞内的石笋、石柱、石幔展现了大自然鬼斧神工的杰作，成为喀斯特地貌的重要组成部分。

兴安灵渠是中国古代伟大的水利工程，建于秦代（公元前 214 年），距今已有 2 200 多年历史。这条人工运河巧妙地连接了湘江与漓江两大水系，实现了长江与珠江的沟通，被誉为“世界水利文化的鼻祖”。灵渠的修建体现了古代中国劳动人民的智慧与创造力，也为桂林的山水景观增添了历史文化的深度。

阳朔县位于桂林市南部，拥有“山水田园、诗意阳朔”的美誉。这里的遇龙河、十里画廊、月亮山等景点展现了不同于漓江的乡村山水风光。月亮山因山腰有一个近乎完美的圆形穿洞而得名，这种独特的地质构造进一步丰富了桂林山水的多样性。

桂林的山水景观之所以能够赢得“甲天下”的美誉，在于其规模之大、分布之广、形态之美、组合之奇。桂林的峰林数以千计，溶洞星罗棋布，江河纵横交错，形成了一个完整的自然景观体系。这种景观不仅具有极高的观赏价值，也具有重要的科学研究价值，被列入世界自然遗产预备名录。

营销启示：“桂林山水甲天下”的定位成功体现了市场定位战略的精髓。通过准确识别核心资源优势——独特的喀斯特山水景观，桂林实现了有效的差异化定位。这种基于自然禀赋的定位使桂林在众多旅游城市中脱颖而出，避开了同质化竞争。简洁有力的品牌口号不仅概括了核心卖点，还具有极强的传播性和记忆性。同时，桂林还实施了资源整合策略，将分散的景点资源整合为统一的“桂林山水”品牌，提高了营销效率。这一案例表明，成功的市场定位应基于核心资源优势，通过差异化战略建立清晰、独特的市场形象，从而获得持续的竞争优势。

单元一　市场细分

一、市场细分的概念、特点及作用

1. 市场细分的概念

20 世纪 50 年代中期，美国市场学家温德尔·史密斯提出了市场细分的概念。市场细分，就是指营销者通过市场调研，依据消费者或用户的需求、购买行为和购买习惯等方面的明显差异，把一个总体市场划分成若干个具有共同特征的子市场的过程。

分属于同一细分市场的消费者，他们的需要和欲望极为相似；分属于不同细分市场的消费者对同一产品的需要和欲望存在明显的差别。例如，有的消费者喜欢计时基本准确、价格比较便宜的手表；有的消费者需要计时准确、耐用且价格适中的手表；有的消费者需要计时准确、具有象征意义的名贵手表。手表市场据此可细分为三个子市场。当然，对同一产品细分市场的依据很多，细分的结果也不同。

2. 市场细分的特点

企业面对着成千上万的消费者，他们的需求和欲望是千差万别的并且分散于不同的地区，而又随着环境因素的变化而变化。对于这样复杂多变的大市场，任何一个规模巨大、资金实力雄厚的企业，都不可能满足该市场上全部顾客的所有需求。又由于在资源、设备、技术等方面的限制，企业也不可能满足全部顾客的不同需要。企业只能根据自身的优势条件，从事某方面的生产、营销活动，选择力所能及的、适合自己经营的目标市场。由此可知，市场细分有以下几个特点：

（1）市场细分的客观基础是顾客需求的差异性。这些差异是客观存在的，它是由消费者所处的不同地理环境及千差万别的文化、社会、个人和心理特征的影响而形成的。因此，市场上任何一项产品或服务如果包含两个以上的消费者，这个市场就可以细分。

（2）市场细分的实质是细分消费者，而不是细分产品。我们知道，在市场上有着各种不同需求的消费者，企业进行细分，就是要辨别不同需求与欲望的消费者，然后把需求与欲望基本相同的消费者归为一类，这样就可以把一个整体市场划分成若干细分市场，即“异中求同”。由此可知，市场细分并不是一个单纯的市场分解过程，它实质上是通过市场分解，把那些需求特点相似的消费者聚合在一个群体中。因此，分解是手段，聚合才是目的。

（3）市场细分的原则是各细分市场之间，需求差异应尽可能大；各细分市场之内，需求差异应尽可能小。即在各个不同的细分市场之间，消费者的需求也存在明显的区别；而在每个细分市场内，消费者的需求却具有相似性。

（4）市场细分的最终目的是选择和确定目标市场，制定最佳市场营销策略，达到企业预期的目标。

3. 市场细分的作用

在当今人们生活水平不断提高、消费需求日益多样化、产品和服务市场越来越广的社会中，市场细分是一项很重要的市场营销策略。实践证明，企业科学、合理地进行市场细分，就可以更好地为顾客服务，开展有效的竞争，达到企业的盈利目标。具体地说，市场细分的作用有以下几个：

（1）市场细分有助于企业深刻地认识市场。市场由消费者组成，而每一个消费者都是集多种特征于一身，每一种特征都可能与一部分的消费者相一致，与另一部分的消费者不一致。消费者的不同特征和不同需求纵横交错，市场由此而极其复杂。企业如果不进行深入分析，就想要深刻认识如此复杂的市场整体则是不可能的。市场细分化为我们提供了极好的分析工具，通过按不同标准细分，仿佛按不同的角度把复杂的市场分开，再拼起来，既清晰地认识了每一个部分，又了解了部分之间的联系。企业在市场细分的基础上，对市场整体有了既清晰又全面的把握。企业可以详细分析每一个细分市场层面的需求及其满足情况，寻找适当的市场机会。

（2）市场细分有助于企业确定经营方向，开展有针对性的营销活动。面对极其广阔的市场，任何企业都不可能囊括所有的需求，而只能满足其中的十分有限的部分。所以，慎重地选择自己所要满足的那部分市场，使企业的优势资源得以发挥是至关重要的。通过市场细分，企业把市场分解开来，仔细分析比较，及时发现竞争动态，避免将生产经营过度集中在某种畅销产品上，与竞争者一团混战。又可以选择有潜力且符合企业资源范围的理想顾客群作为目标，有的放矢地进行营销活动，集中使用人力、物力和财力，将有限的资源用在刀刃上，从而以最少的经营费用取得最大的经营成果。例如，我国服装市场竞争较激烈，通过市场细分可以看出，竞争激烈的主要是青年服装市场和儿童服装市场，老年服装市场却很冷清。于是有些服装企业把目标市场放在老年服装市场上，生产出各式各样的老年服装，结果大获成功。这些“空档”市场，都是企业的市场机会。

（3）有利于中小企业开发和占领市场。市场细分的理论对中小企业来讲，尤为有利，因为中小企业一般资金有限，技术薄弱，在整体市场或较大的细分市场上缺乏竞争力，而通过市场细分，则往往可以发现大企业未曾顾及或不愿顾及的某些尚未满足的市场需求，从而能够在这些力所能及的较小或很小的细分市场上推出相宜的产品，充分发挥“船小调头快”的优势，在日益激烈的市场竞争中求得生存和发展。

（4）有利于集中使用资源，提高企业的经济效益和社会效益。通过市场细分，企业能发现最好的市场机会，确定目标市场，从而集中使用人力、物力、财力为目标市场服务，将有限的资源用于能产生最大效益的地方，形成经营上的规模优势，取得理想的经济效益。此外，由于面对的是某一个或少数几个子市场，企业可及时捕捉需求信息，不断地发展新产品，满足更多的潜在需求，提高消费者的满足度、满意感，树立良好的企业形象，获得一定的社会效益。例如，一家规模较小的制鞋公司本来在皮鞋市场上缺乏竞争能力，但是它发现许多消费者喜欢穿轻便舒适的皮便鞋，于是就把这一部分消费者作为自己的目标市场，制成一台专用剥皮机，充分利用自己的猪皮原料，专门生产与竞争者不同的猪皮便鞋，结果产品大为畅销，获得了较好的经济效益。

课堂延伸

奈飞的市场细分战略

奈飞（Netflix）作为全球领先的流媒体服务平台，通过精准的市场细分策略实现了快速增长和市场主导地位。截至2024年，奈飞全球付费用户数已达3.02亿，遍布190多个国家和地区，成为流媒体行业的巨头。

奈飞最初只是一家DVD租赁公司，面临着来自传统影视公司的激烈竞争。通过对市场的深入分析，奈飞认识到消费者在观影习惯、内容偏好、支付意愿等方面存在显著差异。基于这些差异，奈飞实施了多层次的市场细分策略：

内容偏好细分：奈飞利用大数据技术对用户的观看行为进行分析，将用户细分为数千个“口味社区”。例如，科幻迷、纪录片爱好者、动漫粉丝、体育爱好者等。针对不同的细分市场，奈飞不仅采购相应的内容，还投入巨资制作原创内容。《怪奇物语》专为科幻悬疑爱好者打造，《纸牌屋》满足政治剧观众需求，《鱿鱼游戏》瞄准全球范围内的惊悚剧迷。这种基于细分市场的内容策略使奈飞能够精准满足不同用户群体的需求。

价格层次细分：认识到用户在支付能力和观影需求上的差异，奈飞推出了多层次的订阅方案。从基础计划（支持单屏标清观看）到标准计划（支持双屏高清观看）再到高级计划（支持四屏超高清观看），不同价格档次满足不同消费者的需求。2023 年 11 月，奈飞的广告支持计划全球用户已达 1 000 万，占新注册用户的近 40%，证明这种针对价格敏感用户的细分策略取得了成功。

地域市场细分：奈飞根据不同国家和地区的文化特点、消费能力和内容偏好，调整其内容库和定价策略。例如，在印度等新兴市场，奈飞推出了仅适用于移动设备的低价订阅计划（约 149 卢比/月，约合 1.8 美元/月），满足当地主要通过手机观看内容的用户需求；在韩国，奈飞大量投资本土内容制作，如《鱿鱼游戏》《黑暗荣耀》等，迎合当地观众喜好。

观看习惯细分：奈飞发现用户在观看模式上存在显著差异——有的喜欢一次性连续观看整季，有的则偏好每周追剧。根据奈飞内部研究，约 73%的用户倾向于在三天内完成一季剧集的观看。为此，奈飞既提供整季同时上线的内容，也尝试分周更新的模式，满足不同用户群体的观看偏好。

通过这种多维度的市场细分策略，奈飞获得了几项关键成果：

提高用户满意度：根据美国客户满意度指数（ACSI）2023 年的调查，奈飞的用户满意度得分为 78 分（满分为 100 分），虽较 2022 年下降 2 分，但仍高于视频流媒体服务行业平均水平。

降低用户流失率：根据 Antenna 的数据，2023 年奈飞的月均用户流失率约为 2.3%，低于行业平均的 5.1%，表明其内容策略和用户体验有效留住了用户。

优化资源配置：通过了解不同细分市场的规模和价值，奈飞能够更有效地分配其内容预算。2023 年，奈飞在内容上的投资达到 170 亿美元，比 2022 年增长 5%。

构建竞争壁垒：通过深入了解各细分市场的需求，奈飞建立了难以复制的数据和算法优势。据 Parrot Analytics 的数据，2023 年第四季度，奈飞的内容需求份额在美国流媒体市场中占比为 42.7%，远高于第二名的亚马逊 Prime Video（11.9%）。

奈飞的成功案例展示了市场细分如何帮助企业识别市场机会、优化资源配置、提高用户满意度，并最终实现业务增长。特别值得注意的是，奈飞 2024 年第四季度收入同比增长 16%，达到 102.5 亿美元，净利润达到 18.7 亿美元，同比增长约 99%，这些财务成果直接反映了其市场细分策略的效果。

更重要的是，奈飞将市场细分视为持续性过程而非一次性工作，不断根据市场变化和用户反馈调整其细分策略，保持竞争优势。

二、市场细分的标准

1. 消费品市场细分的标准

市场细分的基础是顾客需求的差异性，所以凡是使顾客需求产生差异的因素都可以作为市场细分的标准。由于各类市场的特点不同，因此市场细分的标准也有所不同。消费品市场的细分标准可以概括为地理因素、人口统计因素、心理因素和行为因素四个方面，每个方面又包括一系列的细分变量。

微课：

市场细分的依据

（1）按地理因素细分。按地理因素细分是指企业根据消费者所在的地理位置、地形气候等变数来细分市场，然后选择其中一个或几个分市场或子市场作为目标市场。对于销路广阔的消费品，地理细分往往是进行市场细分的第一步。尤其像我国，幅员辽阔，人口和民族众多，风俗差异很大，则更是这样。

1）省市地区。我国按照地区可分为华北、东北、华东、华南、中南、西南、西北；按地理环境可分为内地、沿海等。由于地理位置不同，消费需求有很大差异，如我国各地对各种口味食品的需求就是一个明显的例子。

2）城市与农村。各种不同规模的城市之间，城市与农村之间，对同种产品的需求存在明显的差异。如我国目前对电视机的需求，城市以大屏幕彩电或平面直角彩电为主，而农村则以普通彩电为主。

3）地形气候。不同地形的地区，如山区和平原对汽车有不同的需求，山区需要抗震、耐磨损稳定性好的汽车，而平原则需要速度快、灵活的汽车。不同的气候类型对需求的影响也是如此。

（2）按人口统计因素细分。按人口统计因素细分，就是按年龄、性别、职业、收入、民族、职业、教育状况、家庭生命周期等变数，将市场划分为不同的群体。由于人口变数比其他变数更容易测量，且适用范围比较广，因此人口变数一直是细分消费者市场的重要依据。

1）年龄。消费者的需求和消费能力随着年龄而变化，不同的年龄阶段具有不同的价值观念和购买力，如婴幼儿市场对奶粉的需求，适龄上学儿童对学习资料和益智玩具的需求，老年人对健康保健的强烈需求等。一般可以将人的一生划分为：婴幼儿、儿童、青年、中年、老年等几个阶段。

但是年龄的划分有时不仅仅指生理年龄，心理年龄同样重要。美国福特汽车公司曾按照购买者年龄来细分汽车市场，该公司的“野马”牌车原来是专门为那些想买便宜跑车的年轻人设计的。令人惊讶的是：事实上不仅年轻人购买“野马”车，而且许多中老年人也购买“野马”车，因为他们认为驾驶“野马”车可使他们显得年轻。这时，福特汽车公司的管理层才认识到，其“野马”车的目标市场不是年轻的人，而是那些心理上年轻的人。这个事例表明，按照年龄这个人口变数来细分市场和选择目标市场不完全可靠。

2）性别。按性别可将市场划分为男性市场和女性市场。不少商品在用途上有明显的性别特征，如男装和女装、男表与女表等。在购买行为、购买动机等方面，男女之间也存在很大的差异，如女性是服装、化妆品、节省劳动力的家庭用具、小包装食品等市场的主要购买者，男性则是香烟、饮料、体育用品等市场的主要购买者。美容美发、化妆品、珠宝首饰、服装等许多行业，长期以来也是按性别来细分市场。

课堂延伸

“宝呗青年”是同时使用余额宝和花呗的年轻人

2019 年 7 月 29 日，中国新经济研究院联合支付宝发布的首份《90 后攒钱报告》显示，90 后并没有网民印象里的那么“败家”，报告显示，92%的 90 后每个月都会有结余，80%的人会将结余进行理财；对比他们的余额宝和花呗则发现，90 后每月在余额宝攒的钱，平均是其花呗账单的 4.5 倍。他们的消费也比外界想象中更为理性，九成 90 后在调研中说“买生活必需品外的东西，会充分考虑经济状况”。不过，在自我增值这件事上，他们还是很舍得花钱的。过去一年来，90 后用花呗购买教育类产品和服务的金额上涨了 87%。90%的 90 后使用花呗并非是提前消费，而是希望“省钱”“占便宜”。余额宝数据显示，90 后人均月转入余额宝高达 8 次，平均比自己的父辈高 2 次，月均存入数额也比父母多出 1 000 元。

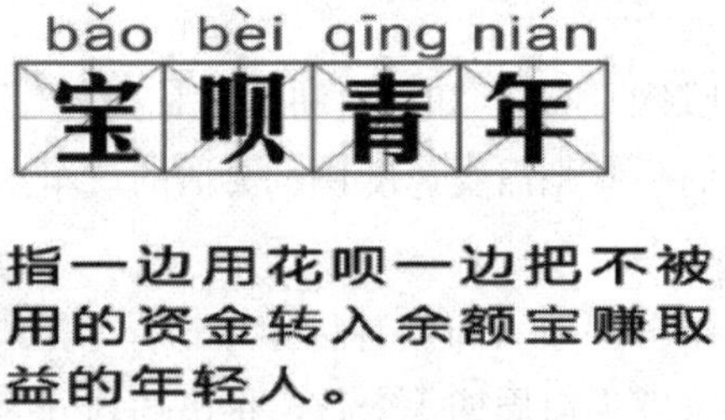

资料来源：中国新经济研究院．支付宝 90 后攒钱报告[R]．2019-07-29.

3）收入。高收入消费者与低收入消费者在产品选择、休闲时间的安排、社会交际与交往等方面都会有所不同。如同样是外出旅游，在交通工具以及食宿地点的选择上，高收入者与低收入者会有很大的不同。正因为收入是引起需求差别的一个直接而重要的因素，所以在诸如服装、化妆品、旅游服务等领域根据收入细分市场相当普遍。

4）民族。世界上大部分国家都拥有多个民族，我国更是一个多民族的大家庭，除汉族外，还有 55 个少数民族。这些民族都各有自己的传统习俗、生活方式，从而呈现出各种不同的商品需求。只有按民族这一细分变数将市场进一步细分，才能满足各族人民的不同需求，并进一步扩大企业的产品市场。

5）职业。不同职业的消费者，由于知识水平、工作条件和生活方式等不同，其消费需求也存在很大的差异，如教师比较注重书籍、报刊方面的需求，文艺工作者则比较注重美容、服装等方面的需求。

6）教育状况。受教育程度不同的消费者，在志趣、生活方式、文化素养、价值观念等方面都会有所不同，这会影响他们的购买种类、购买行为及购买习惯。

7）家庭生命周期。一个家庭，按年龄、婚姻状况和子女状况，可划分为七个阶段。

在不同阶段，家庭购买力、家庭人员对商品的兴趣与偏好会有较大差别。

单身阶段：年轻，单身，几乎没有经济负担，新消费观念的带头人，娱乐导向型购买。

新婚阶段：年轻夫妻，无子女，经济条件比最近的将来要好，购买力强，对耐用品、大件商品的欲望、要求强烈。

满巢阶段：阶段（Ⅰ）：年轻夫妻，有 6 岁以下子女，家庭用品购买的高峰期，不满足现有的经济状况，注重储蓄，购买较多的儿童用品；阶段（Ⅱ）：年轻夫妻，有 6 岁以上未成年子女，经济状况较好，购买趋向理智型，受广告及其他市场营销刺激的影响相对减少，注重档次较高的商品及子女的教育投资；阶段（Ⅲ）：年长的夫妇与尚未独立的成年子女同住，经济状况仍然较好，夫妻双方与子女皆有工作，注重储蓄，购买时冷静、理智。

空巢阶段：年长夫妇，子女离家自立，前期收入较高，购买力达到高峰期，较多购买老年人用品，如医疗保健品，娱乐及服务性消费支出增加，后期退休收入减少。

孤独阶段：单身老人独居，收入锐减，特别注重情感、关注等需要及安全保障。

(3) 按心理因素细分。按心理因素细分，就是将消费者按其生活方式、性格、购买动机、态度等因素细分成不同的群体。

1) 生活方式。通俗地讲，生活方式是指一个人怎样生活。人们追求的生活方式各不相同，如有的追求新潮时髦，有的追求恬静、简朴，有的追求刺激、冒险，有的追求稳定、安逸。一些服装生产企业，为“简朴的女性”“时髦的女性”“有男子气的女性”分别设计不同服装；李宁公司在其品牌战略中，针对不同生活方式的消费者群体推出多条产品线：为“追求时尚潮流、热衷国潮文化的年轻人”推出“中国李宁”系列，为“注重专业性能的运动爱好者”设计“李宁专业”系列，为“偏好休闲运动、注重日常穿着舒适度的都市人群”提供“李宁生活”系列，体现了基于生活方式的市场细分策略。均是依据生活方式细分市场。

2) 性格。消费者的性格与消费情感之间存在很大的关系。性格可以用外向与内向、乐观与悲观、自信与顺从、保守与急进、热情与老成等词语来描述。性格外向、容易冲动的消费者往往好表现自己，因而他们喜欢购买能表现自己个性的产品；性格内向的消费者则喜欢大众化，往往购买比较朴素的产品；富于创造性和冒险心理的消费者，则对新奇、刺激性强的商品特别感兴趣。

3) 购买动机。按购买动机细分，即按消费者追求的利益来进行细分。消费者对所购产品追求的利益主要有求实、求廉、求新、求美、求名、求安等，这些都可作为细分的变量。以购买牙膏为例，有些消费者购买洁龈牙膏，主要是为了保持牙齿洁白；有些消费者购买芳草牙膏，主要是为了防治龋齿、牙周炎。正因为这样，企业要按照不同的消费者购买商品时所追求的不同利益来细分消费者市场。企业可根据自己的条件，权衡利弊，选择其中某一个追求某种利益的消费者群为目标市场，设计和生产出适合目标市场需要的产品，并且用适当的广告媒介和广告词句，把这种产品的信息传达到追求这种利益的消费者群。

(4) 按行为因素细分。按行为因素细分，就是按照消费者购买时间、购买数量、购买习惯（品牌忠诚度）、购买频率等变量来细分市场。

1) 购买时间。许多产品的消费具有时间性，烟花爆竹的消费主要在春节期间，月饼的消费主要在中秋节，旅游景点在旅游旺季生意最兴隆。因此，企业可以根据消费者产生需求、购买或使用产品的时间进行市场细分，如航空公司、旅行社在寒暑假期间大做广告，实行优惠票价，以吸引师生乘坐飞机外出旅游；商家在酷热的夏季大做空调广告，以有效增加销量；双休日商店的营业额大增，而在元旦、春节期间，销售额则更大。因此，企业可根据购买时间进行细分，在适当的时候加大促销力度，采取优惠价格，以促进产品的销售。

2) 购买数量。这是指根据消费者使用某一产品的数量大小细分市场，通常可分为大量使用者、中度使用者和轻度使用者。大量使用者人数可能并不是很多，但他们的消费量在全部消费量中占很大的比重。一家美国公司发现，美国咖啡的80%是由50%的顾客消费的，而其余的50%顾客的消费量仅占总消费的12%。因此，咖啡公司更倾向于吸引重度饮用咖啡者，而放弃轻度饮用咖啡者，并将重度饮用咖啡者作为目标市场。进一步分析显示，大量喝咖啡的人群通常是上班族，年龄在25～45岁，他们喜欢在工作时享用咖啡，并且每天在咖啡上的消费时间不少于1小时。显然，基于这些信息，企业可以在定价、广告传播等方面制定更有效的策略，以更好地满足这一目标市场的需求。

3) 购买习惯（品牌忠诚度）。按购买习惯划分标准，可以把消费者细分为四类不同的消费者群体：第一类是铁杆品牌忠诚者。这类消费者群体在任何时候都只购买某一种品牌，一贯忠诚于某一种品牌。第二类是几种品牌忠诚者。这类消费者群体忠诚于两三种品牌。第三类是转移的忠诚者。这类消费者群体从忠诚于某一种品牌转移到忠诚于另一种品牌。第四类是非忠诚者。这类消费者群体购买各种品牌，并不忠诚于某一种品牌。

每一个市场都包含不同程度的上述四种类型的消费者群体。在有些市场，铁杆品牌忠诚者为数众多，这种市场叫做品牌忠诚市场。企业要想进入这种市场是困难的，即使已进入，要想提高市场占有率也是困难的。企业通过分析研究上述四种类型的消费者群体，可以发现问题，以便采取适当措施。例如，企业在分析研究时发现有“转移的忠诚者”，他们从前忠诚于本企业的品牌，现在转而忠诚于其他品牌，这说明本企业的市场营销工作有缺点，需要立即采取适当措施。又如，企业的管理者发现有“非忠诚者”，他们不喜欢本企业的品牌，就应采取适当措施（如提高产品质量、加强广告宣传等）来吸引他们，促进销售。还须指出，企业的管理者在分析研究上述四种类型的消费者群体时必须持慎重态度。例如，假设某些消费者连续购买某一品牌，从表面现象看，这些消费者似乎一贯忠诚于该品牌，是铁杆品牌忠诚者，但是如果深入分析研究就会发现他们之所以会忠诚于该品牌，是因为这种品牌的价格偏低，或者是因为没有其他代用品，这些消费者不得不购买该品牌，所以这种购买类型并不能说明这些消费者是铁杆品牌忠诚者。

课堂延伸

耐克运动鞋的成功

由于不少运动鞋品牌源自国际知名品牌，因此这些公司往往只关注产品本身，而忽视了市场需求。他们更关心鞋子的技术和材料，而不太关注消费者从中获得的实际价值。为了宣传运动鞋的性能和设计，这些公司在研发和广告上投入巨大，强调鞋子的材料、舒适度和科技含量等。然而，大多数消费者并不一定能区分不同品牌运动鞋的细微差别，选择运动鞋时也并非仅仅看重性能。

为了了解消费者购买运动鞋的因素，耐克公司调查了美国的运动鞋消费者，发现最大的消费群体是年轻人，而这些作为主要消费力量的年轻运动爱好者几乎没有受到公司的重视。许多运动鞋品牌的广告展示的都是与年轻人生活方式不相符的场景。例如，某领先品牌的广告在高档社交场合中展示运动鞋的奢华形象，完全忽视了年轻消费者的实际需求。因此，耐克公司抛弃了传统的奢华概念，推出了“耐克活力”系列运动鞋——一种适合年轻人运动需求的新产品。

为了吸引年轻消费者，耐克公司设计了一个旨在吸引他们的广告宣传活动，并为此投入了大量资金。“耐克活力”系列运动鞋迅速融入年轻人的日常生活，成为他们运动时的首选。耐克的广告强调年轻人的活力和运动精神，描绘他们为健康、积极向上的群体。为了进入目标市场，耐克公司只在社交媒体和年轻人喜欢的运动赛事上做广告，集中在他们感兴趣的内容上。

经过一年的努力，耐克公司的市场占有率从第八位跃升至第四位，随后又逐步上升到第二位。为了再接再厉，耐克公司又推出了一款新产品——环保运动鞋，定位为可持续发展的产品，面向年轻运动爱好者和注重环保的消费者，结果很快成为市场上的热门产品。

2. 生产资料市场细分的标准

上述消费品市场的细分标准有很多都适用于生产资料市场的细分，如地理环境、气候条件、交通运输、追求利益、对品牌的忠诚度等。但由于生产资料市场有它自身的特点，企业还应采用其他一些标准和变量来进行细分，最常用的有：客户要求、客户经营规模及客户地理位置等变量。

（1）按客户要求细分。客户的要求是生产资料市场细分常用的标准。不同的客户对同一产品有不同的需求，如晶体管厂可根据晶体管的客户不同将市场细分为军工市场、工业市场和商业市场：军工市场特别注重产品质量；工业客户要求有高质量的产品和服务；商业市场主要用于转卖，除要求保证质量外，还要求价格合理和交货及时。飞机制造公司对所需轮胎要求的安全性比一般汽车生产厂商要高许多。同样是钢材，有的用于生产机器，有的用于造船，有的用于建筑等。因此，企业应针对不同客户的需求，提供不同的产品，设计不同的市场营销组合策略，以满足客户的不同要求。

（2）按客户经营规模细分。客户经营规模也是细分生产资料市场的重要标准。客户经营规模决定其购买能力的大小。按客户经营规模划分，客户可分为大客户、中客户、小客户。大客户数量虽少，但其生产规模、购买数量大，注重质量、交货时间等；小客户数量多，分散面广，购买数量有限，注重信贷条件等。许多时候，和一个大客户的交易量相当于与许多小客户的交易量之和，失去一个大客户，往往会给企业造成严重的后果。因此，企业应按照客户经营规模建立相应的联系机制和制定规范的接洽制度。

（3）按客户地理位置细分。每个国家或地区大都在一定程度上受自然资源、气候条件和历史传统等因素影响，形成若干工业区，例如江浙两省的丝绸工业区，以山西为中心的煤炭工业区，东南沿海的加工工业区等。这就决定了生产资料市场往往比消费品市场在区域上更为集中，地理位置因此成为细分生产资料市场的重要标准。企业按客户的地理位置细分市场，选择客户较为集中的地区作为目标，有利于节省推销人员往返于不同客户之间的时间，而且可以合理规划运输路线，节约运输费用，也能更加充分地利用销售力量，降低推销成本。

以上从消费品市场和生产资料市场两方面介绍了具体的细分标准和变量。为了有效地进行市场细分，有这样几个问题应引起注意：

第一，动态性。细分的标准和变量不是固定不变的，如收入水平、城市大小、交通条件、年龄等，都会随着时间的推移而变化。因此，应树立动态观念，适时进行调整。

第二，适用性。市场细分的因素有很多，各企业的实际情况又各异，不同的企业在细分市场时采用的细分变量和标准不一定相同，究竟选择哪种变量，应视具体情况加以确定，切忌生搬硬套和盲目模仿。

第三，组合性。要注意细分变量的综合运用。在实际营销活动中，一个理想的目标市场是有层次或交错地运用上述各种因素的组合来确定的。如化妆品的经营者将 18～45 岁的城市中青年女性确定为目标市场，就运用了四个变量：年龄、地理区域、性别、收入。

三、有效细分市场的必备条件

细分市场的标准有很多，然而并不是每一种细分市场都是有效的，如果购买者对某种产品的需求基本上不存在差异，就无必要细分。成功、有效的市场细分，必须具备下列条件。

1. 可衡量性

这是指用来细分市场的标准和变量及细分后的市场是可以识别和衡量的，即有明显的区别，有合理的范围。如果某些细分变量或购买者的需求和特点很难衡量，细分市场后无法界定，难以描述，那么市场细分就失去了意义。一般来说，一些带有客观性的变量，如年龄、性别、收入、地理位置等，都易于确定，并且有关的信息和统计数据也比较容易获得；而一些带有主观性的变量，如心理和性格方面的变量，就比较难以确定。

2. 可进入性

这是指企业能够进入所选定的市场范围，能进行有效的促销和分销，实际上就是考虑营销活动的可行性。一是企业能够通过一定的广告媒体把产品的信息传递到该市场众多的消费者中去，二是产品能通过一定的销售渠道抵达该市场。假设一个生产香水的企业，发现它的品牌的主要使用者是一些晚上出门的独身女性，除非这些使用者群体居住在一定的地点、在一定的地方选购，以及被一定的宣传工具所介绍，否则，要进入这个细分市场是比较困难的。

3. 可盈利性（规模性）

这是指细分市场的规模要大到能够使企业足够获利的程度，使企业值得为它制定一套营销规划方案，以便顺利地实现其营销目标，并且有可拓展的潜力，以保证按计划能获得理想的经济效益和社会效益。

四、市场细分的方法和程序

1. 市场细分的方法

(1) 单一变量因素法。单一变量因素法即用一个因素对市场进行细分，如按性别细分化妆品市场，按年龄细分服装市场等。如服装企业，按年龄细分市场，可分为童装、少年装、青年装、中年装、中老年装、老年装；或按气候的不同，可分为春装、夏装、秋装、冬装。这种方法简便易行，但难以反映顾客复杂多变的需求。

(2) 综合因素法。综合因素法是选择两个或三个细分依据进行市场细分的方法，这时可以借助二维或三维坐标图，直观地显示细分市场的状况。如以收入、年龄来细分某一市场，则可得到如下一些细分市场，即每一格可代表一个子市场，共有 3×4＝12 个。综合因素法示例如图 6－1 所示。

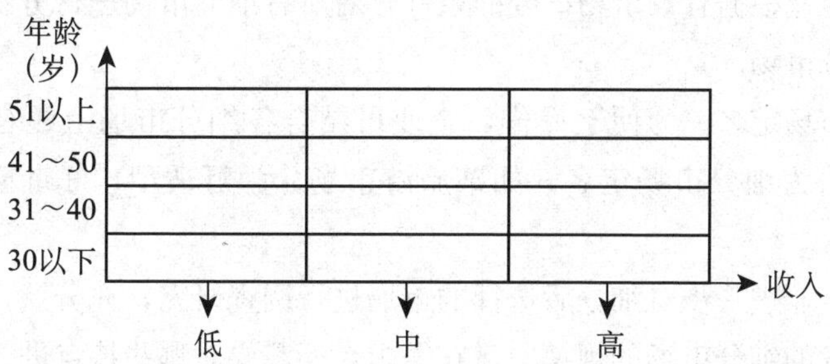

图 6－1　综合因素法示例

(3) 系列因素法。这是指根据企业经营的特点并按照影响消费者需求的诸因素，由粗到细地进行市场细分。这种方法可使目标市场更加明确而具体，有利于企业更好地制定相应的市场营销策略。如自行车市场，可按地理位置（城市、郊区、农村、山区）、性别（男、女）、年龄（少年、青年、中年、老年）、收入（高、中、低）、职业（工人、农民、学生、职员）、购买动机（求新、求美、求廉、求名）等变量因素细分市场。

如我们可以对服装市场选取性别、年龄、收入、追求利益四个因素进行如下的细分，将不同因素进行不同的组合，就可以得到不同的细分市场，即全部细分市场的数目是：2×4×3×4=96个。当然其中有些细分市场可能是没有实际意义的，因此还需进行进一步的分析、筛选。系列因素法示例如图6-2所示。

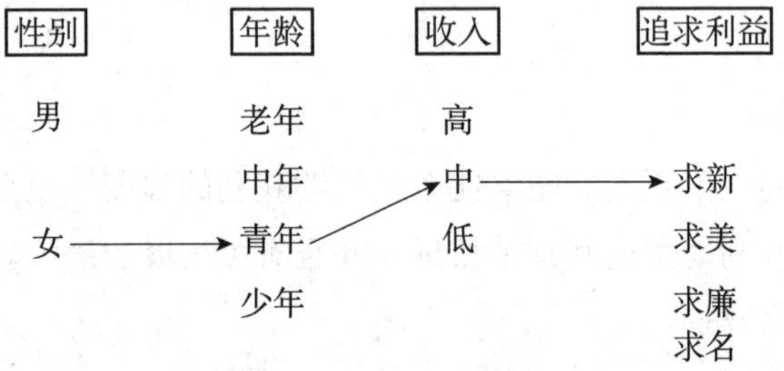

图6-2 系列因素法示例

2. 市场细分的程序

市场细分作为一个比较、分类、选择的过程，应该按照一定的程序来进行，通常有以下几步：

(1) 正确选择市场范围。企业根据自身的经营条件和经营能力确定进入市场的范围，如进入什么行业，生产什么产品，提供什么服务。

(2) 列出市场范围内所有潜在顾客的需求情况。企业根据细分标准，比较全面地列出潜在顾客的基本需求，作为以后深入研究的基本资料和依据。

(3) 分析潜在顾客的不同需求，初步划分市场。企业将所列出的各种需求通过抽样调查进一步收集有关市场信息与顾客背景资料，然后初步划分出一些差异最大的细分市场，至少从中选出三个分市场。

(4) 筛选。企业根据有效市场细分的条件，对所有细分市场进行分析研究，剔除不合要求、无用的细分市场。

(5) 为细分市场定名。为便于操作，企业可结合各细分市场上顾客的特点，用形象化、直观化的方法为细分市场定名，如某旅游市场分为舒适型、好奇型、冒险型、享受型等。

(6) 复核。企业进一步对细分后选择的市场进行调查研究，充分认识各细分市场的特点，本企业所开发的细分市场的规模、潜在需求，还需要对哪些特点进一步分析研究等。

(7) 决定细分市场规模，选定目标市场。企业在各子市场中选择与本企业经营优势和经过以上七个步骤，企业便完成了市场细分的工作，就可以根据自身的实际情况确定目标市场并采取相应的目标市场策略。

单元二 目标市场选择

一、评估细分市场

所谓目标市场，就是在市场细分的基础上，企业决定要进入的最佳市场部分或子市场，即企业的产品或劳务所要满足的特定消费者群。企业的一切营销活动都是围绕目标市场来进行的，选择和确定目标市场，明确企业的具体服务对象，关系到企业目标的落实，是企业制定营销策略的出发点。

为了选择适当的目标市场，必须对各个细分市场进行评估。一般地讲，企业的目标市场必须具备下述条件。

1. 有一定的规模

这是企业选择目标市场的首要条件之一。企业经营的根本目的是追求利润，因此，作为目标市场的子市场应有足够数量的顾客和购买力，能达到一定的需求量和销售量，从而保证企业有利可图，如果所选择的细分市场过于狭窄，没有一定的需求规模，企业就可能达不到它所期望的销售额和利润；而如果所选择的细分市场过于广阔，企业就会由于铺得过宽而使营销力量显得单薄。至于什么是适当的规模，不同企业之间的选择相差很大，大企业一般会选择销售量大的细分市场，小企业通常会选择一些小的细分市场。

2. 有一定的发展潜力

评估一个细分市场值不值得去经营开发，不仅要看它现有规模这一静态方面，而且还要看到它可能发展变化的动态方面。有的市场目前的规模虽然不大，但从长远来看，可能会迅速增长，有一定发展潜力，这样的细分市场值得去经营。例如，柳州五菱汽车制造厂在 20 世纪 80 年代初刚转产微型汽车时，当时微型汽车市场很小，但该厂根据国际上的普遍情况预计到微型汽车具有广阔的发展前景，于是投巨资进行技术改造，进入 20 世纪 90 年代以后，销量迅速增长，获得快速发展。

3. 有足够的吸收力

一个市场可能具有适当大的规模和发展潜力，但不一定就可以作为企业的目标市场，因为很有可能它缺乏吸引力。所谓吸引力，主要是指长期获利能力。决定某一市场是否具有长期吸引力，主要有五个因素：一是同行业竞争者和细分市场内竞争的威胁；二是潜在进入者和转行的威胁；三是替代品的威胁；四是购买者（顾客）讨价还价的能力；五是供应商讨价还价的能力和合作前景。企业必须充分估计这些因素对长期获利所造成的机会和威胁，以便作出明智的选择。

4. 符合企业的目标和资源

理想的目标市场还必须与企业的目标和资源联系起来考虑。有些细分市场虽然规模适合，也具有吸引力，但由于不符合企业的长远目标，也可能要被放弃。如果符合企业目标，但企业没有足够的资源，不具备相当的实力生产比竞争者更优的产品，那么也不能选择这一细分市场作为企业的目标市场。

微课：

目标市场选择模式

二、目标市场选择模式

通过对有关细分市场的评估，企业会发现一个或几个值得进入的细分市场。这时，企业需要进行选择，即决定进入哪个或多少个细分市场。企业选择目标市场范围的模式或目标市场覆盖模式主要有以下五种，如图 6－3 所示。图中 P_1、P_2、P_3代表不同档次、规格的产品，M_1、M_2、M_3代表不同的细分市场。

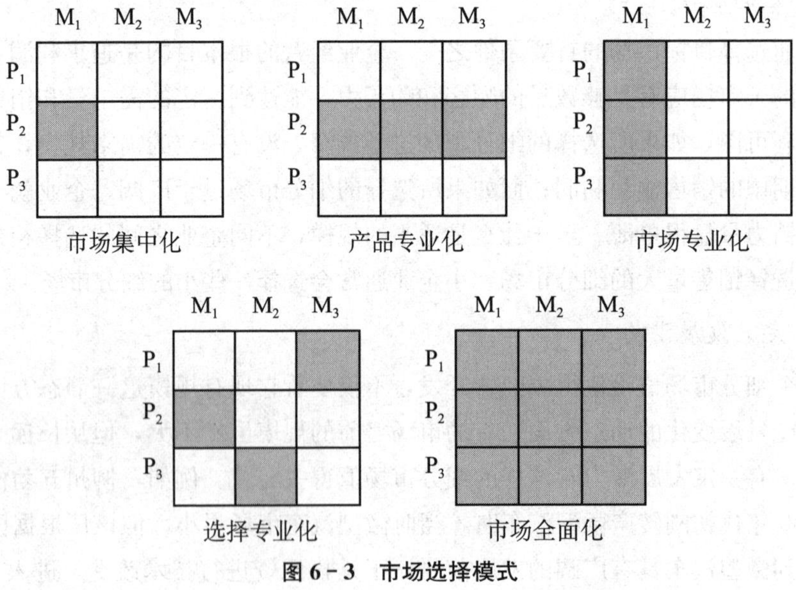

图 6－3　市场选择模式

1. 市场集中化

这是一种最简单的目标市场模式，即企业只选取一个细分市场，只生产一种产品，供应某单一的顾客群，进行集中营销，如某服装厂商只生产儿童服装。选择市场集中化模式一般基于以下考虑：企业具备在该细分市场从事专业化生产经营或取胜的优势条件；限于资金能力，只能经营一个细分市场；该细分市场中没有竞争对手；准备以此为出发点，取得成功后向更多的细分市场扩展。

2. 产品专业化

产品专门化是指企业集中生产一种产品，并向各类顾客销售这种产品，如饮水器厂只生产一个品种，同时向家庭、机关、学校、银行、餐厅、招待所等各类用户销售。产品专业化模式的优点是企业专注于某一种或某一类产品的生产，有利于形成和发展生产技术上的优势，在该领域树立形象。其局限性是当该领域被一种全新的技术和产品所替代时，产品销量有大幅下降的危险。

3. 市场专业化

市场专业化是指企业专门经营满足某一顾客群体需要的各种产品，比如某工程机械公司专门向建筑业用户供应推土机、打桩机等建筑工程中所需要的机械设备。市场专业化经营的产品类型众多，能有效地分散经营风险。但由于集中于某一类顾客，当这类顾客的需求下降时，企业也会遇到收益下降的风险。

4. 选择专业化

选择专业化是指企业决定有选择地进入几个不同的细分市场，为不同的顾客提供适应其需求的产品。所选择的几个细分市场必须与企业的目标和资源相适应，但各细分市场之间不一定有必然的联系。如一个制鞋厂可选择生产或经营老年布鞋、中年皮鞋、青年旅游鞋等。这是一种多元化经营模式，可以较好地分散企业的经营风险，但采用这种模式应十分慎重，必须以几个细分市场均有相当大的吸引力为前提。

5. 市场全面化

这是指企业决定全方位地进入各细分市场，为所有顾客群提供他们所需要的不同种类的系列产品。实力雄厚的大企业通常采用这种模式。

课堂延伸

智强乳业的创新

多年前，智强小包装核桃粉抓住了当领先者的时机，成就了智强集团的今天。当智强用广告、促销等手段把核桃粉市场打开之后，其他一些中小厂家便快速跟进，以低价等手段蚕食本就有限的核桃粉市场份额。实事求是地说，虽然智强仍旧是核桃粉市场不容争议的老大，销售总量每年都有提升，但核桃粉的总体市场份额却受到明显的冲击。

目前大中城市是乳制品的主要消费市场，奶类消费正从少数人享用的营养保健食品转向大众化的生活必需品，消费结构逐渐趋向多元化。作为乳业新军，智强集团拥有一定的资金与网络实力，但与“光明”“伊利”等行业巨头相比，显然是无品牌优势；与各区域的乳品“诸侯”相比，也不占据“鲜”与“廉”的优势。于是，似乎只有一条路可以选择，那就是在细分市场进行差异化经营。

智强集团占据核桃粉产品一半以上的市场份额，手中握有全国“核桃粉研磨速溶”国家发明专利和核桃粉产品中唯一一个获得“增强记忆力”功能的“保健食品”批号企业。此次介入液态奶领域，智强充分整合企业原有的优势资源。产品上市初期扬长避短，把核桃奶作为主攻方向，心无旁骛地倾力主攻细分市场——核桃奶单品。

目前在整个液态领域，核桃奶只不过是花色奶中一个很小的品种，很少有厂家把它作为拳头产品主推，市场上也仅限核桃奶和核桃花生奶两个品种，且生产厂家不多。但就是这“生产厂家不多”的“小品种”，每年国内市场的总销售额也绝不少于10亿元（虽然不到整个液态奶销量的1/30），市场容量不可小觑。

智强采取目标集中的策略，把十余年来在核桃营养领域专项开发和核桃深加工方面的优势，嫁接到核桃奶单项产品的研发上来，在细分市场和细分产品中不是把它仅仅当作一个品种来经营，而是把它当作一种类别来经营，这样的做法在液态奶领域至今没有先例可循。

三、目标市场选择策略

目标市场一旦选定，就应考虑采用怎样的营销策略进入目标市场。根据目标市场的独特性和企业自身的情况，有下述三种目标市场策略可供选择。

1. 无差异性市场策略

无差异性市场策略是指企业把整体市场看作一个大的目标市场，不进行细分，用一种产品、统一的市场营销组合对待整体市场。实行此策略的企业基于两种不同的指导思想。第一种指导思想是从传统的产品观念出发，强调需求的共性，漠视需求的差异。因此，企业为整体市场生产标准化产品，并实行无差异的市场营销战略，在改革开放初期直至21世纪初，广州药业（现广州白云山）旗下的王老吉凉茶一直奉行典型的无差异战略，以单一的红罐装凉茶产品、统一的包装和“怕上火，喝王老吉”的广告语，打造了中国凉茶市场的知名品牌。王老吉专注于单一产品的生产和推广，不考虑消费者在口味、包装、功能等方面的差异化需求，通过规模化生产和全国统一营销，建立了强大的品牌认知度。根据广州药业历史财报数据，这一战略使王老吉在2000年前后成为凉茶市场的绝对领导者，市场占有率一度超过70%。实行无差异性市场策略的另一种思想是：企业经过市场调查之后，认为某些特定产品的消费者需求大致相同或较少差异，比如食盐，因此可以采用大致相同的市场营销策略。

无差异性市场策略的缺点是：消费者的需求偏好具有极其复杂的层次，某种产品或品牌能够受到市场普遍欢迎的情况是很少的。即便一时能赢得某一市场，如果竞争企业都如此仿照，就会造成市场上某个局部竞争非常激烈，而其他部分的需求却没有得到满足。例如，2000年代初期，长虹、TCL、创维等中国彩电企业普遍坚信消费者对传统CRT大屏幕电视的需求是主流，都采用无差异性市场战略，主打各种型号的CRT电视。然而随着显示技术的进步，消费者对更薄、更节能、画质更好的平板电视需求迅速增加，而国内彩电企业没有及时意识到这种需求变化，仍然在CRT市场进行激烈竞争。这种无差异性策略的局限性导致了三星、LG、索尼等外国品牌抢先布局液晶电视市场并迅速占领高端市场份额。奥维云网（AVC）数据显示，2005年时中国液晶电视市场中外资品牌占据了超过60%的市场份额，中国品牌在新兴的平板电视市场处于明显劣势。中国彩电企业后来虽然奋起直追，但付出了高昂的转型成本和市场教育成本，这一经历充分暴露了无差异性市场策略在面对技术变革和消费需求变化时的严重缺陷。

2. 差异性市场策略

这是一种以市场细分为基础的目标市场策略。它是指企业选择两个或两个以上的细分市场为目标，推出多种产品，采用不同的市场营销组合手段，凭借产品与市场营销的差异性去分别满足不同顾客群需要的市场策略。差异性市场策略的特点是小批量、多品种生产，全方位营销。

差异性市场策略的优点是：可生产多种产品，能够更好地满足各个细分市场的需要，因而通常都能使总销售量增加，提高市场占有率，同时可以使企业在细小的市场上占有优势，提高企业声誉，树立良好的企业形象。从目前的趋势来看，随着生产的发展、人民生活水平的提高，消费者的需求将越来越多样化，将会有越来越多的企业实施这种目标市场策略。如小米科技自2010年成立以来，针对智能手机市场的不同细分领域实施了明显的差异化市场策略。小米不仅在不同价位段推出了多条产品线：针对高端市场的“小米数字系列”、针对中端市场的“Redmi Note系列”、针对性价比市场的“Redmi系列”、针对年轻时尚群体的“POCO系列”，以及针对摄影发烧友的“Civi系列”等。根据IDC 2023年数据，这种差异化市场策略使小米在全球智能手机市场占有率达到13.4%，位居全球第三。小米还将差异化策略扩展到智能家居生态链，推出电视、空气净化器、智能手表、智能家电等上百种产品，满足不同消费群体的多样化需求。2023年小米财报显示，其IoT与生活消费品业务收入达到842亿元，同比增长16.9%，显示出差异化市场策略的成功。

差异性市场策略的缺点是：销售费用、成本增加，营销活动复杂化，所以，必须限制在这样一个范围内，即销售额的扩大所带来的利益必须超过营销总成本和费用的增加。这就要求企业一定不能选错目标市场，同时也不宜卷入过多的目标市场。另外，采用这种策略受企业资源和能力的制约较大，较为雄厚的财力、较强的技术力量、素质较高的营销人员，是实施差异性市场策略的必要条件，这就使得相当一部分的企业尤其是小企业无力采取这种策略。因此，一些企业家现正在开辟一种新的思路，即希望只开发少量的产品，并千方百计地使每一种产品能够满足消费者多种多样的需求，兼收两种策略的长处。如某洗涤剂生产企业开发了一种婴儿洗发液，在向市场推广这种新产品时，力图使一部分老年人也接受这种产品，从而满足两个细分市场的需要。

3. 密集性市场策略

密集性市场策略是指企业在将整体市场分割为若干细分市场后，只选择其中某一细分市场作为目标市场，为该市场开发一种理想的产品，实行密集营销，其指导思想是把企业的人、财、物集中用于某一个细分市场或将几个性质相似的小型市场归并为一个细分市场，不求在较多的细分市场上都获得较小的市场份额，而要求在这一目标市场上能获得较大的市场份额。

密集性市场策略的优点是：可节省营销费用，增加盈利，而且可提高产品与企业的知名度，必要时还可迅速扩大市场，从而巩固企业的市场地位，提高竞争力。这种策略对一些小企业尤为适用。如有的汽车厂只生产吉普车或工具车，某服装厂只生产女上装或男衬衫，某拖拉机厂只生产专门适宜于山区使用的手扶拖拉机等。

密集性市场策略的缺点是：风险大，缺乏多样性，易受竞争的冲击。因为企业所选定的目标市场范围较小，一旦目标市场情况恶化，如出现强大的竞争者，或需求突然发生变化，企业就会陷入困境，就会产生“把所有的鸡蛋放在一个篮子里”的危险。因此，采用这一策略的企业必须密切关注目标市场的需求动向，制定应急措施，加强风险防范意识，并在具有一定实力时扩大市场范围，以分散经营风险。

以上三种市场策略的比较如图 6-4 所示。

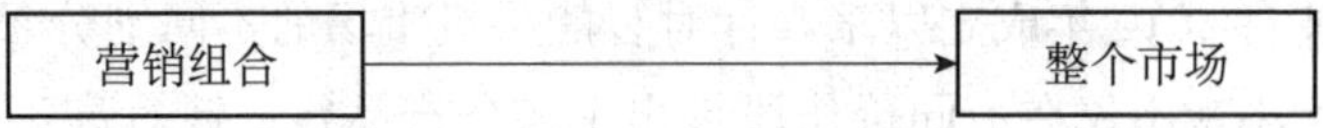

(a) 无差异性市场策略

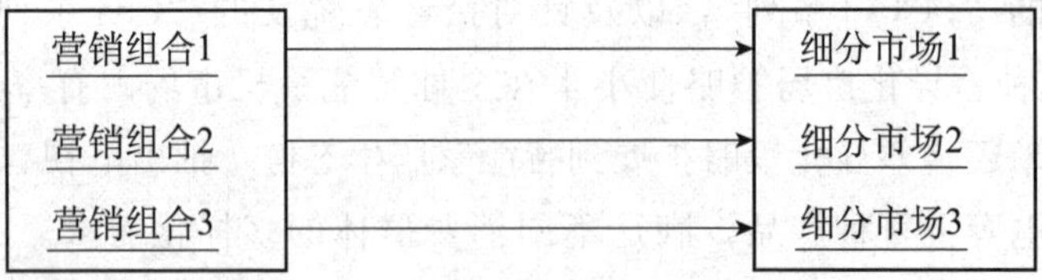

(b) 差异性市场策略

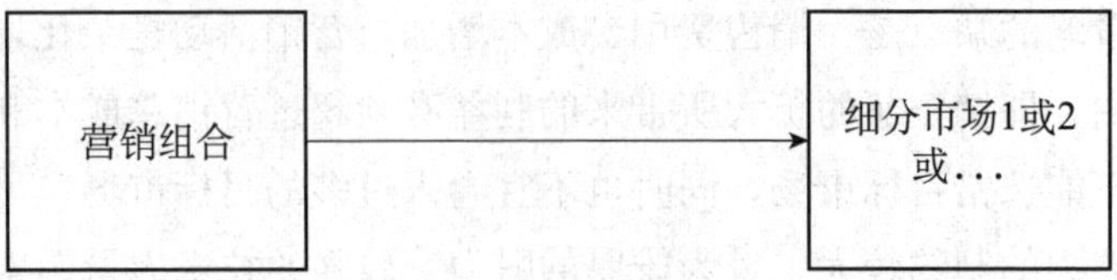

(c) 密集性市场策略

图 6-4　三种市场策略的比较

课堂延伸

华为智能手机业务重新定义目标市场

2020年以来，在面临芯片供应限制等外部挑战后，华为对其智能手机业务的目标市场进行了战略性重新定义，集中资源发展中国高端智能手机市场：产品——高端智能手机；需求——科技追求与品质生活；客户——高收入专业人士与商务人群；地域——中国市场。这意味着华为减少了对其他市场领域的投入，包括海外市场、中低端机型以及追求销量增长的大众市场策略。

这一目标市场的特定需求是：极致的产品体验、创新的技术功能、高品质的工业设计以及完善的生态系统服务。为满足这些需求，华为开发了多项差异化策略：推出了搭载自研鸿蒙操作系统的Mate系列和P系列旗舰产品；为实现影像体验的突破，与徕卡合作开发超感知摄影系统；构建了包括智能手表、平板电脑、笔记本电脑、智能家居设备在一体的全场景生态系统，通过“超级终端”功能实现多设备无缝连接；建立了高端体验店“华为旗舰店”，提供专属的购买和售后体验；推出会员专属服务，包括一对一咨询、VIP维修通道、新品优先体验等特权。简而言之，即通过产品和服务的双重创新，为目标客户提供独特的科技生活解决方案。

这一战略调整取得了显著成效。据Counterpoint Research报告，华为Mate 60系列自2023年8月推出以来引发了中国市场的抢购热潮，其销量在六周内达到了近150万部。2023年第四季度，华为在中国高端智能手机市场（售价600美元以上）的份额达到17%，同比增长近200%。更重要的是，华为通过聚焦高端市场，实现了单机利润的大幅提升，据IDC数据，2023年华为智能手机业务平均利润率较2020年提高了约40%。

华为智能终端业务负责人曾在公开场合表示：“在资源受限的情况下，我们必须聚焦，把有限的芯片资源用在高端产品上。我们不再追求规模和出货量，而是聚焦于为用户提供最好的产品和服务。”这种基于目标市场精准定位的战略，不仅帮助华为在困境中找到了新的发展路径，也为中国企业如何应对市场挑战、精准选择目标市场提供了典型案例。

四、目标市场选择策略影响因素

上述三种目标市场策略各有利弊。一个企业到底实行哪种目标市场策略，应根据企业的具体情况，权衡利弊，做出选择。一般情况下，应考虑下述因素。

1. 企业实力

企业实力是指企业在生产、技术、销售、管理和资金等方面力量的总和。如果企业力量雄厚，且市场营销管理能力较强，即可选择差异性市场战略或无差异性市场战略。如果企业能力有限，则适合选择密集性市场战略。

2. 产品特点

这是指产品在性能、特点等方面是否同质，能否改型变异。某些产品如食盐、大米、钢材等，不同顾客的需求大体相同，可以认为是“同质”产品，宜采用无差异性市场策略；而另外一些产品如服装、轿车、家具等，消费者对其品质、性能、规格、型号、花色、品种等方面存在较大的差异，则宜采用差异性市场策略或密集性市场策略。

3. 市场特点

如果目标市场上所有顾客的需求偏好大致相同，每一时期的购买数量相同，对市场营销刺激的反应基本一致，这种市场称为同质市场，宜采用无差异性市场策略。相反，如果所选择的目标市场上消费者的需求、爱好、购买习惯存在很大差异，这种市场称为异质市场，宜采用差异性市场策略或密集性市场策略。

4. 产品市场生命周期

产品市场生命周期，包括投入期、成长期、成熟期和衰退期，根据各阶段的特点，可采用不同的目标市场策略。产品处在投入期或成长期时，由于竞争不激烈，顾客的需求差异也没有或没有充分地表现出来，因此企业不宜提供过多的品种，宜采用无差异性市场策略，以探测市场需求或潜在需求。进入成熟期后，市场上产品增多，供需趋于饱和，市场竞争加剧，顾客需求差异明显且日益多样化，企业这时应采用差异性市场策略。在衰退期，为保持原有市场，延长产品市场生命周期，可采用密集性市场策略。

5. 竞争者所采用的目标市场策略

企业采用何种目标市场策略，往往还要视竞争对手的情况而定。当竞争者较少或竞争对手较弱时，可采用无差异性市场策略；反之，则应选择差异性或密集性市场策略。一般不宜采用相同的策略，因为这将导致竞争更加激烈。当强大的竞争对手实施无差异性市场策略时，企业可以实行差异性或密集性市场策略；而当对手实施差异性市场策略时，企业可以实行密集性市场策略。当然，如果竞争对手实力较弱时，也可采用与之相同的市场策略。

以上所述只是一般原则。由于市场上竞争双方的情况经常变化，企业应在实战中根据竞争格局和市场具体情况，灵活采用适当的策略，确立企业相对的竞争优势。

单元三 市场定位

企业通过市场细分确定目标市场后，如果该细分市场上已经有竞争者捷足先登，甚至竞争者已经占领了有利的市场地位，这时，企业就要考虑进行有效的市场定位。

一、市场定位概述

市场定位概念是20世纪70年代由美国营销学家艾·里斯和杰克·特劳特提出的，其含义是企业根据竞争者现有产品在市场上所处的位置，针对顾客对该类产品某些特征或属性的重视程度，为本企业产品塑造与众不同的、给人印象鲜明的形象，并将这种形象生动地传递给顾客，从而使该产品在市场上确定适当的位置。

市场定位并不是你对一件产品本身做些什么，而是你在潜在消费者的心目中做些什么。市场定位的实质是将本企业与其他企业严格区分开来，使顾客明显感觉到和认识到这种差别，从而在顾客心目中占有特殊的位置，例如：同仁堂——“百年老店、货真价实”；金利来——“高档男士服饰”；海尔冰箱——“优质高价”。

市场定位可分为对现有产品的再定位和对潜在产品的预定位。对现有产品的再定位可能导致产品名称、价格和包装的改变，但是这些外表变化的目的是保证产品在潜在消费者的心目中留下值得购买的形象。对潜在产品的预定位，要求营销者从零开始，使产品特色确实符合所选择的目标市场。公司在进行市场定位时，一方面要了解竞争对手的产品具有何种特色，另一方面要研究消费者对该产品的各种属性的重视程度，然后根据这两方面进行分析，再选定本公司产品的特色和独特形象。

各个企业经营的产品不同，面对的顾客也不同，所处的竞争环境也不同，因而市场定位所依据的原则也不同。总的来讲，市场定位的依据有下述几类。

1. 根据具体的产品特点定位

构成产品内在特色的许多因素都可以作为市场定位所依据的原则，比如所含成分、材料、质量、价格等。例如：“七喜”汽水的定位是“非可乐”，强调它是不含咖啡因的饮料，与可乐类饮料不同；“泰诺林”止痛药的定位是“非阿司匹林的止痛药”，显示药物成分与以往的止痛药有本质的差异。

2. 根据特定的使用场合及用途定位

为老产品找到一种新用途，是为该产品创造新的市场定位的好方法。例如，小苏打曾一度被广泛地用作家庭的刷牙剂、除臭剂和烘焙配料，现在已有不少的新产品代替了小苏打的上述一些功能。现在，有些公司把小苏打定位为冰箱除臭剂，另外还有公司把它当作调味汁和肉卤的配料，更有公司发现它可以作为冬季流行性感冒患者的饮料。我国曾有一家生产曲奇饼干的厂家最初将其产品定位为家庭休闲食品，后来又发现不少顾客购买是为了馈赠，又将之定位为礼品。

3. 根据顾客得到的利益定位

产品提供给顾客的利益是顾客最能切实体验到的，也可以用作定位的依据。例如，飞鹤奶粉自2008年起推出“更适合中国宝宝体质”的定位战略，将产品明确定位为专为中国婴幼儿体质研发的奶粉，迎合了中国父母希望孩子食用更适合国人体质奶粉的需求。飞鹤针对中国婴幼儿的生理特点，强调其配方中含有更适合亚洲婴幼儿的DHA、ARA比例以及独特的益生元组合，帮助中国宝宝更好地吸收和消化。尼尔森数据显示，这一定位使飞鹤在国产奶粉品牌中的市场份额从2008年的不足3%上升到2023年的近20%。

4. 根据使用者类型定位

企业常常试图将其产品指向某一类特定的使用者，以便根据这些顾客的看法塑造恰当的形象。

例如，哔哩哔哩（B站）将其视频平台明确定位于中国Z世代（1995—2009年出生的年轻人）和ACGN（动画、漫画、游戏、小说）爱好者群体。成立初期，B站主要聚焦二次元文化内容。随着平台发展，虽然内容种类逐渐扩展到知识、科技、生活等多个领域，但其核心定位始终围绕年轻用户群体。B站在产品设计上体现了这一定位，包括弹幕文化、会员考试制度（“入站考试”）、独特的社区文化和表情包，以及专门针对年轻用户喜好的页面设计和交互方式。B站的广告宣传也始终围绕年轻文化，如2020年在央视春晚播出的《不孤独的年轻人》宣传片、2021年的《我们的DNA里，是不服》品牌视频等，都强化了其作为年轻人文化社区的定位。B站2023年财报显示，其用户平均年龄为22.8岁，月活跃用户达3.36亿，且用户黏性极高，日均使用时长达到92.2分钟，是中国互联网平台中用户黏性最高的平台之一。正是通过对特定用户群体的精准定位，B站成功地在激烈的中国互联网视频市场中占据了独特位置。

事实上，许多企业进行市场定位依据的原则往往不止一个，而是多个原则同时使用。因为要体现企业及其产品的形象，所以市场定位必须是多维度的、多侧面的。

课堂延伸

火爆全网的国潮品牌——花西子

花西子是一个国货彩妆品牌，于2017年诞生于中国杭州，以“东方彩妆，以花养妆”作为理念。产品主打天然成分，定位于18～30岁的东方女性。在彩妆色彩搭配的研发上，汲取古典妆容中经典配色灵感，为现代女性妆容更添一抹韵味。

中国自古便有女子以花养颜的历史传统，鉴于此，花西子自创立起便明确了自身的定位：传承中国千年古方养颜智慧，立足东方女性的皮肤和妆容特点，根植于花草植物和中草药精华，同时结合现代彩妆工艺，将美妆与养肤融会贯通，打造出独一无二的品牌形象。花西子取名于苏轼的诗句：“欲把西湖比西子，淡妆浓抹总相宜。”有着悠久的文化传统作依托，花西子的品牌文化便以此为源头进行扩展和推广。

花西子所有产品都是以花卉草本精华为主要成分，而且配方均源于古方化妆品。成分天然，不含任何孕妇慎用成分。这是它最大的特点，也是它与别的品牌最大的区别。比如雕花口红蕴含“花露胭脂”古方成分，以上好的花瓣为原料制作而成。花西子眉笔则用螺子黛眉料和何首乌精华制作而成。花西子散粉以蚕丝粉、桃花、山茶花和珍珠粉制作而成。气垫更是采用了慈禧太后的秘方“玉容散”，并添加了白睡莲、芍药、山茶花等的精华。

一个品牌的爆火，离不开精准的品牌定位。花西子的品牌定位就是“东方彩妆，以花养妆”。国潮之风自2015年兴起，2017年花西子诞生。与其他国风彩妆相比，花西子的优势在于拥有完整的品牌形象，“国风”二字始终贯穿于品牌文化中。通过这样的精准定位，花西子成功吸引了目标消费者，建立了强大的市场竞争力。

二、市场定位策略

企业可以从多种角度进行市场定位，以形成自己的竞争优势。企业一般可选择的定位策略有以下几种。

1. 属性定位

产品属性包括制造该产品时采用的原料、技术、设备及该产品的功能、产地、历史等因素。属性定位即根据产品这些特定的属性来定位。如瑞士手表、西湖龙井、镇江香醋等产品就是按产地及相关因素定位；可口可乐强调它绝对保密的独具特色的“7X”配方等。当企业的某种或几种属性是竞争对手的产品所不具备的时，企业应强调这些特性。

2. 利益定位

利益包括顾客购买产品时追求的利益和购买产品所获得的附加利益。利益定位就是根据产品所能满足的需求或所提供的利益、解决问题的程序来定位。如在汽车市场上，“奔驰”追求舒适变化，“宝马”让顾客感受驾驶本身的乐趣，劳斯莱斯与凯迪拉克推崇至尊的贵族品位等；小天鹅集团向顾客做出的“终身保修”的承诺；等等。这些都是按产品提供的利益定位的，都能吸引一大批顾客。

3. 质量-价格定位

这是指结合质量和价格定位。一是强调质价相符，在企业产品价格与同类产品相比更高的情况下，强调产品具有高质量，一分钱一分货；二是强调质高价低，物有所值，以加速市场渗透，提高市场占有率。如华龙集团提出的“同等质量比价格，同等价格比质量”的口号，就是这种定位方式。这时除了要向顾客传递产品的低价实惠外，还要重视产品质量信息的传递，否则会造成产品定位档次降低，使定位策略失败。所以，华龙集团在营销中同时还宣传“加质加量不加价”。

4. 使用者定位

这是以产品指向某一类特定的使用者来定位，根据这些顾客的看法塑造恰当的形象。如德国的宝马汽车和奔驰汽车都以优质高档来占领市场，但它们之间却不存在直接竞争，这是因为它们的使用者定位截然不同。“奔驰是别人开的，宝马是自己开的”，具体地说，奔驰的使用者以企业董事长、银行经理、政府要员居多，他们通常年龄较大，一般都配有专职司机；而宝马的使用者多为年轻的经理、部门主管及专业人士，他们喜欢自己驾驶汽车。

5. 竞争定位

这是指根据与竞争有关的属性或利益来进行定位，即以竞争产品定位为参照，突出强调“人无我有，人有我优”。如海尔产品在服务竞争中强调的是“真诚到永远”；七喜汽水定位是“非可乐”，强调它与可乐类饮料的不同，不含咖啡因，是代替“可口可乐”和“百事可乐”的清凉解渴饮料。

6. 比附定位

比附定位就是比拟名牌、攀附名牌来给自己的产品定位，以借名牌之光而使自己的品牌生辉。主要做法：一是甘居“第二”，就是明确承认自己在同类产品中，与最负盛名的相比，只不过是第二而已，这会使消费者对企业产生一种谦虚诚恳的印象，提高可信度。二是“攀龙附凤”，如小米科技在创立初期，曾被外界和创始人雷军本人称为“中国的苹果”，通过将自己的产品理念、设计风格与苹果公司相关联，迅速获得了消费者的认知和关注。雷军在多个场合被媒体称为“中国的乔布斯”，而小米手机的发布会风格、产品设计理念也确实借鉴了苹果的元素。这种比附定位帮助小米在中国智能手机市场快速崛起，据 IDC 数据，从 2011 年成立到 2014 年，小米手机在中国市场份额从 0 增长至 12.5%，一度成为中国市场第一。三是奉行“高级俱乐部策略”，借助群体的威望和模糊数学的方法，提升自己的地位和形象，如宣称自己是某某行业三大企业之一、50 家大企业之一、十大驰名品牌之一等。

以上定位策略往往可以同时交替使用。企业在市场定位过程中，还应避免四种主要的定位失误：第一是定位过度，即有些产品言过其实，让人很难相信这些特点，对其产生怀疑；第二是定位混乱，即企业对其产品推出的差异过多或定位变化频繁，致使消费者对其只有一个混乱的印象；第三是定位过宽，不能突出产品的差异性，很难在顾客心目中树立独特、明显的形象；第四是定位过窄，只着重针对某一部分人的需要而忽视其他对此钟爱的顾客，痛失良机。

三、市场定位的步骤

市场定位的关键是企业要设法在自己的产品上找出比竞争者更具有竞争优势的特性。竞争优势一般有两种基本类型：一是价格竞争优势，就是在同样的条件下比竞争者定出更低的价格。这就要求企业采取一切努力来降低单位成本。二是偏好竞争优势，即能提供确定的特色来满足顾客的特定偏好。这就要求企业采取一切努力在产品特色上下功夫。因此，企业市场定位的全过程可以通过以下三大步骤来完成。

1. 分析目标市场的现状，确认本企业潜在的竞争优势

这一步骤的中心任务是要回答以下三个问题：一是竞争对手产品定位如何？二是目标市场上顾客欲望满足程度如何以及还需要什么？三是针对竞争者的市场定位和潜在顾客的需要企业应该及能够做什么？要回答这三个问题，企业市场营销人员必须通过一切调研手段，系统地设计、搜索、分析并报告有关上述问题的资料和研究结果。通过回答上述三个问题，企业就可以从中确定和把握自己的潜在竞争优势。

2. 准确选择竞争优势，对目标市场进行初步定位

竞争优势是指企业能够胜过竞争对手的能力。这种能力既可以是现有的，也可以是潜在的。选择竞争优势实际上就是一个企业与竞争者各方面实力相比较的过程。比较的指标应是一个完整的体系，只有这样，才能准确地选择相对竞争优势。通常的方法是分析、比较企业与竞争者在经营管理、技术开发、采购、生产、市场营销、财务和产品七个方面究竟哪些是强项，哪些是弱项，借此选出最适合本企业的优势项目，以初步确定企业在目标市场上所处的位置。

企业通常可以从以下几点与竞争对手区分开来：

（1）产品差异化。产品差异化体现在产品的诸多方面：产品质量、产品功能、产品设计等。寻求产品特征是产品差异化战略经常使用的手段。

（2）服务差异化。在激烈的市场竞争环境下，优秀的企业不仅向消费者提供优质的和独有的产品，还力求向消费者提供与竞争者不同的优异服务，如客户接待、货物运输、安装服务、售后服务等方面。企业的竞争力越好地体现在对顾客的服务上，市场差异化就越容易实现。

（3）渠道差异化。这是指通过设计分销渠道，将企业在分销上与竞争对手区分开。具体表现在分销渠道的种类、数量以及分销效率。如有的企业采用直销模式，而有的企业专注于连锁销售，或者通过大型商场铺货。网络的发展，使不少企业都增加了网络销售渠道。

（4）人员差异化。训练有素、认真工作的员工总是企业最需要的，既能提高企业经营效率，又能给消费者留下良好印象。现实生活中，企业总是喜欢聘用和培训比竞争者更为优秀的人员以获取差别优势。

（5）形象差异化。形象是公众对企业及其产品的直观看法和印象。企业要想保持长期发展，必须树立良好的企业品牌形象，以获取企业间的差别优势。而获取有效的形象差异化，既要建立一种独有的产品形象和企业形象，又要通过一定途径传递给消费者，如广告、文字、事件或员工表现等。

3. 显示独特的竞争优势

这一步骤的主要任务是企业要通过一系列的宣传促销活动，将其独特的竞争优势准确传播给潜在顾客，并在顾客心目中留下深刻印象。

为此，企业首先应使目标顾客了解、熟悉、认同、喜欢和偏爱本企业的市场定位，在顾客心目中建立与该定位相一致的形象。其次，企业要通过各种努力强化目标顾客形象，保持目标顾客的了解，稳定目标顾客的态度和加深与目标顾客的感情来巩固与市场相一致的形象。最后，企业应注意目标顾客对其市场定位理解出现的偏差或由于企业在市场定位宣传上的失误而造成的目标顾客模糊、混乱和误会，及时纠正与市场定位不一致的形象。

四、重新定位

重新定位是指企业为已在某市场销售的产品重新确定某种形象，以改变消费者原有的认识，争取有利的市场地位的活动。如某日化厂生产婴儿洗发剂，以强调该洗发剂不刺激眼睛来吸引有婴儿的家庭。但随着出生率的下降，销售量减少，为了增加销售，该企业将产品重新定位，强调使用该洗发剂能使头发松软有光泽，以吸引更多、更广泛的购买者。

重新定位对于企业适应市场环境、调整市场营销战略是必不可少的，可以视为企业的战略转移。重新定位可能导致产品的名称、价格、包装和品牌的更改，也可能导致产品用途和功能上的变动，企业必须考虑定位转移的成本和新定位的收益问题。

企业在下列情况下，可考虑重新定位：

（1）竞争者推出的新产品侵占了本企业产品的部分市场份额，使本企业产品的市场占有率下降。

（2）消费者的需求或偏好发生了变化，使本企业产品销售量骤减。

课堂延伸

三只松鼠的定位

三只松鼠在成立之初，可以说目标和定位都很明确，那就是只做坚果类食品，而三只松鼠的品牌形象与这一定位也很相关。三只松鼠注重细分品类，只做坚果类的老大。

做营销，首先就要确定目标消费者，紧接着投其所好。三只松鼠的目标人群定位非常明确，它的客户群体定位是80、90后互联网用户群体。80、90后个性张扬，有自己的主见和行为准则，他们追求时尚、享受生活、善待自己，对细节挑剔，习惯网购，注重全方位的消费体验。“三只松鼠”从命名开始，就很注重契合目标消费者的特点。“三只松鼠”的创始人兼CEO章燎原介绍，互联网的主流群体是85后，所以互联网化的品牌名称，除了要能很好记忆，也要好玩些。而当这两者合为一体时，就很容易联想到动物，于是得到了“三只松鼠”的名称。

此外，“三只松鼠”的形象和包装也是根据消费者的需求定位出来的。三只小松鼠色彩鲜丽、活泼可爱，而且每只还有自己的名字，代表着一种典型性格。松鼠小贱，又萌又贱，略带屌丝气质，迎合社会“屌丝”人群的心态；松鼠小酷，技术宅一枚，喜欢发明创作，对一切新奇的事情充满了兴趣，符合大多数宅男的状态；松鼠小美，温柔美丽，是年轻女性的典型代表。如今，这三只松鼠正逐步笼络 80、90 后互联网用户群体，尤其是针对女性，设有品茶、赏花、看书、写作等专区，极大地吸引了年轻一代女性的注意力，拉动了产品消费。

不仅如此，“三只松鼠”还基于 80、90 后互联网用户群体的定位，适应顾客的各种口味，特意将位于销售链前端的售前客服进行分组，分组的标准则是客服的性格与个人偏好。这些定位于目标消费群体的营销方式，极大地满足了顾客的消费体验。如此一来，增加了很多回头客，二次购买率不断提升。

营销启示：营销要对目标消费群进行精准的定位，明确产品与消费者之间的关系，分析挖掘他们内在的爱好、需求和兴趣点，并抓住目标人群的某些特点元素与之结合，从而增加消费者对品牌的认可度。

模块小结

市场细分，就是指营销者通过市场调研，依据消费者或用户的需求、购买行为和购买习惯等方面的明显差异，把一个总体市场划分成若干个具有共同特征的子市场的过程。消费品市场的细分标准可以概括为地理因素、人口统计因素、心理因素和行为因素四个方面，每个方面又包括一系列的细分变量。企业的一切营销活动都是围绕目标市场来进行的，选择和确定目标市场，明确企业的具体服务对象，关系到企业目标的落实，是企业制定营销策略的出发点。目标市场策略有无差异性市场策略、差异性市场策略和密集性市场策略三种。市场定位是指企业根据竞争者现有产品在市场上所处的位置，针对顾客对该类产品某些特征或属性的重视程度，为本企业产品塑造与众不同的，给人印象鲜明的形象，并将这种形象生动地传递给顾客，从而使该产品在市场上确定适当的位置。

思考时间

案例分析

海尔 STP 策略分析

海尔要进入美国市场，它的主流产品是什么？冰箱，但不是大冰箱。但是美国人厨房的冰箱都非常大，这与美国人的生活习惯有关，他们往往每星期只开车购物一次，开车购物的时候都会把一星期的食品买好了，回来放在冰箱里面，所以冰箱一定要很大。可是海尔的冰箱不是大冰箱，而是小冰箱，那么小冰箱要进入这个市场，怎么办呢？就要市场细分，就是要找到一个缝隙产品，现在海尔的小冰箱在美国学生群体中有相当多的买家，因为它符合市场需求。

一、定制营销让企业更有竞争力

2000年，海尔推出了“定制冰箱”。所谓定制冰箱，就是消费者需要的冰箱由消费者自己来设计，企业则根据消费者提出的设计要求来定做一种特制冰箱。比如，消费者可根据自己家具的颜色或是自己的喜好，定制自己喜欢的色彩或内置的冰箱，他可以选择“金王子”的外观，“大王子”的容积，“欧洲型”的内置，“美国型”的线条等，从而能最大限度满足自己的需求。

对于这一举措的市场反应，下面的数字提供了有力的说明：从2000年8月海尔推出“定制冰箱”，仅一个月时间，就从网上接到了多达100余万台的订单。这个数字的含义是什么？1995年，海尔冰箱年产量首次突破100万台，不到5年时间，定制冰箱一个月便刷新了这个纪录，相当于海尔冰箱全年产销量的1/3。

二、定制营销：有“个性”的营销

消费者希望自己购买的产品能显示出自己独特的个性，这就要求企业生产的产品品种丰富，不相雷同。于是，定制营销应运而生。

定制营销，是指企业在大规模生产的基础上，将每一位顾客都视为一个单独的细分市场，根据个人的特定需求来进行市场营销组合，以满足每位顾客的特定需求的一种营销方式。现代的定制营销与以往的手工定做不同，定制营销是在简单的大规模生产不能满足消费者多样化、个性化需求的情况下提出来的，其最突出的特点是根据顾客的特殊要求来生产产品。

三、定制营销的优点

（1）能极大地满足消费者的个性化需求，提高企业的竞争力。对此，海尔的“定制冰箱”服务已充分说明了这一点。

（2）以销定产，减少了库存积压。传统的营销模式是企业通过追求规模经济，努力降低单位产品的成本和扩大产量，以实现利润最大化。这在卖方市场中当然是很有竞争力的。但随着买方市场的形成，这种大规模的产品品种的雷同，必然导致产品的滞销和积压，造成资源的闲置和浪费。定制营销则很好地避免了这一点。因为这时企业是根据顾客的实际订单来生产，真正实现了以需定产，因而几乎没有库存积压，既大大加快了企业资金的周转速度，也减少了社会资源的浪费。

（3）有利于促进企业的不断发展。创新是企业永葆活力的重要因素，但创新必须与市场及顾客的需求相结合，否则将不利于企业的竞争与发展。传统的营销模式中，企业的研发人员通过市场调查与分析来挖掘新的市场需求，继而推出新产品，这种方法受研发人员能力的制约，很容易被错误的调查结果所误导。而在定制营销中，顾客可直接参与产品的设计，企业也根据顾客的意见直接改进产品，从而达到产品技术上的创新，并能始终与顾客的需求保持一致，从而促进企业的不断发展。

问题：

利用所学市场细分理论知识分析海尔定制营销策略的成功。

实训实习

学生应在学习完本模块内容后，根据所学知识在课余时间选择一个企业去实习实训，调查一下该企业的市场目标、市场选择和市场定位策略的制定情况，分析一下该策略运用是否合适。

1. 实训方式

在教师指导下，采取学生自定实习单位实习及指导教师不定期抽查的形式实行岗位实习监督。这样做既可提高学生实习的积极性、针对性，又可有效监控实习内容的全面执行情况，使学生能了解企业经营现状。

2. 实训要求

实习期满，学生按指导教师要求写出 3 000 字以上的实训报告。

3. 实训考核

指导教师根据学生撰写的实训报告的质量综合评定成绩（优、良、中、及格、不及格）。

模块七　产品策略

学习目标

知识目标

1. 了解产品整体概念及产品组合：能够清楚阐述产品的整体概念，包括核心产品、形式产品、期望产品、延伸产品和潜在产品的定义与特点，并掌握产品组合的相关概念，如产品线、产品项目及产品组合的宽度、长度、深度和关联度。

2. 掌握产品生命周期理论：能够理解产品生命周期的基本原理，识别产品在生命周期不同阶段的特征，并能分析其在营销实践中的应用。

3. 了解新产品的概念及分类：能够定义新产品，并根据不同标准对新产品进行分类，掌握企业新产品开发的基本程序和步骤。

4. 理解品牌、商标和包装的概念：能够阐述产品品牌、商标和包装的定义，理解它们在市场营销中的重要性，并掌握品牌与包装策略的运用。

能力目标

1. 进行产品层次分析：能够对某一产品进行层次分析，识别其核心产品、形式产品、期望产品、延伸产品和潜在产品，并提出相应的改进建议。

2. 应用产品生命周期理论：能够运用产品生命周期理论分析特定产品的市场表现，并制定相应的营销策略以延长产品的生命周期。

3. 参与新产品开发：能够参与新产品的开发过程，运用所学的知识制定新产品的市场调研、概念测试、产品设计和市场推广策略。

4. 制定品牌策略和包装策略：能够为产品制定有效的品牌策略和包装策略，提升产品在市场中的竞争力和消费者认知度。

素养目标

1. 能够在产品开发和改进中，运用创新思维，提出具有市场潜力的新产品创意，并进行有效的市场验证。

2. 能够通过市场调研和分析，深入理解消费者需求和市场趋势，增强对市场动态的敏感性。

案例导入

好的创意为产品注入活力

好创意能为企业带来商机。江西信丰瓜农刘新女种植了四亩西瓜，当西瓜长到八成熟时，她将写有“吉祥如意”“生日快乐”等词句的纸剪成空心字贴在西瓜上。在阳光的照射下，几天后，西瓜表皮便呈现出清晰的文字来。结果，“长”字的西瓜吸引了大批瓜农前来抢购。刘新女将创意巧妙地运用在农副产品生产上，西瓜从此销路大开，而且价格比普通西瓜高许多。

江苏启东盖天力制药股份有限公司针对市场上的感冒药组方陈旧、服后易打瞌睡及颜色以白色居多等不足，研究出一套产品创意革新方案，在国内第一次采用了日夜分开的“白十黑”新药。白天服用的片剂能迅速解除感冒症状，解决了以前感冒药不能解决的嗜睡问题；夜晚服用的片剂抗过敏作用更强，服后晚上睡得更香。有一句广告词“消除感冒，黑白分明”便是对这一创意的高度概括。通过这一改变，该产品投放市场半年内销售额高达1.6亿元，市场占有率高达15%。

思考：

(1)“带字西瓜”与普通的西瓜相比，在产品的哪个层次做了改变？

(2)“白十黑”感冒药与普通感冒药相比，在产品的哪个层次有所创新？

单元一　产品与产品组合

一、产品及产品整体概念

产品一般是指通过交换提供给市场的，能满足消费者或用户某一需要和欲望的任何有形物品和无形服务。有形物品包括产品实体、品质、式样、特色、商标和包装等；无形服务包括可以带给顾客的心理满足感、信任感、各种售后支持和服务保证等。因此，产品整体概念包括以下五个基本层次。

1. 核心产品

核心产品是产品整体概念最基本的部分，处于中心地位，它主要关注的问题是用户到底需要什么。因此核心产品是指向顾客提供的产品的基本效用或利益。例如，用户购买汽车，并不是只想拥有多大排量的发动机和它的钢铁外壳本身，而是要通过发动机驱动车轮，最终获得载乘行驶的效用。核心产品反映了用户的真正需求，是产品实质的体现。

2. 形式产品

形式产品即有形产品，是核心产品借以实现的形式，它是围绕核心产品建立起来的、以满足用户需求的特定形式。有形产品通常表现为五个方面的特征：质量水平、产品特色、设计式样、品牌名称和产品包装。例如，用户购买小型汽车，是为了获得载乘行驶的效用，在此基础上，用户还会进一步考虑汽车的品牌价值、安全性、耐用性以及汽车的款式、颜色等因素，正是这些因素组成了汽车的形式部分。

3. 期望产品

期望产品是指购买者在购买产品时期望得到的与产品密切相关的一整套属性和条件。例如，住宿的客人期望旅馆能提供整洁的床位、一次性拖鞋、牙刷牙膏、洗发水、沐浴液、浴巾等产品服务。

4. 延伸产品

延伸产品即附加产品，是指用户购买形式产品和期望产品时附带获得的各种利益的总和。延伸产品居于期望产品的外围部分，包括提供信贷、保障、免费送货、安装、维修等。用户为了满足某种需求而进行购买，希望获得和该项需求有关的一切，以得到最高的满意度。例如，用户在购买汽车时，不仅会考虑汽车这项产品的核心部分和形体部分，还会关注是否可以分期付款、是否能够得到详细和周到的汽车性能讲解、生产者提供的保障、维修的及时性以及便捷性等。

5. 潜在产品

潜在产品是指现有产品包括所有延伸产品在内的，可能发展成为未来最终产品的潜在状态的产品。潜在产品指出了现有产品在未来的演变趋势和前景。例如，现在的污染型产业的发展趋势是绿色能源产业等。

二、产品的分类

在产品导向观念的支配下，企业根据产品的特征对产品进行分类。在现代营销观念的引领下，产品分类的思维方式是每一个产品类型都有与之相适应的营销组合策略。

1. 产品根据耐用性和是否有形分类

产品可以根据其耐用性和是否有形，分为以下三种：

（1）非耐用品。非耐用品一般是指有一种或多种消费用途的低值易耗品，如牙膏、香皂和盐等。售价中的加成成本要低，还应加强广告以吸引顾客试用并形成偏好。

（2）耐用品。耐用品一般是指使用年限较长且价值较高的有形产品，通常有多种用途，例如冰箱、彩电、洗衣机等。耐用品倾向于向较多的人员推销和服务等。

（3）服务。服务一般是指为出售而提供的活动、利益或满足，如理发和电器修理等。服务的特点是无形、不可分、易变和不可储存。一般来说，它需要更多的质量控制、供应商信用以及适用性。

2. 产品根据消费习惯和购买特点分类

根据消费习惯和购买特点，消费品一般分为以下四种：

（1）便利品。便利品是指顾客频繁购买或需要随时购买的产品，如面巾纸、香皂和垃圾袋等。便利品可以进一步分为常用品、冲动品及救急品。常用品是顾客经常需要购买的便利品，如油、盐、酱、醋、休闲食品等；冲动品是顾客没有经过计划或搜寻而顺便购买的产品，如雪糕、咖啡、饮料等；救急品是当顾客的需求十分紧迫时购买的产品，如感冒药、一次性雨衣、登山杖等，救急品的地点效用也很重要，一旦顾客需要能够迅速实现购买。

（2）选购品。选购品是指顾客在选购过程中，对其适用性、质量、价格和式样等需要认真权衡比较的产品，如家具、服装、二手汽车和大型器材等。选购品可以划分为同质品和异质品。购买者认为同质性选购品的质量相似，但价格明显不同，所以有选购的必要。对于顾客而言，选购异质品时，产品特色通常比价格更重要。

（3）特殊品。特殊品是指具备独有特征或品牌标记的产品，相当多的购买者一般愿意做出特殊的购买努力，如特殊品牌和特殊式样的汽车、音响、照相机及高档服装等。

（4）非渴求品。非渴求品是指消费者不了解，或即便了解也不会积极、主动购买的产品。传统的非渴求品有人寿保险、墓地、百科全书等。对于非渴求品，企业需要付出广告和人员推销等大量营销努力。

3. 产业用品分类

产业组织需要购买各种产品和服务。产业用品一般可分为以下三类：

（1）材料和部件。材料和部件是指完全转化为制造商产品的一类产品，包括原材料、半成品和零部件，如农产品、钢材、内存颗粒、发动机、轮胎等。

（2）资本项目。资本项目是指部分进入产成品中的商品，包括装备和附属设备。装备又包括建筑物（如厂房）和固定设备（如发电机、电梯）。

（3）供应品和服务。供应品和服务指本身不构成最终产品的那类项目，如打字机、复印机等。供应品的顾客众多、市场区域分散且产品单价不高，一般都是通过中间商分销。商业服务包括维修服务以及商业咨询服务。

课堂延伸

海尔家电的“真诚”

20世纪80年代末，中国的家电业处于快速成长的阶段，由于市场处于卖方向买方转变的阶段，大多数国产的家电普遍质量较差、可靠性低，且缺乏完善的售后服务。而就在此时，海尔打出了“真诚到永远”的口号，突出海尔的产品整体理念，构建海尔的服务优势，并把“海尔”的“真诚”表现得淋漓尽致。在国内，海尔的售后服务用户称绝，用户打一个电话，工作人员最快45分钟就可上门服务。这种“视用户为父母，用户永远是对的”的服务理念为海尔品牌打下了扎实的基础。提起海尔，人们能够自然地联想到服务好、值得信赖。在同等质量的情况下，消费者仍然愿意多花钱购买“海尔”产品，其实购买的就是海尔始终如一的“真诚”。

三、产品组合及相关概念

1. 产品组合的相关概念

（1）产品组合。产品组合是指一个企业提供给市场的全部产品线和产品项目的集合或结构，即企业的业务经营范围。

（2）产品线。产品线又称产品大类，是指产品类别中具有密切关系的一组产品项目（经由同种商业网店销售，或同属于一个价格幅度，或能满足某种同类需要，或需要相同的生产条件）。如某企业既生产冰箱、洗衣机等白色家电，又生产电视机、组合音响等黑色家电，则冰箱、洗衣机和电视机、音响就组成了该企业的4条产品线。

（3）产品项目。产品项目是指产品线内尺码、价格、外观及其他属性不同的具体产品，是衡量产品组合中各种变量的一个基本单位。如海尔洗衣机产品线中的小神童洗衣机就是一个产品项目。

2. 产品组合的基本要素

产品组合的基本要素包括产品组合的宽度、长度、深度和关联度，这四个要素在市场营销战略上具有重要意义。

（1）产品组合的宽度。产品组合的宽度，是指一个企业所经营的产品线的数目。如某公司有5个产品大类，即5条产品线——牙膏、香皂、洗涤剂、消毒液、沐浴露，则其产品组合的宽度就是5。

（2）产品组合的长度。产品组合的长度，是指一个企业的产品组合中所包含的产品项目的总数。如某电器公司的空调产品线有4个产品项目，冰箱产品线有3个产品项目，洗衣机产品线有2个产品项目，则其产品组合长度就是9。以产品项目总数除以产品线数目即可得到产品线的平均长度，即为3。

（3）产品组合的深度。产品组合的深度，是指产品项目中每一品牌（或型号）所包含的不同品种、款式、规格和质量等级的产品数目，如宝洁公司的佳洁士牌牙膏有 3 种规格和 2 种配方，其深度就是 6。统计每一品牌的各种品种、款式、规格和质量等级的产品总数目，除以品牌总数，即为该企业产品组合的平均深度。

（4）产品组合的关联度。产品组合的关联度，是指一个企业的各个产品线在最终使用、生产条件、分销渠道等方面的密切相关程度。一般来讲，企业加强产品组合关联度，可以使企业在某专业市场领域赢得良好的声誉。如美的、海尔的白色家电系列，格兰仕、老板和方太的厨电系列都是行业内的领导者品牌。

微课：
产品组合的策略

四、产品组合的策略

1. 扩大原有的产品组合

扩大原有的产品组合有三种途径：第一，增加新的产品线，增加产品组合的广度；第二，增加产品线中的产品项目，增加产品组合深度；第三，综合性地扩充产品组合，既增加新的产品线，又增加新的产品项目。

扩大产品组合的策略很多，大致有以下几种：

（1）“高档产品策略”和“低档产品策略”。“高档产品策略”就是在原有的产品线内增加高档产品项目，提高原有产品线的声望的策略。采用这种策略既可增加高档产品的比重，又能推动原有中低档产品的销售。“低档产品策略”就是在高档产品线中，利用相同的品牌增加低档廉价产品项目的策略，目的是借助高档名牌产品的声誉，吸引顾客，使那些购买力低的消费者也能够购买。

（2）产品系列化策略。这是把原有的产品项目扩充成一个系列的策略。系列化的方法很多：在品质方面，可以增设不同的档次，可以有高档产品，也可以有低档产品，以适合不同层次顾客的需要；在用途方面，可以增加互相配合使用的产品品种，如化妆品系列，把从洁肤、化妆到保养皮肤的整个美容过程所需的各种产品组成一个整体系列；在功效方面，可以生产适应不同特征的顾客需要的产品，如洗发水中，有的适合于油性发质，有的适合于干性发质，也有的适合于中性发质。

（3）增加产品线的策略。增加产品线有两种方法：一种方法是增加与原有产品关联大的产品线，即同心多元化，如索尼原来生产电视机，后又开辟电脑显示器生产线。这种方法能利用原有的技术、设备和厂房设施，见效快、投资少、成功把握大。另一种方法是增加与原有产品关联度小的产品线，即水平多元化。这种方法一旦成功，有利于帮助企业开辟新的市场，并提高企业的声誉，如富士胶片成功转向数码摄影器材行业。不过这种方法的风险较大，如柯达公司的教训。

2. 缩减原有的产品组合

缩减原有产品组合的具体方式有以下几种：

（1）取消一些需求疲软或者企业经营能力不足的产品线与产品项目。

（2）取消一些关联度小的产品线，同时相应地增加一些关联度大的产品线。

（3）取消一些产品线，增加保留下来的产品线中的产品品种。

（4）把某些工艺简单、质量要求低的产品放给附属企业或转让给其他小型企业生产，企业集中自身的技术、资金、场地等力量，生产主要的、技术难度大的、质量要求高的产品。

3. 产品线延伸策略

每一个企业的产品都有特定的市场定位，如上海大众的“奥迪”牌汽车定位在高档车市场，“高尔夫”牌汽车定位在中档车市场，而“桑塔纳”牌汽车则定位于低档车市场。产品线延伸策略是指全部或部分地改变原有产品的市场定位，具体有向下延伸、向上延伸和双向延伸三种实现方式。

产品线延伸的原因是多方面的，如可以充分利用过剩的生产力；满足新的消费者的需要；率先成为产品线全满的公司以填补市场的空隙；与竞争者推出的新产品竞争或为了得到更多的货架位置。产品线延伸的有利因素有：延伸产品的存活率高于新产品；满足不同细分市场的需求；完整的产品线可以防御竞争者的袭击。产品线延伸的不利因素有：它可能使品牌名称丧失它特定的意义。不断加长的产品线，会淡化品牌原有的个性和形象，增加消费者认识和选择的难度；有时因为原来的品牌过于强大，致使产品线延伸造成混乱，加上销售数量不足，难以冲抵它们的开发和促销成本；如果消费者未能在心目中区别出各种产品时，会造成同一种产品线中新老产品自相残杀的局面。

（1）向下延伸。向下延伸是在高档产品线中增加低档产品项目。实行这一决策需要具备以下市场条件：利用高档品牌的声誉，吸引购买力水平较低的顾客慕名购买此产品线中的廉价产品；高档产品销售增长缓慢，企业的资源设备没有得到充分利用，为赢得更多的顾客，将产品线向下延伸；企业最初进入高档产品市场的目的是建立品牌信誉，然后再进入中、低档市场，以扩大市场占有率和销售增长率；补充企业的产品线空白。实行这种策略也有一定的风险，如处理不慎，会影响企业原有产品特别是名牌产品的市场形象，还必须辅以一套相应的营销组合策略，如对销售系统的重新设置等。所有这些将大大增加企业的营销费用与开支等。

（2）向上延伸。向上延伸是在原有的产品线内增加高档产品项目。实行这一策略的主要目的是：高档产品市场具有较大的潜在成长率和较高利润率；企业的技术设备和营销能力已具备加入高档产品市场的条件；企业要重新进行产品线定位。采用这一策略也要承担一定的风险，要改变产品在顾客心目中的地位是相当困难的，处理不慎，还会影响原有产品的市场声誉。

(3) 双向延伸。双向延伸即原定位于中档产品市场的企业掌握了市场优势之后，向产品线上下两个方向延伸。例如，华为集团在其数码通信类产品在中档市场取得成功后，又向高端市场和低端市场进军。

4. 产品线特色化和现代化策略

特色化策略是指在产品线中可以抓典型选择一个或少数产品项目进行特色化。例如，德国大众公司收购了“布加迪威龙”顶级跑车的产品线，虽然销量很少，但通过此举大大提高了大众汽车整体产品线的档次。

现代化策略是指强调把现代化的科学技术应用到生产过程中，对现有产品线进行技术革新。例如，三一重工集团通过技术改革，成功跻身于大型工程机械的一线市场。

课堂延伸

八大科技公司的前身

谁能想到当今赫赫有名的科技巨头以前可能是做铅笔的、压面条的或是生产纸牌的？从创业之初就能找准方向固然最好，但随着市场的变化、消费者的变化，公司也得应变，才能立于不败之地。

1. 诺基亚

诺基亚创建于1865年，创业之初制造纸产品，在1898年改行生产胶鞋。诺基亚最初的Logo是一条鱼，直到1912年，诺基亚才进入电子行业，并与芬兰电视机制造商Salora合作生产诺基亚牌电视，并于1979年推出早期的车载移动电话。

2. 三星

三星最早是经营杂货店，并生产面条、泡菜、咸鱼以及海产品。朝鲜战争后，三星经营开始多元化，在20世纪50年代生产毛纺产品，最终在20世纪60年代进军电子产业。

3. 任天堂

任天堂最初生产纸牌。任天堂的游戏根源要追溯到1887年，那时候生产名为“Hanafuda”的日本纸牌。20世纪60年代，任天堂又尝试经营出租车公司，开办“爱情旅馆”，推销吸尘器，最终于20世纪70年代改行进入视频游戏行业。

4. 夏普

夏普最初生产铅笔，日本发明家早川德次于1915年发明了自动铅笔，并以夏普为名建了工厂。1964年，夏普建立了首个晶体管工厂，借此进入科技行业。

5. LG

韩国乐喜金星集团成立于1947年，当时叫乐喜化学工业社，主要从事化工原料及炼油工业。1958年成立金星社，开始步入电子行业。生产LuckyGoldstar（简称LG）牌的电子产品，现在其产品线包括手机、电视机、牙膏、化妆品、洗发水、医药等。

6. 松下

松下创立之初生产灯管插口和插座，松下幸之助于1917年建立了生产灯管插口的公司，并命名为大阪电灯公司。

7. 摩托罗拉

摩托罗拉创立于1928年，生产电池整流器，该设备可以使家用收音机直接连接电源而不再使用电池。1930年，摩托罗拉申请了汽车收音机专利和商标，并最终命名为摩托罗拉（Motorola），这一名字是“Motor”和早期录音器“Victrola”的组合。

8. 惠普

惠普早期生产音响检测系统，两位年轻的发明家威廉·休利特（William Hewlett）和戴维·帕卡德（David Packard）在一间车库里创建了惠普，早期惠普生产音响监测系统，并于1939年成功卖给迪士尼公司8台这种音响设备。

单元二 产品生命周期理论

一、产品生命周期的概念及其阶段划分

1. 需求与技术的生命周期

产品生命周期是指某产品从进入市场到被淘汰或退出市场的全部运动过程。产品生命周期是由需求与技术的生命周期决定的。企业开展市场营销活动的思维视角，不是从产品开始，而是从需求出发的。任何产品都只是作为满足特定需要或解决问题的特定方式而存在。如果企业过于注重自身现有的产品形式，忽视产品生命周期趋势的变化，将导致一个致命的弱点——“营销近视症”，最终会把企业的优势损失殆尽。

2. 产品生命周期阶段划分

产品生命周期一般分为四个阶段：导入期（也称引入期或介绍期）、成长期、成熟期和衰退期。导入期是指企业在市场上推出新产品，产品销售呈缓慢增长状态的阶段。成长期是指该产品在市场上迅速为顾客所接受、销售额迅速上升的阶段。成熟期是指大多数购买者已经接受该产品，市场销售额缓慢增长或下降阶段。衰退期是指销售额急剧下降、利润趋于零的阶段。产品生命周期如图7－1所示。

3. 产品生命周期的其他形态

产品生命周期是一种理论抽象，在现实经济生活中，并不是所有产品的生命历程都完全符合这种理想形态，除上述正态分布曲线外，还有以下几种形态：

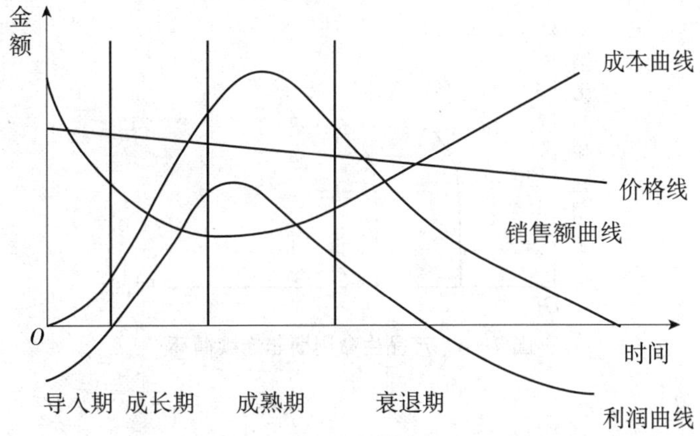

图 7-1　产品生命周期

（1）再循环形态。再循环形态是指产品进入衰退期之后，在各种因素的作用下又进入下一个成长期。如一种产品在发达国家进入衰退期后，进入发展中国家又经历了一个产品生命周期过程。产品生命周期再循环如图 7-2 所示。

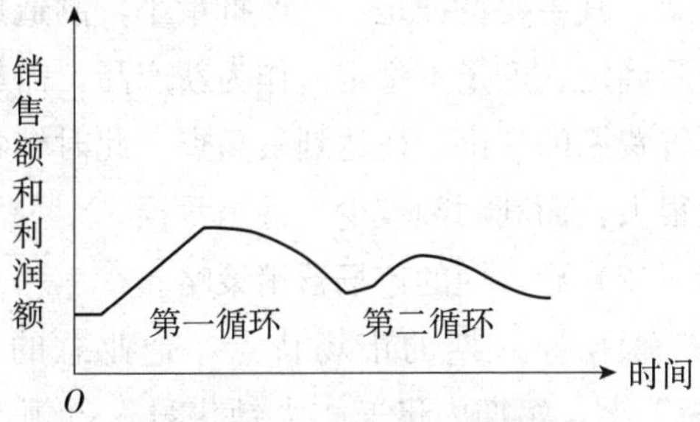

图 7-2　产品生命周期再循环

（2）多循环形态。多循环形态也称扇形曲线或波浪形循环形态，是指产品在进入成熟期以后，由于企业实施有效的营销策略，使产品销售量不断达到一个又一个高峰。产品生命周期多循环如图 7-3 所示。

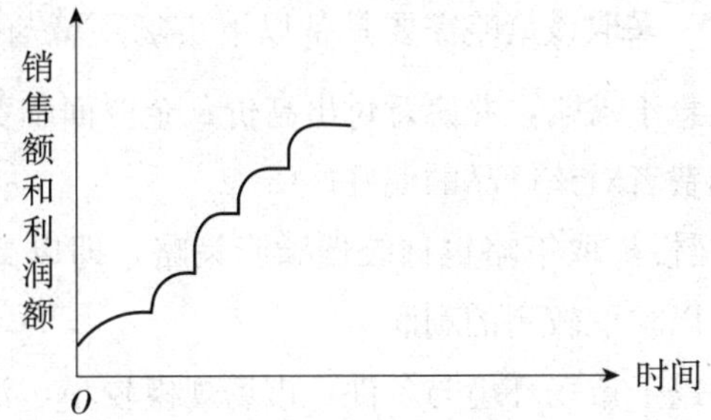

图 7-3　产品生命周期多循环

（3）非连续循环形态。非连续循环形态是指大多数时髦产品和流行产品一上市就热销，产品销量很快达到高峰，然后又迅速衰落下去。产品生命周期非连续循环如图 7-4 所示。

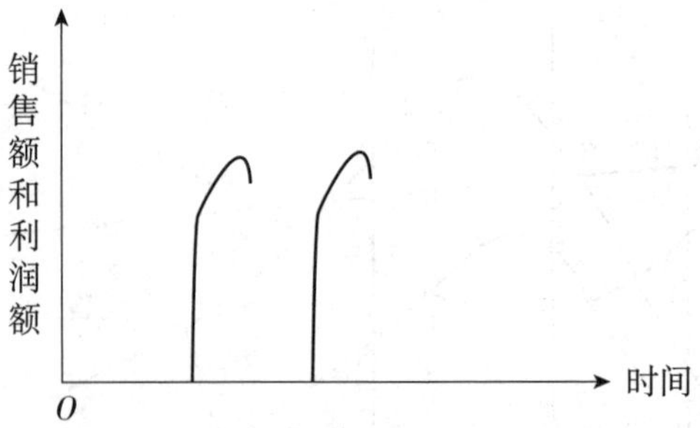

图 7-4　产品生命周期非连续循环

二、产品生命周期各阶段特征与营销策略

1. 导入期的市场特点和营销策略

（1）导入期的市场特点。导入期是指产品开始投入市场后，还未被消费者认识和接受，销售量增长缓慢的时期。其主要特征是：生产批量小，制造成本高，产品的设计还需改进，生产方法还没有最后确定，产量不稳定。作为新产品，需努力推广宣传知名度。这时期的市场推广费用及广告费用的支出往往达到最高点。此时销售渠道刚刚建立，销量有限，因此企业承担的风险很大，而利润额较少，甚至亏损。

（2）导入期的市场营销策略。

微课：

产品导入期的营销策略

根据导入期的市场特点，企业总的策略思想应该突出一个“短”字，短期内迅速扩大销售量，占领市场，同时收集销售反馈信息。一般有四种策略可供选择：

1）快速掠取策略。快速掠取策略也称快速撇脂策略，即选择高价格和高水平的促销方式迅速推出新产品，迅速抢占市场、取得较高的市场占有率。

采取该策略需要具备以下市场环境与条件：市场有较大潜力，消费者有求新求异心理，急于求购，并愿意付出高价；企业面临竞争威胁，需要创建高价名牌的形象，迅速形成消费者对该产品的偏好。

2）缓慢掠取策略。缓慢掠取策略也称缓慢撇脂策略，即以高价格和低促销费用的方式推出新产品面向市场，以求取较高的利润。

采取该策略需要具备以下市场环境与条件：市场规模较小，消费者已熟悉该产品，并愿意出高价购买；竞争者较少，竞争威胁不大。

3）快速渗透策略。快速渗透策略是指实行以低价格和高促销费用的方式推出新产品的策略，以迅速占领市场，以低价格赢得消费者，较快地提高市场占有率。

采取该策略需要具备以下市场环境与条件：市场容量很大，消费者对产品缺乏了解，但对价格比较敏感；竞争者多，竞争比较激烈；产品单位成本可以随着生产规模及销售量迅速下降。

4）缓慢渗透策略。缓慢渗透策略是指实行低价格和低促销费用的方式推出新产品的策略，以低价格扩大市场份额，以较低的促销成本获取相对较高的净利。

采取该策略需要具备以下市场环境与条件：市场容量较大，市场需求价格弹性较大，促销弹性较小，消费者对价格比较敏感，存在较多潜在竞争者的威胁。

2. 成长期的市场特点和营销策略

（1）成长期的市场特点。这段时期消费者对该产品比较熟悉，销售习惯基本形成，销售量迅速增长；产品基本定型，步入大批量生产阶段，大量的竞争者也开始生产此类产品，竞争比较激烈；产品成本降低，市场价格趋于下降；消费者开始重视产品性能、质量、特色与品牌；单位产品促销费用随销售额的迅速增长而相对降低，利润开始较大幅度地提高。

（2）成长期的市场营销策略。成长期企业营销策略的总思路可以概括为：抢占市场份额，加快推广速度，创出名牌，突出一个“争”字。具体而言，企业可以采取的营销策略主要有以下四个方面：

1）改善产品品质，增加产品性能，提高产品质量。

2）加强促销，创建品牌，树立良好的形象。

3）加强市场细分，拓展市场。

4）重视产品价格、渠道与促销方式的巧妙组合，开拓新的市场等。

3. 成熟期的市场特点和营销策略

（1）成熟期的市场特点。在成熟期的市场中，产品销售量增长缓慢，市场需求量逐渐趋于饱和；生产量很大，生产成本降到最低程度；产品的服务、广告和推销工作十分重要，销售费用不断提高；利润达到最高点，并开始下降；很多同类产品进入市场，市场竞争十分激烈。

成熟期可以分为以下三个时期：

1）成长成熟期。此时期各销售渠道基本呈饱和状态，增长率缓慢上升，还有少数后续的购买者继续进入市场。

2）稳定成熟期。由于市场饱和，消费平稳，产品销售稳定。销售增长率一般只与购买者人数成比例，如无新购买者则增长停滞或下降。

3）衰退成熟期。销售水平显著下降，原有客户的兴趣已开始转向其他产品和替代品。

（2）成熟期的市场营销策略。成熟期企业营销策略的总思路可以概括为：巩固市场地位，延长成熟期限，护好名牌，突出一个“保”字。具体而言，成熟期企业的营销重点是维持市场占有率并积极扩大产品销售量，争取利润最大化。企业可以采取的营销策略有以下三个方面：

1）市场改进策略。该策略主要是通过发现产品新的用途或改变促销方式，发现新用途，开拓新市场，进一步提高产品销售量。

2）产品改进策略。该策略主要是通过进一步改进产品的性能、质量和服务，实现产品的再次推出，吸引新老消费者。

3）营销组合改进策略。该策略是通过对产品、价格、渠道和促销等因素加以改进，如降低价格、改良款式、变更广告、拓展渠道、延期付款和加强服务等刺激消费者消费，争取稳定的销售量，从而延长成熟期。

4. 衰退期的市场特点和营销策略

（1）衰退期的市场特点。产品销售量急剧下降，性能和质量更好的新产品吸引了消费者的注意力；产品价格降到最低水平，利润迅速下降，已无利可图，甚至出现亏损现象；大量的竞争者退出市场；消费趋势发生新的变化，消费习惯与偏好已经转移；停留在市场上的企业也开始减少服务，削减营销费用，处于维持经营的状态。

（2）衰退期的市场营销策略。在衰退期，企业面临着销售量和利润直线下降、大量竞争者退出市场、消费者的消费习惯已发生转变等情况，此时，企业应突出一个“转”字。可供选择的营销策略有以下几个方面：

1）维持策略。维持策略即保持原有的细分市场，继续使用原来的渠道、定价和促销等营销组合策略，维持较低水平的销售，直到该产品完全退出市场。

2）集中策略。集中策略即把企业的有限资源集中到最有利的细分市场和销售渠道上来，销售最易销售且仍有利可图的品种。通过缩短战线，集中力量，获取较大的利润后再退出市场。

3）收缩策略。收缩策略即大幅度降低销售费用，减少人员推销，保持低水平的销售，通过降低营销成本以获得微薄的利润。

4）放弃策略。放弃策略即放弃落后产品的生产与经营，退出市场，保持实力，另辟蹊径，及早推出新的产品，占领市场。

课堂延伸

小黄鸭牌电热毯长期热销

小黄鸭牌电热毯长期热销成为市场营销学者的一项研究课题。为什么这个品牌的电热毯销售能长盛不衰？这是因为小黄鸭公司认真研究了产品生命周期理论，在不同时期采取相应的对策。

（1）导入期：小黄鸭公司考虑到我国当时相当多的家庭没有暖气系统、空调设备，所以率先推出早期的电热毯。因为是新产品，公司定价较高。小黄鸭牌电热毯一问世，就引起人们的关注，掀起了购买热潮。小黄鸭公司因是首批生产、销售电热毯的企业，很快赢得了第一桶金。

（2）成长期：小黄鸭牌电热毯的热销引发众多同行的加入。小黄鸭公司针对竞争形式，研究产品质量，针对部分顾客害怕漏电伤人的心理状态，引进产品设计，运用新材料，保证绝缘性能，推出小孩尿床也不怕的电热毯，在质量上狠下功夫。产品质量好了，销售量就会不断上升。

（3）成熟期：几年过去了，电热毯早已成为多数家庭的必备品，销量稳定增长，但增幅很小，进入成熟期。小黄鸭公司开展深入调查，了解到消费者的新需求，进一步改进产品，如把单挡改为高、中、低多种热度，设计出双人双控电热毯等。同时，在价格上不断调整，该升的升，该降的降，让顾客买到性价比合理的商品。

（4）衰退期：老产品销售疲软了，小黄鸭公司就寻找原因，根据市场需求改进产品结构，不断推出新产品，并及时处理滞销产品，或打折，或发往边远的山区，有的也会送给受灾地区老百姓免费使用。

单元三　新产品开发与扩散

产品生命周期理论为我们提供了一个重要的启示：在当代科学技术水平迅速发展、消费需求变化加快、市场竞争激烈的情况下，企业得以生存和成长的关键就在于不断地创造新产品和改进旧产品。创新可以说是使企业永葆青春的唯一途径。为了使企业的总销量和总利润始终保持上升的势头，或者至少保持平稳，避免大起大落，每一个企业都必须把开发新产品作为企业的战略重点。

一、新产品的概念与分类

从企业营销角度来说，新产品是指在某个市场上首次出现的或者企业首次向市场提供的，能满足某种消费需求的整体产品。产品整体概念中任何一部分的创新、变革和改良，都可视为新产品。据此，新产品可划分为下述几类。

1. 全新产品

全新产品是指应用科技新成果，运用新原理、新技术、新工艺和新材料制造的市场上前所未有的产品，例如在19世纪时空调和汽车的发明。全新产品一般是由于科技进步或为满足市场上出现的新的需求而发明的产品，具有明显的新特征和新性能，甚至能改变用户或消费者的生产方式或消费方式。但全新产品的开发难度大，开发时间长，需大量投入，成功率低。一旦成功，也还需要有一个用户和消费者适应接受和普及推广的过程。

2. 换代产品

换代产品也称为革新产品，是指部分改变市场上已经出现的原有产品的结构和性能而形成的产品，它使原有产品的性能得到改善和提高，具有较大的可见价值。例如从 MP3 音乐播放器到 MP4 视频播放器，从微软 XP 操作系统到 Windows 7.0 操作系统。对于此类产品，也需要有使用者接受和普及的过程，但时间比较短。

3. 改进产品

改进产品是指对现有产品的质量、特点、外观款式或包装加以全面或局部改进的产品。例如微软公司的 XP 操作系统从 SP1 版到 SP3 版，还有药物牙膏、折叠自行车等。这类产品与原有产品差别不大，易于被使用者接受。市场上销售的大部分新产品均属于这种类型。

4. 模仿产品

模仿产品是指对市场上的现有产品设计稍作改变，突出某一方面的特点，如功能或者价格，使用新品牌后提供给市场的产品。例如某些国产汽车品牌，某些 ODM 企业（原始设计制造商）。这种新产品是仿制市场上某种畅销的产品，而使用新品牌是出于竞争的考虑。

二、新产品开发程序

1. 新产品构思

开发新产品首先需要有充沛的创造性构思（也称创意、设想、点子），收集的新产品构思越多，则从中选出最合适、最有发展希望的构思的可能性也越大。

企业能够收集到丰富的新产品构思，关键在于企业必须有鼓励人们提建议、出点子的制度以及建立一种系统化的程序，使任何新产品构思都能被产品开发部门所了解。

新产品构思的来源是多方面的，主要包括以下几点：

（1）顾客。企业营销人员可以通过观察和倾听顾客的需求，分析顾客对现有产品提出的批评和建议，形成新产品构思。

（2）竞争者。竞争产品、竞争者的成败可以为新产品构思提供借鉴，企业应博采众长，为我所用。

（3）企业营销人员。他们密切接触市场，了解顾客需求，熟悉竞争情况，最有发言权，往往成为新产品构思的最好来源之一。

（4）企业高级管理人员。他们所处的地位使他们最清楚公司的发展方向及所需要的产品构思。

（5）经销商。经销商既能掌握顾客要求和市场竞争等方面的第一手资料，也能提供市场上有关新技术、新工艺、新材料等信息，对帮助企业构思新产品往往会有很大启发。

课堂延伸

北京同仁堂直销的产品供不应求

北京同仁堂是一家集团公司，实力雄厚，拥有 28 个生产基地、2 000 多家直营店。北京同仁堂是有 350 多年的历史，全民皆知，并引以为豪的品牌。在我国对外开放的道路上，北京同仁堂更是闻名海外，是我国的一张名片。北京同仁堂一直秉承“炮制虽繁必不敢省人工，品味虽贵必不敢减物力”的产品理念，高品质的产品，深深扎根在每个人的心里，并且在 2016 年拿到直销牌照。

从产品本身方面，北京同仁堂直销产品有哪些优势呢？第一，在刚刚开启直销时，北京同仁堂就在商务部备案了 34 款直销产品，这是绝无仅有的。第二，在北京同仁堂直销首批报单的 12 款保健产品中，就有 6 款是具有国家专利的产品，这更是实力雄厚，有备而来，是专门为直销板块准备的。第三，北京同仁堂直销产品非常贴近生活，市场效果反馈非常好。

北京同仁堂直销板块中的产品真正达到了“人无我有、人有我优”的境界。例如：现在的社会中，电脑、手机基本是人人都有的生活用品，根据调查，中国人每天盯着屏幕的时间占比非常的大，近视、眼疲劳的人群也越来越多。北京同仁堂直销的净远软胶囊，能够辅助缓解视疲劳，市场的效果反馈非常好。维斯达软胶囊——它的保健功能是辅助修复胃黏膜。现在社会生活水平提高了，但是因为不正常、不规律的饮食，患有胃病或者胃部不舒服的人在大幅攀升。因此，维斯达软胶囊的市场非常的大，消费者购买服用的效果良好。

2. 构思的筛选

筛选的目的是剔除那些与企业目标或资源不协调的新产品构思。筛选过程应分为两个阶段。第一阶段要求迅速做出正确的判断，判别新产品构思是否适合企业的发展规划、技术专长和财务能力，以剔除那些明显不合适的建议，从而使宝贵的资源不至于浪费在不切实际的提案上。这种判断应由有见识的经理和专家做出。第二阶段要求进行更细致的审查，常用的方法是对通过第一阶段筛选后剩下的产品构思，利用评分表评出等级。

3. 新产品概念的形成与测试

新产品构思经过筛选后，需进一步发展形成更具体、明确的产品概念，这是开发新产品过程中最关键的阶段。产品概念是指已经成型的产品构思，即用文字、图像、模型等予以清晰阐述具有确定特性的产品形象，一个产品构思可以转化为若干个产品概念。

如一家食品公司获得一个新产品构思，欲生产一种具有特殊口味的营养奶制品，该产品具有高营养价值、美味、食用简单方便（只需开水冲饮）的特点。为把这个产品构思转化为鲜明的产品形象，公司从以下三个方面加以具体化：

第一，该产品的使用者是谁？即目标市场是婴儿、儿童、成年人还是老年人？

第二，使用者从产品中得到的主要利益是什么（营养、美味、提神或健身等）？

第三，该产品最宜在什么环境下饮用（早餐、中餐、晚餐、饭后或临睡前等）？

这样，就可以形成多个不同的产品概念，如：

概念 1 为“营养早餐饮品”，供想快速得到营养早餐而不必自行烹制的成年人饮用。

概念 2 为“美味佐餐饮品”，供儿童作午餐点心饮用。

概念 3 为“健身滋补饮品”，供老年人夜间临睡前饮用。

企业要从众多新产品概念中选择出最具竞争力的最佳产品概念，这就需要了解顾客的意见，进行产品概念测试。概念测试一般采用概念说明书的方式，说明新产品的功能、特性、规格、包装、售价等，印发给部分可能的顾客，有时说明书还附有图片或模型。概念测试要求顾客就类似如下的一些问题提出意见：

a. 你认为本饮品与一般奶制品相比有哪些优点？

b. 与同类产品比较，你是否偏好本产品？

c. 你认为价格多少比较合理？

d. 产品投入市场后，你是否会购买（肯定买/可能买/肯定不买）？

e. 你对本产品的改良建议有哪些？

概念测试所获得的信息将使企业进一步充实产品概念，使之更适合顾客需要。概念测试视需要也可分项进行以期获得更明确的信息。概念测试的结果一方面形成新产品的市场营销计划，包括产品的质量特性、特色款式、包装、商标、定价、销售渠道、促销措施等；另一方面可作为下一步新产品设计、研制的根据。

4. 初拟营销规划

新产品主管部门在新产品概念形成和通过测试之后，必须拟定一个把这种产品引入市场的初步营销规划，并在未来的发展阶段中不断完善。初拟的营销规划包括以下三个部分：

第一部分描述目标市场的规模、结构，消费者的购买行为，产品的市场定位以及短期的销量、市场占有率、利润率预期等；

第二部分概述产品预期价格、分销渠道及第一年的营销预算；

第三部分阐述较长期（如 5 年）的销售额和投资收益率，以及不同时期的市场营销组合策略。

5. 商业分析

商业分析实际上是经济效益分析。其任务是在初步拟定营销规划的基础上，对新产品概念从财务上进一步判断它是否符合企业目标。这包括两个具体步骤：预测销售额和推算成本与利润。

6. 新产品的研制

这一步主要是将通过效益分析即商业分析后的新产品概念交送研究开发部门或技术工艺部门研制产品模型或样品，同时进行包装的研制和品牌的设计。这是新产品开发的一个重要步骤。只有通过产品研制，投入资金、设备和劳动力，才能使产品概念实体化，才能发现产品概念的不足与问题，从而继续改进设计，也才能证明这种产品概念在技术、商业上的可行性如何。如果因技术不过关或成本过高等而被否定，这项产品的开发过程即会终止。

应当强调的是，新产品研制必须使模型或样品具有产品概念所规定的特征，应进行严格的测试与检查，包括专业人员进行的功能测试和消费者测试。功能测试主要在实验室进行，测试新产品是否安全可靠，性能质量是否达到规定的标准，制造工艺是否先进合理等。消费者测试是请消费者加以试用，征集他们对产品的意见。这两种测试的目的都在于对样品作进一步的改进。

7. 市场试销

经过测试合格的样品即为正式产品，应投放到有代表性的小范围市场上进行试销，以检验新产品的市场效率，作为是否大批量生产的依据。当产品的成本很低，对新产品非常有信心，由比较简单的产品线扩展或模仿竞争者的产品时，企业可以不进行或进行少量的试销。但是，投资很大的产品或企业对产品或营销方案信心并非很足时，就必须进行为时较长的试销。如美国利华公司把它的产品“利华2000”条形肥皂向全世界推广之前，在亚特兰大试销了两年。

新产品试销前，企业必须对以下问题作出决策：试销地点的选择；试销时间的长短；试销所需要的费用开支；试销的营销策略及试销成功后进一步采取的行动等。

8. 批量上市

新产品试销成功后，就可以正式批量生产，全面推向市场了。这时，企业要动用大量资金，支付大量费用，而新产品投放市场初期往往利润微小，甚至亏损，因此，企业在此阶段应在以下方面慎重决策。

(1) 投放时机。企业必须分析何时是新产品推出的最佳时机，如节假日。如果新产品是用来替代本企业其他产品的，那么应在原有产品库存较少的情况下投放市场；如果新产品具有较强的季节性，则应在消费旺季到来之前投放市场；如果新产品尚需改进，则应等到产品进一步完善之后再投放，切忌仓促上市。

(2) 投放地区。企业需要决定在何地投放新产品。一般情况下，应集中某一地区市场开展广告和促销活动，待拥有一定市场份额后，再向各地市场扩展。例如，江西南昌日用化工厂推出新品牌牙膏——草珊瑚高效药物牙膏，就把上海作为首选市场，在上海打响之后，再迅速进入各大城市，成为20世纪80年代我国牙膏市场的名牌之一。而资金雄厚并拥有通畅的国内、国际销售网络的大企业则会选择迅速把新产品推向更大的市场。

(3) 目标市场。目标市场的选择可以依据试销或产品开发以来所收集的资料。最理想的目标市场应是最有潜力的消费者（用户）群，通常具备以下特征：最早采用新产品的市场；大量购买新产品的市场；该市场的购买者具有一定的传播影响力；该市场的购买者对价格比较敏感。

（4）营销组合策略。企业要在新产品投放前制定尽可能完备的营销组合方案，新产品营销预算要合理分配到各营销组合因素中，要根据主次轻重有计划地安排各种营销活动。例如，日本索尼公司在20世纪70年代末成功推出“Walkman”（随身听）。该公司把新产品的推出与当时正在流行的散步和滑旱冰等需要音乐的室外活动结合起来，成功地进入市场。

三、新产品的市场推广

新产品决定进入市场，企业的任务就是抓住时机进行推广，把新产品引进市场并使消费者普遍接受。新产品的市场扩散过程是指新产品在市场上取代老产品的过程，或者是指新产品逐步被广大消费者接受的过程。很明显，新产品的市场扩散强调的是企业在产品生命周期中的引入期和快速成长期的对策，其要点是根据新产品的特点和不同消费者的心理因素，以及消费者接受新产品的一般规律，有效地运用市场营销组合，加速新产品的市场扩散。

1. 新产品特征与市场扩散

新产品能否为市场迅速接受，取决于诸多因素，但新产品所具有的特征显然是影响市场扩散程度的一个重要因素，某些产品如飞盘、呼啦圈等几乎在一夜之间就流行起来了，而某些产品如柴油发动机汽车则经历了很长的时间才被消费者接受。具体来说，新产品对其本身的市场扩散具有重大影响的特征主要表现在以下几个方面：

（1）新产品的相对优点。新产品相对优点越多，即在诸如功能性、可靠性、便利性、新颖性等方面的优越性越大，市场接受得就越快。为此，新产品应力求具有独创性，具有新特性、新用途，尽可能多地采用新技术、新材料。

（2）新产品的适应性。新产品必须与目标市场的消费习惯以及人们的价值观相吻合，例如个人计算机与中等阶层家庭的生活方式及价值观念高度一致，它就容易被该阶层的人群所接受；反之，则不利于新产品市场扩散。

（3）新产品的简易性。这是要求新产品设计、整体结构、使用维修、保养方法必须与目标市场的认知程度相适应。一般而言，新产品的结构和使用方法简单易懂，则有利于新产品的推广。消费品尤其如此。

（4）新产品的可传播性。这是指新产品的性质或优点是否容易被人们观察和描述，是否容易被说明和示范。信息传播较便捷、易于认知的新产品，其采用速度一般比较快。例如，流行服装不用说明，即可知晓，因而流行较快；反之，某些除草药剂，因不能立时看到效果如何，市场扩散就会比较慢。

2. 消费者接受新产品的过程

人们对新产品的接受过程，客观上存在着一定的规律性。早在20世纪30年代，美国市场营销学者罗杰斯就对人们接受新产品的程序做过大量调查，总结归纳出消费者接受新产品的过程一般分为以下五个重要阶段：

（1）知晓。这是个人获得新产品信息的初始阶段。新产品信息情报的主要来源是广告，或者通过其他间接的渠道获得，如商品说明书、技术资料、别人的议论等。很明显，人们在此阶段所获得的情报还不够系统，只是一般性的了解。

（2）兴趣。这是指消费者不仅认识了新产品，而且发生了兴趣。这时，他会积极地寻找有关资料，并进行对比分析，研究新产品的具体功能、用途、使用方法等问题。如果这些方面均较满意，他将会产生初步的购买动机。

（3）评价。这一阶段消费者主要权衡采用新产品的边际价值。比如，采用新产品可获得的利益和可能承担风险，经过比较分析形成明确认识，从而对新产品的价值做出判断。

（4）试用。这是指顾客开始小规模试用创新产品。通过试用，顾客开始正式评价自己对新产品的认识及购买决策的正确性如何。满意者，将会购买此产品；不满意者，将会放弃此产品。

（5）接受。顾客通过试用，收到了理想的使用效果，就会放弃原有的产品形式，完全接受新产品，并开始正式购买，重复购买。

对于新产品的营销者而言，就应考虑如何让消费者顺利地通过知晓、兴趣、评价、试用阶段，最后接受新产品。

3. 新产品的扩散过程

在实际生活中，不同消费者对新产品的反应有很大的差异。由于社会地位、消费心理、收入水平、个人性格等多种因素的影响和制约，消费者按上述模式接受新产品的过程并不是同时进行的，而是有先有后，即不同消费者从知晓、兴趣、评价、试用到接受都是有先有后的。这就是新产品的扩散过程，见表 7－1。

表 7－1　新产品的扩散过程

新产品购买者类型	比例（%）
逐新消费者	2.5
早期消费者	13.5
中期消费者	34.0
晚期消费者	34.0
落伍消费者	16.0
合计	100.0

据不完全统计，我国不同类型的消费者接受新产品的时间顺序是：逐新消费者—早期消费者—中期消费者—晚期消费者—落伍消费者。

（1）逐新消费者。任何新产品都是被极少数逐新者率先消费，这是一些敢于冒险的少数人，他们对新鲜事物有浓厚的兴趣，所以新产品一上市，他们就会积极地购买和使用。这部分人只占全部采用者的 2.5%。当逐新消费者感到新产品效果好时，他们的宣传就会使新产品被一批早期消费者所接受。

（2）早期消费者。早期消费者往往是某些领域中的舆论领袖，他们总是在很多事情上有领先的想法。他们很容易接受逐新消费者的影响，往往在消费新产品的导入期和成长期内采用新产品。这批人约占全部消费者的 13.5%。

（3）中期消费者。新产品经过早期消费者的使用，被他们认可后，他们的宣传会影响到一大批能顺应社会潮流但又比较慎重的追求时尚者，即中期消费者。这部分人占全部消费者的 34%左右。

（4）晚期消费者。新产品被中期消费者采用后，新产品的目标市场接受率已达到 50%左右，这时新产品已开始影响一批多疑型消费者，即晚期消费者。这批人的特点是：他们从不主动采用或接受新产品，一定要到多数人都使用并且反映良好时才行动。这部分人占全部消费者的 34%左右。

（5）落伍消费者。新产品已被绝大多数人消费，逐步变为市场上的老产品。这时部分落伍消费者（例如老年人、低收入者、偏僻地区居民）才顺应社会潮流而采用这种产品。这部分人占全部消费者的 16%左右。

上述新产品被消费者采用的过程和新产品的市场扩散过程表明，要使新产品尽快地被消费者接受、采用而达到市场扩散，并有较高的接受率，或者要使新产品的导入期缩短尽快进入成长期，或者要使新产品消除进入市场后的种种障碍，就必须在新产品的研究开发中采取一系列措施，包括有关产品本身方面的措施，还包括有关包装、品牌、使用介绍、广告、分销渠道、服务等方面的措施，以有利于加速消费者接受新产品。

单元四 品牌与包装

当今时代产品日趋同质化，品牌成为企业差异化的重要资产和来源，品牌战略在营销中扮演着日益重要的角色。商品需要包装进入流通领域，实现其价值和使用价值。设计良好的包装，能为消费者提供方便，为生产者实现销售。

一、品牌的含义

品牌是用以识别某个销售者或某群销售者的产品或服务，并使之与竞争对手的产品或服务区别开来的商业名称及其标志，通常由文字、标记、符号、图案和颜色等要素组合构成。品牌是一个集合概念，它包括品牌名称和品牌标志两部分。品牌名称，也称“品名”，是指品牌中可以用语言称呼的部分；品牌标志，也称“品标”，是指品牌中可以被认出、易于记忆但不能用言语称呼的部分。

品牌，就其实质来说，代表着销售者（卖者）对交付给顾客（买者）的产品特征、利益和服务的一贯性的承诺。

品牌还是一个更为复杂的符号，蕴含着丰富的市场信息。为了深刻揭示品牌的含义，还需从以下六个方面进行理解。

（1）属性。品牌代表着特定的商品属性，这是品牌最基本的含义。

（2）利益。品牌不仅代表着一系列属性，而且还体现着某种特定的利益。顾客购买商品实质是购买某种利益，这就需要属性转化为功能性利益或情感性利益。或者说，品牌利益在相当程度上受制于品牌属性。

（3）价值。品牌体现了生产者的某些价值感。品牌的价值感客观要求企业营销者能够分辨出对这些价值感兴趣的购买者群体。

（4）文化。品牌还附着特定的文化。

（5）个性。品牌也反映一定的个性。如果品牌是一个人、一种动物或一个物体，那么，不同的品牌会使人们产生不同的品牌个性联想。

（6）用户。品牌暗示了购买或使用产品的消费者类型。

有了六个层次的品牌含义，企业还必须决定品牌的深度和层次。人们常犯的错误是只注重品牌属性而忽视其他。实际上，购买者更重视品牌利益而不是品牌属性，而且竞争者很容易模仿或复制这些属性。另外，现有的属性还会随着时间的推移、技术的进步而变得毫无价值。可见，品牌与特定属性联系得太紧密反而会伤害品牌。但是，若只强调品牌的一项或几项利益也是有风险的。品牌最持久的含义是其价值、文化和个性。它们构成了品牌的基础，揭示了品牌间差异的实质。

例如：可口可乐一直被认为是广告界翻译得最好的品牌名称之一，不但保持了英文的音译，还比英文更有寓意。可口可乐四个字生动地暗示了产品给消费者带来的感受：好喝、清爽、快乐——可口亦可乐。让消费者胃口十足，“挡不住的感觉”油然而生。也正因如此，可乐逐渐成为品牌的代名词和行业标准。据说，Pepsi 在进入中国时也被迫翻译成“百事可乐”，而不是“百事”。

二、品牌的作用

品牌的作用可从多个方面来理解。以下就品牌对企业、对消费者的不同作用分别加以阐述。

1. 品牌对企业的益处

对从事市场营销活动的企业来说，品牌的益处主要表现在以下几个方面：

（1）品牌有助于促进产品销售，树立企业形象。

（2）品牌有利于保护品牌所有者的合法权益。

（3）品牌有利于约束企业的不良行为。

（4）品牌有助于扩大产品组合。

2. 品牌对消费者的益处

（1）品牌便于消费者辨认、识别所需商品，有助于消费者选购商品。

（2）品牌有利于维护消费者利益。

（3）品牌有利于促进产品改良，有益于消费者。

三、商标

1. 商标的含义和特征

商标是用来区别一个经营者的商品（服务）和其他经营者的商品（服务）的标记。《中华人民共和国商标法》第三条规定："经商标局核准注册的商标为注册商标，包括商品商标、服务商标和集体商标、证明商标；商标注册人享有商标专用权，受法律保护。"如果是驰名商标，将会获得跨类别的商标专用权法律保护。

在标注商标时应在其右上角加注，即"注册商标"的标记，意思是该商标已在商标局进行注册申请并已经商标局审查通过，成为注册商标。圆圈里的 R 是英文 Register（注册）的首字母。

注册商标具有排他性、独占性、唯一性等特点，属于注册商标所有人所独占，受法律保护，任何企业或个人未经注册商标所有人许可或授权，均不可使用，否则将承担侵权责任。

TM 则是商标符号的意思（企业使用 TM 通常表示本文字、图形或符号作为商标使用），即标注 TM 的文字、图形或符号是商标，但不一定已经注册。TM 是英文Trademark 的缩写。

2. 商标的作用

（1）可区分自家商标的来源，间接地提高企业知名度。

（2）可防止竞争对手恶意抢注。

（3）商标作为企业的财产，可买卖、抵押、转让。

（4）商标作为现代产业，是进入一些商场的入门条件。

（5）注册商标无须再担心是否侵犯他人权益。

3. 品牌与商标的联系和区别

品牌与商标都用于识别不同生产经营者的不同种类、不同品质产品的商业名称及其标志。尽管如此，品牌和商标的外延并不相同。

品牌是市场概念，是产品和服务在市场上通行的牌子，它强调与产品及其相关的质量、服务等之间的关系，品牌实质上是品牌使用者对顾客在产品特征、服务和利益等方面的承诺。而商标是法律概念，它是已获得专用权并受法律保护的品牌，是品牌的一部分。

商标无论其是否标在商品上被使用，也不管商标所标定的商品是否有市场，只要采用成本法对其评估，它就必然有商标价值；而品牌则不同，不使用的品牌自然没有价值，品牌的价值是在其使用中通过品牌标定的产品或服务在市场上的表现来进行评估的。

四、品牌策略

1. 品牌有无策略

品牌运营的第一个作业环节就是企业生产经营的产品是否应该有品牌。不言而喻，拥有自己的品牌，必然要付出相应的费用（包装费、法律保护费等），增加企业运营总成本，同时也承担一定的市场风险（若品牌不受欢迎，损失自负），但品牌对使用者或营销者的益处更是不可低估的。

尽管品牌能够给品牌所有者、品牌使用者带来很多好处，但并不是所有的产品都必须有品牌，这要视品牌运营成本的投入与收益测算而定。

一般来说，对于那些在加工过程中无法形成一定特色的产品，由于产品同质性很高，消费者在购买时不会过多地注意品牌。此外，品牌与产品的包装、产地、价格和生产厂家等一样，都是消费者选择和评价商品的一种外在线索，对于那些消费者只看重产品的式样和价格而忽视品牌的产品，品牌化的意义也就很小。

未加工的原料产品以及那些不会因生产商不同而形成不同特色的商品仍然可以使用无品牌策略，这样可以节省费用，降低价格，扩大销售。实践中，有的营销者为了节约包装、广告等费用，降低产品价格，吸引低收入购买力，提高市场竞争力，也常采用无品牌策略。如在批发市场或农贸市场里就有无品牌产品，它们多是包装简易且价格便宜的产品，例如：散装酱油、散称糖果、散装酒等。可以不使用品牌的商品一般有以下几类：

（1）本身并不具有因制造商不同而形成不同质量特点的商品，如电力、木材、煤炭等。

（2）习惯上不必认定品牌购买的商品，如草纸等。

（3）生产简单，没有一定的技术标准，选择性不大的商品，如小农具；或品种繁多的小商品，如橡皮筋、纽扣等。

（4）临时性或一次性生产的商品。

必须说明的是，商品无品牌也有对品牌认识不足、缺乏品牌意识等原因。当然，商品有无品牌不是一成不变的。随着品牌意识的增强，近年来，我国企业品牌化程度不断提高。

2. 品牌归属策略

确定产品应该有品牌以后，就涉及如何抉择品牌归属问题。如果企业决定建立新的品牌，那就不仅仅是为产品设计一个图案或取一个名称，而必须通过各种手段来使消费者达到品牌识别的层次。

企业有以下三种可供选择的策略：

（1）企业使用属于自己的品牌，这种品牌叫做企业品牌或生产者品牌。

（2）企业将其产品售给中间商，由中间商使用他自己的品牌将产品转卖出去，这种品牌叫作中间商品牌。

（3）企业对部分产品使用自己的品牌，而对另一部分产品使用中间商品牌。企业选择生产者品牌或中间商品牌，即品牌归属生产者还是中间商，要全面考虑各相关因素，综合分析得益和损失，最关键的问题要看生产者和中间商谁在这个产品分销链上居主导地位、拥有更好的市场信誉和拓展市场的潜能。一般来讲，在生产者的市场信誉良好、企业实力较强、产品市场占有率较高的情况下，宜采用生产者品牌；相反，在生产者资金拮据、市场营销薄弱的情况下，不宜选用生产者品牌，而应以中间商品牌为主，或全部采用中间商品牌。必须指出的是，若中间商在某目标市场拥有较好的品牌忠诚度及庞大而完善的销售网络，即使生产者有自营品牌的能力，也应考虑采用中间商品牌。

3. 品牌名称策略

品牌无论是归属于生产者，还是归属于中间商，或者两者共同拥有品牌使用权，都必须考虑对所有的产品如何命名的问题，是大部分或全部产品都使用一个品牌，还是各种产品分别使用不同的品牌。如何对此进行决策事关品牌运营成败。通常有以下四种可供选择的策略：

（1）统一品牌策略。统一品牌策略，即企业所有的产品都统一使用一个品牌，如飞利浦、西门子、通用电气等。

优点：企业采用统一品牌策略，能够降低新产品宣传费用；可在企业的品牌已赢得良好市场信誉的情况下实现顺利推出新产品的愿望；同时也有助于显示企业实力，塑造企业形象。

缺点：不可忽视的是，若某种产品因某种原因（如质量）出现问题，就可能因其他种类产品的影响而损害全部产品和整个企业的信誉。此外，统一品牌策略还存在易相互混淆、难以区分产品质量、档次等令消费者不便的缺憾。

（2）个别品牌策略。个别品牌策略，即企业针对不同产品而采用不同的品牌。其主要在以下两种情况下使用：

1）企业同时经营高、中、低档产品时，为避免某种商品声誉不佳而影响整个企业声誉时采用这一策略。

2）企业的原有产品在社会上有负面影响，为避免消费者的反感，不让消费者在企业的传统品牌与新品牌之间产生联想，甚至隐去企业的名称，以免传统品牌以及企业名称对新产品的销售产生不良的影响。采用个别品牌名称，为每种产品寻求不同的市场定位，有利于增加销售额和对抗竞争对手，还可以分散风险，使企业的整个声誉不致因某种产品表现不佳而受到影响。例如，上海家化旗下有“美加净”“启初”“佰草集”“高夫”“双妹”“玉泽”“雅霜”“友谊”等众多品牌。

优点：这种品牌策略可以保证企业的整体信誉不至于受其某种商品声誉的影响；便于消费者识别不同质量、档次的商品；同时也有利于企业的新产品向多个目标市场渗透。

缺点：促销费用较高。

（3）分类品牌策略。分类品牌策略即为各类产品分别命名，每类产品使用一个品牌，以便于在不同大类的产品领域中树立各自的品牌形象。企业使用这种策略，一般是为了区分不同大类的产品，这种策略考虑到对于不同类别的产品来说，不宜采取统一品牌策略，否则消费者容易混淆，也难以区分其品牌所代表的产品特色。试想，某企业既生产食品，又生产化肥；既生产化妆品，又生产农药，如果使用统一品牌的话，消费者会出现什么样的反应？美国最大的零售商之一西尔斯公司就采取这样的策略，它的家用电器、妇女服饰、家具等产品分别使用不同的品牌。这种策略特别适用于生产与经营产品种类繁多的大企业，由于它们所涉及的领域是吃、穿、用俱全，如果两类产品之间的差距很大，则绝不能使用同一品牌。例如，蜜雪冰城股份有限公司旗下有现制茶饮品牌蜜雪冰城，现磨咖啡品牌幸运咖，现制冰淇淋品牌极拉图。

（4）品牌扩展策略。统一品牌、个别品牌、分类品牌策略，不管企业选择了哪一种，经过科学而有效的运营都有可能获得较好的品牌知名度和美誉度。那么，一个品牌获得了较好的市场信誉，赢得了较高的品牌忠诚度以后，该品牌是否可用在其他产品上而使该品牌得以扩展呢？品牌扩展就是指企业利用其成功品牌的声誉来推出改良产品或新产品。品牌扩展策略，可以使新产品借助成功品牌的市场信誉在节省促销费用的情况下顺利地抢占市场。例如，比亚迪靠做电池起家，后成功跻身于汽车制造业；本田以摩托车品牌为先，后成功延伸到汽车领域。

值得注意的是，品牌扩展策略是一把双刃剑。若利用已成功的品牌开发并投放市场的新产品不尽如人意，消费者不认可，也会影响该品牌的市场信誉。

（5）多品牌策略。若品牌延伸难以获得理想的预期效果，那么新产品入市问题就只能借助新品牌。

多品牌策略是指企业同时为一种产品设计两种或两种以上互相竞争的品牌的做法。企业运用多品牌策略可以在销售终端占据更大的货架陈列空间，进而压缩或挤占竞争者产品的货架面积，为获得较高的市场占有率奠定基础。而且多种不同的品牌代表不同的产品特色，多品牌可吸引多种不同需求的顾客，大大提高市场占有率。例如，全球最大的日用品公司之一“宝洁”在中国市场仅洗发水品牌就包括飘柔、潘婷、海飞丝、沙宣、伊卡璐等。由于多种不同的品牌并存必然使企业的促销费用上升且存在互相竞争的风险，所以企业在运用多品牌策略时，要注意旗下各品牌市场份额的平衡。

五、包装和包装策略

包装是商品生产的继续，商品只有经过包装才能进入流通领域，实现其价值和使用价值。商品包装既可以保护商品在流通过程中品质完好和数量完整，也可以增加商品的价值。此外，良好的包装还有利于消费者挑选、携带和使用。许多时候，包装不是独立于产品之外的附属物，而是产品的一部分。产品包装作为重要的营销组合要素，是营销实践中市场竞争的一种重要手段。

1. 包装的含义

包装是指对某一品牌商品设计并制作容器或包扎物的一系列活动。也可以说，包装有两方面含义：其一，包装是指为产品设计、制作包扎物的活动过程；其二，包装即包扎物。

一般说来，商品包装应包括商标或品牌、形状、颜色、图案和材料等要素。

（1）商标或品牌是包装中最主要的构成要素，应在包装整体上占据突出的位置。

（2）适宜的包装形状有利于储运和陈列，也有利于产品销售，因此，形状是包装中不可缺少的组合要素。

（3）颜色是包装中最具刺激销售作用的构成要素。突出商品特性的色调组合，不仅能够加强品牌特征，而且对顾客有强烈的感召力。

（4）图案在包装中如同广告中的画面，其重要性不言而喻。

（5）包装材料的选择，不仅影响包装成本，而且影响商品的市场竞争力。开发和选用新型材料是包装设计中的一项重要工作。

此外，在产品包装上还有标签。在标签上一般都印有包装内容和产品所包含的主要成分、品牌标志、产品质量等级、生产厂家、生产日期和有效期、使用方法等。有些标签上还印有彩色图案或实物照片，以促进销售。

2. 包装的种类

按不同层次划分，包装可分为以下几类：

（1）首要包装。首要包装即产品的直接包装，如牙膏皮、罐头盒、饮料瓶等。

（2）次要包装。次要包装即保护首要包装的包装物，如包装一件饮料的塑料箱或纸箱。

(3) 装运包装。装运包装即为了便于储运、识别某些产品的外包装，和次要包装可以重合。

3. 包装的作用

包装作为商品的重要组成部分，其营销作用主要表现在以下几方面：

(1) 保护商品。保证产品在生产过程结束后，转移到消费者手中直至被消费掉以前，产品实体不致损坏、散失和变质，这是包装的基本功能。根据中国包装技术协会（已不复存在，其职能和架构由中国包装联合会全面承接）的统计，我国每年因包装不善造成的经济损失在150亿元以上，其中70%是由运输造成的，如水泥的破包率为15%～20%，每年损失达300万吨；玻璃的破损率平均为20%，每年损失达4.5亿元。

(2) 便于储运。为了适应物流运输和现代化装卸要求，常采用箱、桶、袋、包等容器进行包装，如奶饮料常采用的利乐包形式，即为了方便运输，节约物流成本；或将若干小包装组合成一件大包装，如集装箱运输。

(3) 促进销售。包装具有识别、美化和便利的功能。独特的包装可以使产品与竞争者区别开来。包装经过精心设计和印刷，不易被仿冒，有利于保持企业信誉。优秀的包装还能刺激顾客购买欲望，是传递商品信息、招徕顾客的重要促销工具。合理的包装还可以方便顾客携带使用，如可口可乐的蜂腰瓶设计。著名的杜邦定律：63%的消费者是根据商品的包装和装潢进行购买决策的；到超级市场购物的家庭主妇，由于精美包装和装潢的吸引，所购物品通常超过她们出门时打算购买数量的45%。

(4) 增加盈利。优良的包装可以避免“一等商品，二等包装，三等价格”的尴尬处境，而且能提高商品档次和身价，超出的价格往往高于包装的附加成本，目标顾客也乐于接受。例如，苏州生产的檀香扇在包装前，每把售价仅65港元，而用了5港元成本的锦盒加以包装后，身价猛增到165港元，并且销量看好。

4. 包装策略

符合设计要求的包装固然是良好的包装，但良好的包装只有同科学的包装决策结合起来才能发挥其应有的作用。可供企业选择的包装策略主要有以下几种：

(1) 类似包装策略。该策略是指企业生产经营的所有产品，在包装外形上都采取相同或相近的图案、色彩等共同的特征，使消费者通过类似的包装联想起这些商品是同一企业的产品，具有同样的质量水平。如索尼公司的黑白简约包装风格。类似包装策略不仅可以节省包装设计成本，树立企业整体形象，扩大企业影响，而且还可以充分利用企业已拥有的良好声誉，有助于消除消费者对新产品的不信任感，进而有利于带动新产品销售。

(2) 等级包装策略。该策略是指企业对自己生产经营的不同质量等级的产品分别设计和使用不同的包装。如茶叶的包装，其做法适应消费者不同需求层次的购买心理，便于消费者识别、选购商品，从而有利于全面扩大销售。当然，该策略的实施成本高于类似包装策略也是显而易见的。

（3）习惯使用量包装策略。该策略是指根据消费者使用的习惯来设计不同分量的包装。如饮料的包装，从玻璃瓶装到家庭装，容量各不相同。

（4）配套包装策略。配套包装是指企业将几种有关联性的产品组合在同一包装物内的做法。这种策略能够节约交易时间，便于消费者购买、携带与使用，有利于扩大产品销售，如工具盒、针线包等，还可以将新旧产品组合在一起，使新产品顺利进入市场。

（5）再使用包装策略。再使用包装策略也称双重用途包装策略，即指包装物在被包装的产品消费完毕后还能移做他用的做法。例如某化妆品厂生产的香水，其外包装香水瓶可以当装饰摆件。这种包装策略增加了包装的用途，可以刺激消费者的购买欲望，有利于扩大产品销售，同时也可使带有商品商标的包装物在再使用过程中起到延伸宣传的作用。

（6）附赠品包装策略。附赠品包装策略是指在包装物内附有赠品以诱发消费者重复购买的做法。常见的如方便面或麦片附送塑料杯、饭盒，旺旺大礼包送贴纸等。这也是一种有效的营业推广方式。

（7）更新包装策略。更新包装就是改变原来的包装。更新包装策略是指企业包装策略随着市场需求的变化而改变的做法。一种包装策略无效，依消费者的要求更换包装，实施新的包装策略，可以改变商品在消费者心目中的地位，进而收到迅速恢复企业声誉之佳效。例如，特仑苏作为蒙牛旗下的高端牛奶品牌，一直受到消费者的青睐。然而，随着消费者对产品质量和包装要求的不断提高，特仑苏在更新包装方面也面临挑战。2019 年，特仑苏进行了包装升级。新包装在瓶子上印有“3.6g 蛋白质，只为一口纯真”等文字标识，突出产品的高蛋白特性和纯净质量。同时，包装的外观设计更趋简约优雅，更符合现代消费者的审美趋势。新包装使消费者能够更直观地理解特仑苏的产品优势，进一步提升产品的附加值和市场竞争力，帮助特仑苏在高端牛奶市场保持领先地位。

模块小结

产品一般是指通过交换提供给市场的，能满足消费者或用户某一需要和欲望的任何有形物品和无形服务。产品整体概念可分为核心产品、形式产品、期望产品、延伸产品、潜在产品。产品生命周期是指某产品从进入市场到被淘汰退出市场的全部运动过程。产品生命周期一般分为四个阶段：导入期、成长期、成熟期和衰退期。新产品可分为全新产品、换代产品、改进产品、模仿产品四类。品牌是用以识别某个销售者或某群销售者的产品或服务，并使之与竞争对手的产品或服务区别开来的商业名称及其标志，通常由文字、标记、符号、图案和颜色等要素组合构成。包装是指对某一品牌商品设计并制作容器或包扎物的一系列活动。一般说来，商品包装应该包括商标或品牌、形状、颜色、图案和材料等要素。

思考时间

案例分析

大疆无人机的延长生命周期策略

深圳市大疆创新科技有限公司（DJI-Innovations）是中国一家无人飞行器控制系统及无人机解决方案的研发和生产商，成立于2006年。公司致力于为无人机工业、行业用户以及专业航拍应用提供智能飞控产品和解决方案。将无人机从技术复杂、市场狭小的产品发展为全球消费者喜爱的明星产品。

面对无人机初期的技术难题，大疆加大研发，提升产品稳定性和续航，拓展应用场景，如农业植保和航拍摄影，将无人机推向更广阔的民用市场。通过举办无人机表演和航拍视频，提升公众对无人机的兴趣和认知，与媒体和相机厂商合作，推出搭载专业相机的无人机，满足航拍爱好者需求，推动行业成长。大疆以创新为核心，将无人机从飞行设备转变为多功能拍摄平台，如精灵 Phantom 2 系列，提升续航和视频传输技术，配备三轴云台系统，改善用户体验。在消费级市场稳定后，大疆转向工业级应用，推出定制化无人机，满足特定行业需求，拓宽市场，提升影响力，并通过技术创新和功能拓展，满足不同用户需求，巩固市场地位。

面对竞争和市场饱和，大疆优化产品功能，降低成本，提升性能和操作便捷性，引入高效生产技术，增强性价比，同时推出针对不同市场的个性化产品，如 Matthias 系列和 Mini 系列，实现差异化竞争，延长产品生命周期。

全球无人机行业的竞争格局正发生剧烈变化。随着低端市场竞争加剧、政策限制加剧以及隐私争议的浮现，这家技术巨头正面临前所未有的挑战。在当前无人机市场环境下，大疆通过一系列创新升级和市场再定位策略，注入产品新活力，拓展市场，保持行业领先，实现可持续发展。

一、技术创新升级

1. AI与5G技术融合

大疆积极融合AI与5G技术，利用深度学习专利提升无人机自主避障与集群协同能力。例如，大疆通过AI视觉系统实现自主避障和目标跟踪以用于复杂地形测绘任务，提升高清视频实时传输和远程精确控制，在新闻直播、城市交通监测等领域的应用增多。

2. 模块化设计与新功能开发

大疆通过采用模块化设计提升了无人机的灵活性和适应性。例如，Matrice 600 Pro 配备多传感器系统以满足不同任务需求。新功能如智能飞行模式和多机协同作业扩展了使用场景，提升了用户体验和产品竞争力。

3. 优化操控界面与交互体验

持续优化操控界面，简化操作流程，让用户能快速上手并精准控制无人机。DJI Fly App 新增智能飞行辅助和一键拍摄功能，降低了操作难度，提升了飞行安全性和趣味性，增强了用户黏性。

二、市场再定位

1. 拓展企业级市场

大疆针对安防、农业、建筑等领域开发专用产品。例如，农业植保无人机 T30 自 2020 年推出以来，全球销量超 7.5 万台，占据超过 70%的农业无人机市场份额。在安防领域，大疆提供高效解决方案的无人机为公安、消防等部门提供高效监控和数据采集解决方案。

2. 深耕细分市场与应用场景

大疆深入挖掘细分市场，推出个性化产品。Mini 系列以轻巧便携、操作简单、价格亲民吸引入门级用户；Mavic Air 系列以折叠设计、高性能和多功能满足航拍爱好者和专业用户需求。同时，大疆拓展了物流配送、环境监测、灾害救援等新应用场景。

3. 强化品牌建设与用户社区运营

大疆通过举办航拍大赛、飞行活动和技术讲座等活动加强品牌推广与用户交流，展示产品的性能和应用场景，提升品牌影响力。大疆建立用户社区鼓励分享，增强用户黏性和忠诚度，并收集反馈用于产品研发改进。

4. 拓展国际市场

大疆聚焦欧美等发达国家，与当地经销商和合作伙伴合作，了解市场需求和法规政策，推出符合当地标准的产品，开展针对性推广活动，提高品牌知名度和市场份额，减少对单一市场的依赖，增强抗风险能力。

大疆无人机通过技术创新升级和市场再定位，实现了产品迭代更新和市场拓展。其市场的份额保持稳定，企业级市场业务增长迅速，品牌知名度和用户忠诚度得到提升，在激烈的市场竞争中长期占据全球 70%～85%的份额。

问题：

（1）大疆无人机是如何延长生命周期的？

（2）该案例对你有哪些启发？

实训实习

学生应在学习完本模块内容后，根据所学知识在课余时间选择一个行业的企业去实习实训，了解企业产品及其品牌策略。

1. 实训方式

在教师指导下，采取学生自定实习单位实习、指导教师严格考勤及不定期抽查的形式实行岗位实习监督。这样做既可提高学生实习的积极性、针对性，又可有效监控实习的全面执行，使学生能全面了解实习所在企业的相关策略。

2. 实训要求

实习期满，学生按指导老师要求写出 2 000 字以上的实训报告。报告中要涉及本模块所学产品层次分析、品牌策略分析及包装策略分析的内容。

3. 实训考核

指导教师根据学生撰写实训报告的质量综合评定成绩（优、良、中、及格、不及格）。

模块八 价格策略

学习目标

知识目标

1. 了解影响产品定价的因素：能够识别并解释影响产品定价的主要因素，包括市场供求状况、消费者行为、成本因素、竞争状况以及国家政策等。

2. 掌握定价的基本程序：能够描述定价的基本步骤，包括市场调研、成本分析、竞争分析和消费者需求分析，理解这些步骤在定价过程中的重要性。

3. 掌握定价方法：能够掌握成本导向、需求导向及竞争导向等主要定价方法，能够解释每种定价方法的适用情境和优缺点。

4. 理解价格调整策略：能够理解价格调整的概念，掌握常见的价格调整策略，如折扣定价、心理定价、差别定价等，并能够分析其在实际中的应用。

能力目标

1. 进行市场价格分析：能够根据市场调研数据，分析特定产品的定价环境，识别潜在的定价策略。

2. 制定定价策略：能够根据产品的市场定位、目标客户及竞争情况，制定适合的定价策略，以实现企业的营销目标。

3. 灵活运用价格调整策略：能够根据市场变化和竞争对手的反应，灵活调整产品价格，并制定相应的应对措施。

4. 预测顾客和竞争者的反应：能够预测价格变动对顾客和竞争者的影响，分析不同定价策略可能带来的市场反应，并提出相应的对策。

素养目标

1. 能够敏锐地捕捉市场动态，理解消费者的价格敏感性和心理预期，增强对市场变化的适应能力。

2. 进行价格策略分析时，能够运用数据分析工具，提升基于数据的决策能力，合理评估定价的风险和收益。

案例导入

“一元水果”解析

近两年来，很多城市的冷饮摊上增加了一类“一元货”，也称“一元水果”，即切削后分块零卖的水果。商人们把哈密瓜、菠萝、西瓜等削好，切成一块一块的，插上一根木条，每块卖一元。“一元水果”的生意非常红火。虽然“一元水果”相比整卖的水果要贵一些，但顾客还很喜欢买。

“一元水果”比整卖的水果要贵一些，为什么顾客还很爱买呢？

究其原因，“一元水果”的定价迎合了顾客的消费心理，且满足了特定消费者的消费需求，故而虽然“一元水果”比整卖水果贵，顾客还是很乐意买。具体分析如下：

首先，价格定得恰到好处。城市每天流动人口较大，客源相对稳定。一元钱一块西瓜、一块哈密瓜、一块菠萝，价格并不贵，对于行色匆匆的顾客也免去了找零钱的麻烦。另外，市场上的冷饮价格，少的一般单价也在一元左右，贵的要几元甚至更多。相比之下，一元钱买一块水果要实惠得多。

其次，这类产品满足了消费者特定的消费需求。夏天行人口渴，若买一个西瓜，一个人又吃不完，白白浪费，而此时精明的商人推出一元钱一块西瓜，既满足了行人的特定需要，又很快卖出了大量西瓜，比卖整瓜又多赚了钱。行人换换口味，吃上营养丰富又可口的天然水果，也花不了几个钱。

单元一　定价的影响因素

价格作为营销因素组合中最活跃的因素，应对整个市场变化做出灵活的反应。当然，这种变化必须受价值规律的制约，主要是受市场状况、消费者行为以及国家的政策、法令等因素的影响。

一、定价目标

1. 维持生存目标

当企业产品在市场上严重滞销、大量积压、资金周转不灵、企业陷入困境时，企业就不得不以维持企业生存为定价目标。此时企业定价策略是尽可能压低定价，以能迅速减少存货、收回资金、克服财务困难为目标，甚至可低于成本（不能低于单位变动成本）。

2. 短期利润最大化目标

这是指企业尽可能通过抬高价格的形式，在短期内获得最大利润，也叫撇脂定价。

适用条件如下：

（1）本企业产品的生产能力、技术水平、质量处于领先地位。

（2）本企业在行业竞争中占绝对优势。

（3）本企业产品在市场上供不应求，替代品很少或没有。

3. 实现预期收益目标

企业以预期收益作为定价目标。预期收益是指预计的总销售额减去总成本额的差额，用两个指标表示：投资收益率，销售收益率。

适用条件如下：

（1）垄断企业。

（2）同行业中资金雄厚、竞争实力强的企业。

（3）为了避免追求最大利润可能带来的风险，只求得稳定收益的中小企业。

4. 获得适当的利润目标

适当的利润是指中等程度的平均利润，或者说与企业的投资额及风险程度相适应的平均利润。

适用条件如下：

（1）没有以上条件，为了稳妥而采取这种策略的企业。

（2）由于资本有限，或者需求的限制，不能达到最大利润的生产规模的企业。

5. 销售导向目标

这是指企业以商品销售额作为定价目标，通过销售额的增长来提高企业市场占有率，提高利润。分为以下三种类型：

（1）以促进销售额为定价目标。销售额与利润：在价格合适时，销售额增加，利润增加；但是，价格低于成本时，销售额增加，利润反而会减少。

销售额与市场份额：价格不变时，销售额增加，市场份额增加；价格降低时，销售额增加，市场份额不一定增加，甚至会减少。

（2）以提高市场占有率（份额）为定价目标。市场占有率与价格利润的关系：市场占有率高，在价格不变的情况下，销售额高，利润也高；市场占有率高的企业，在市场的定价发言权的主动性也高。

需注意的问题是：企业要有充足的产品资源和较大规模的生产能力；在以低价提高市场占有率时，要合理掌握低价的限度。

(3) 以达到预定销售额为定价目标。事先制定一个预先想达到的销售额目标，然后确定价格。价格形式可以是高价，也可以是低价。

6. 竞争导向目标

在市场竞争激烈的情况下，企业以保持或巩固企业的竞争地位为定价目标。

(1) 稳定价格目标：为了保护自己，打算长期经营，巩固市场占有率，用稳定价格的形式避免竞争，稳定利润。适用条件如下：

1) 实力雄厚、规模较大、在同行业处于领先地位的大公司。

2) 产品供求比较正常，竞争不太激烈。

(2) 应付或避免竞争目标：以同行业的大企业的价格为标准，与之保持一定的水平差距，以免在竞争中失败。适用条件为：难以和大企业竞争的中小企业。

(3) 战胜竞争者目标：通过制定价格，使本企业销售额迅速扩大，以占领市场，战胜竞争对手。适用条件为：产品质量好、产量高、有实力与竞争者抗衡的企业。

二、商品价值与商品成本因素

价值是形成价格的基础，而成本又是价值的重要组成部分。因此，价格的制定必须考虑这两个重要因素。

1. 商品价值

商品价值的大小决定着商品价格的高低。价值反映社会必要劳动消耗，而社会必要劳动消耗是由生产资料消耗价值（C）、活劳动消耗的补偿价值（V）、剩余产品价值（M）所组成的，即：商品价值$=C+V+M$。因此，企业制定营销价格时必须首先考虑商品价值的三个组成因素。但是，在一定时期内，价格与价值并不总是相一致的，而是围绕着价值上下波动，当商品供过于求时，价格就会下降；当商品求过于供时，价格就会上升。因此，不能把价值看成是影响营销价格的唯一因素。

2. 商品成本

成本是商品价格构成中最基本、最重要的因素，也是商品价格的最低经济界限。在一般情况下，商品的成本高，其价格也高，反之亦然。商品的成本因素主要包括生产成本、销售成本、储运成本和机会成本。

(1) 生产成本。生产成本是企业生产过程中所支出的全部生产费用，是从已经消耗的生产资料的价值和生产者所耗费的劳动的价值转化而来的。当企业具有适当的规模时，产品的成本最低。但不同的商品，在不同的条件下，各有自己理想的批量限度，其生产超过这个规模和限度，成本反而要增加。

(2) 销售成本。销售成本是商品流通领域中的广告、推销费用。在计划经济体制下，销售成本在商品成本中所占比重很小，因而对商品价格的影响也微乎其微。但在市场经济体制下，广告、推销等是商品实现其价值的重要手段，用于广告、推销的费用在商品成本中所占的比重也日益增加。因此，在确定商品的营销价格时必须考虑销售成本这一因素。

（3）储运成本。储运成本是商品在生产者手中所必需的运输和储存费用。商品畅销时，储运成本减少；商品滞销时，储运成本增加。

（4）机会成本。机会成本是企业从事某一项经营活动而放弃另一项经营活动的机会，另一项经营活动所应取得的收益。但是，商品的成本不是个别企业的商品成本，而是所有生产同一产品的生产部门的平均生产成本。在通常情况下，机会成本对个别企业的商品成本影响比较大，对平均生产成本的影响比较小，因而对商品价格的影响也很小。

三、商品市场因素

商品价格，除了成本和价值因素外，在很大程度上，还受商品市场供求状况、商品市场竞争状况以及其他因素的影响。

1. 商品市场供求状况

市场经济条件下，市场供求决定市场价格，市场价格又决定市场供求。因此，制定商品营销价格时必须考虑市场的供求状况。

（1）供求与价格的双向影响。商品价格是在一定的市场供求状况下形成的，在一定时期内，某种商品的供求状况反映其供给总量与需求总量之间的关系。这种关系包括供求平衡、供小于求和供大于求三种情况。

供求平衡是指某种商品的供给与需求在一定时期内相等。在供求平衡状态时某种商品的市场价格称为均衡价格。

假定供求和价格以外的其他因素不变，当某种商品的价格高于均衡价格时，该商品的需求量就下降，供给量则上升，形成供过于求。显然，价格影响并决定了供求。当某种商品的需求减少且供给增多时，价格便会落至均衡价格或其以下，又表明供求影响并决定着价格。

当某种商品供小于求时，则该商品的供给总量满足不了人们的需求，商品价格便会上涨，形成卖方市场。随着价格的上涨，企业的资金会转向该商品的生产与销售，导致该商品的市场供给量剧增，从而卖方市场转化为买方市场，形成供大于求的局面，价格自动回落。

（2）需求价格弹性。在通常情况下，某种商品的价格升高，其需求量就会减少，反之亦然。因此，制定商品营销价格时必须考察商品的需求价格弹性因素。

需求价格弹性，简称需求弹性，是指在一定时期内，某种商品的价格变动的百分比与其需求变动的百分比的比值。由于它是两个相对数的比值，故又称为需求价格弹性系数。

2. 商品市场竞争状况

一般说来，竞争越激烈，对价格的影响也越大。按照竞争的程度，市场竞争可以分为完全竞争、完全垄断和不完全竞争三种状况。

（1）完全竞争对价格的影响。在完全竞争状态下，企业几乎没有定价的主动权。各个卖主都是价格的接受者而不是决定者。在实际生活中，完全竞争在多数情况下只是一种理论现象，因为任何一种产品都存在一定的差异，加之国家政策的干预以及企业的不同营销措施，完全竞争的现象几乎不可能出现。但是，如果出现了完全竞争，企业可以采取随行就市的营销价格策略。

（2）完全垄断对价格的影响。完全垄断是指一种商品完全由一家或几家企业所控制的市场状态。在完全垄断状态下，企业没有竞争对手，可以独家或几家协商制定并控制市场价格。在现实生活中，完全垄断只有在特定的条件下才能形成。然而，由于政府的干预（如许多国家的反垄断立法）、消费者的抵制以及商品间的替代关系，一个或几个企业完全垄断价格的局面一般不易出现。但是，如果出现了完全垄断，则非垄断企业在制定营销价格时一定要十分谨慎，以防垄断者的价格报复。

（3）不完全竞争对价格的影响。不完全竞争是在市场经济体制下普遍存在的典型竞争状态。在这种状态下，多数企业都能够积极主动地影响市场价格，而不是完全被动地适应市场价格。同时，企业在制定营销价格时，应认真分析竞争者的有关情况，采取相应的营销价格策略。

四、国家政策因素

多数国家对企业定价都有不同程度的约束。定价时，企业应主要考虑国家指导性计划和市场调节等因素。

1. 企业定价的范畴

（1）国家指导性定价。它是指国家物价部门和业务主管部门规定定价权限与范围，指导价格制定和调整的企业定价方式。其定价方式有以下三种：

1）浮动定价。它是指国家规定商品的基准价格、浮动幅度和方向，由企业在规定的范围内自主定价。

2）比率控制定价。它是指国家规定商品的差价率、利润率与最高限价范围，由企业自行灵活地确定价格。企业商品价格可采用高进高出、低进低出或高进低出等形式，但不得超过规定的控制比率。

3）行业定价。它是指为了避免同行业企业在生产和流通中盲目竞争，国家采取计划指导，由同行营销者共同协商制定商品的统一价格，并由协商者共同遵守执行。这能防止价格向垄断转化，有利于市场竞争。

（2）市场调节定价。它是指在遵守政策和法规的前提下，根据市场供求状况、市场竞争程度、消费者行为及企业自身条件等因素的变化趋势，由营销者自行确定商品价格。这种定价主要适用于生产分散、营销量大、品种规格繁多、供求情况复杂、难以计划管理的商品，且主要依靠价值规律自发地调节商品价格。市场调节定价有下列两种形式：

1）协议定价。它是指买卖双方在不受第三者影响的情况下，相互协商议定商品价格。

2）企业议价。它是指实行部分指令性计划价格商品的企业，在完成国家任务后，对于超产部分，根据市场状况确定其价格。这是国家为了增强企业活力，提高企业劳动积极性所采取的一种鼓励性措施。

2. 商品差价与商品比价因素

商品差价与商品比价，是价格体系的重要组成内容，也是国家价格政策的组成部分。

（1）商品差价因素。商品差价是指同一种商品由于销售地区、流转环节、销售季节、质量高低、用途等不同而形成的价格差额。商品差价形成的主要理论依据是上述各种情况下耗用的劳动量不同。其形式有：地区差价、批零差价、季节差价、质量差价、平议差价、用途差价等。

1）地区差价因素。地区差价是指同一种商品在同一时间、不同地区的价格差额。它是由商品在地理空间转移过程中所增加的劳动消耗而造成的。另外，不同地区的技术水平、资源条件、劳动熟练程度等不同，也会形成地区差价。企业定价时应考虑差价因素，这是因为：其一，商品由于受地区差价的影响，必定会产生地区间流动，从而使某地区商品总量发生变化，这样势必使企业调整自己商品的价格；其二，企业对异地商品提价时适应程度，差价过大，则竞争对手增多，差价过小，则企业无利可图。

2）批零差价因素。批零差价是指同一种商品在同一时间、同一市场的零售价与批发价之间的差额，即零售价减去批发价的余额。由于它反映批发商与零售商的利益分配关系，因此，批发商和零售商定价时应考虑合理的差价，这样有利于双方对商品的销售。

3）季节差价因素。季节差价是指同一种商品、同一市场、不同季节之间价格的差额。它主要是由于商品供求在时间上的矛盾而造成的。对于这类商品，在销售旺季时，可采用高价策略。而在销售淡季时，则使用低价策略。生产企业则应更多地考虑产品的生产时间，准确预测商品需求的季节变化。

4）质量差价因素。质量差价是指同一种商品在同一市场上因产品质量差异而形成的价格差额。企业在定价时应在考虑消费者对价格的反应与在国家政策的前提下按质论价，正确处理好商品的质量、效能、价格三者之间的关系，以满足不同类型消费者的需求。

5）平议差价因素。平议差价是指同种商品在同一市场中国家计划价格与市场价格之间的差额。企业在按时按质完成计划任务后，应勇于使商品参与市场竞争。

6）用途差价因素。用途差价是指企业同一种商品在不同用途上的价格差额。企业定价时，可采用高价以限制商品的某一用途，而以低价格鼓励商品的另一用途。

（2）商品比价因素。商品比价是指在同一条件下不同商品价格的比例。它由不同商品之间价格量的比值和不同商品的供求状况所决定。比价形式主要有制成品与投入要素比价、替代品比价、连带品比价等。

1）制成品与投入要素比价因素。这种比价是指制成品与原材料、半成品、零部件等投入要素价格之间的比例。企业应当考虑：第一，如果投入要素价格低，而制成品企业定价偏高，则投入要素的成本较低的企业会提高其商品价格，或促使零部件企业自行组装整机。这样，制成品供应量增加，会使制成品企业的产品积压。同样，制成品价格低，投入要素企业定价偏高，最终也会使投入要素企业的产品积压。第二，在一定时期内，制成品与投入要素的价格升降幅度悬殊，会造成购销双方生活者的利益矛盾，甚至使相关企业间长期建立的协作关系毁于一旦。

2）替代品比价因素。当同类商品中某一种商品的功能、用途等可由另一种商品所代替时，两种商品的价格比例则为替代品比价。替代按替代程度可分为完全替代和不完全替代两种。完全替代是指替代品与被替代品的功能、用途基本相同；不完全替代是指替代品与被替代品的用途相似，但功能有差异，其中一种商品只能满足消费者部分需求。对于前者，在一般情况下，消费者购买的随意性较大，而当两者比价悬殊时，消费者就会慎重选购。对于后者，在比价合理的情况下，消费者购买的选择性不强，不同的消费者将按各自的需求购买商品；而当比价幅度很大时，消费者将会选购既能基本满足需求，价格又较廉的商品。此外，当不完全替代程度很高时，即使功能较优的商品价格较高，消费者也乐意接受这种高价商品。因此，在竞争激烈的市场中，企业既要考虑产品的功能设计，保证产品质量，又要考虑竞争对手的商品价格策略。

3）连带品比价因素。在同一类消费中，必须把两种或两种以上的商品结合起来才能满足需求的商品称为连带品，而连带品价格之比则称为连带品比价。连带品按照连带程度划分，可分为直接连带品和间接连带品。企业在定价时，通常应以有助于基础商品销售为原则，协调好连带品之间的比价关系。间接连带是指在同一消费中两种或两种以上商品没有确定性连带特征，这类商品一般由多个企业生产并协商定价，力求协作效益或由某一企业采用多角经营的方式，发挥商品间的连带效益。

五、消费者行为与心理因素

消费者行为，尤其是心理行为，是影响企业定价的一个重要因素。无论哪一种消费者，在消费过程中，必然会产生种种复杂的心理活动，并支配消费者的消费过程。因此，企业在制定商品价格时，不仅应迎合不同消费者的心理，还应促使或改变消费者行为，使其向有利于自己营销的方向转化。同时，要主动积极地考虑消费者的长远利益和社会整体利益。

影响企业商品定价的因素非常多，除上述因素以外，还包括产品的特性、宏观经济环境、货币的价值、汇率、货币流通量、消费者的认知价值等。

单元二 定价的程序和方法

一、定价的程序

定价的基本程序包括选择定价目标、测定需求价格弹性、估算成本、分析竞争对手及选择定价方法。定价的基本程序如图 8－1 所示。

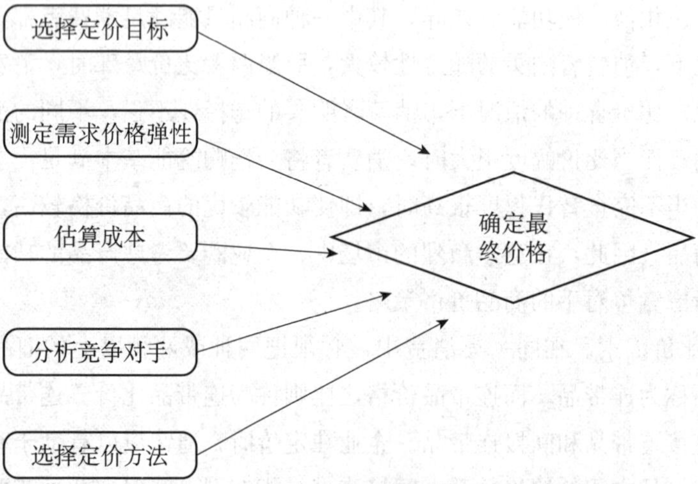

图 8－1 定价的基本程序

二、定价的方法

在影响定价的几种因素中，成本因素、需求因素与竞争因素是影响价格制定与变动的最主要因素。企业应通过考虑这三种因素的一个或几个来定价。但是在实际工作中，企业通常根据实际情况侧重于考虑某一方面的因素并据此选择定价方法，此后再参考其他方面因素的影响对制定出来的价格进行适当的调整。因此，企业的定价方法一般分为三种，即成本导向定价法、需求导向定价法和竞争导向定价法。

1. 成本导向定价法

成本导向定价法是指依据产品的成本决定其销售价格的定价方法。成本导向定价法可以分为：成本加成定价法、目标利润定价法、边际贡献定价法三种。

（1）成本加成定价法。成本加成定价法是指按照单位成本加上一定百分比的加成来制定产品销售价格。

1）以成本为基础的加成。以成本为基础的加成即企业在产品的单位总成本（包括单位变动成本和单位固定成本）上加一定比例的利润（即加成）来制定产品的单位销售价格。其计算公式为：

$$P=C(1+R)$$

式中：P 为单位产品售价；C 为单位产品成本；R 为成本加成率（%）。

例如，某电视机厂商的成本和预计的销售量如下：

总固定成本	3 000 000 元
单位变动成本	1 000 元
预计销售量	5 000 台

若该制造商的预期利润率为 20%，则采用成本加成定价法确定价格的过程如下：

$$\begin{aligned}\text{单位成本}&=\text{单位变动成本}+\frac{\text{固定总成本}}{\text{预计销售量}}\\&=1\,000+\frac{3\,000\,000}{5\,000}\\&=1\,600\text{（元）}\end{aligned}$$

$$\begin{aligned}\text{单位产品价格}&=1\,600\times(1+20\%)\\&=1\,920\text{（元）}\end{aligned}$$

2）以售价为基础的加成。有的企业（如零售商）往往以销售额中的预计利润率为加成率来定价。如假设某零售商的单位进货成本为 1 600 元，该企业想要在销售额中获取 20%的利润，其加成价格的计算如下：

$$\begin{aligned}\text{单位产品价格}&=\frac{\text{单位成本}}{1-\text{销售额中的预计利润率}}=\frac{1\,600}{1-20\%}\\&=2\,000\text{（元）}\end{aligned}$$

由此可以看到，成本加成定价法的关键是加成率的确定。在这方面，企业一般是根据某一行业或某种产品已经形成的传统习惯来确定加成率。不过，不同的商品、不同的行业、不同的市场、不同的时间、不同的地点，加成率是不同的，甚至同一行业中不同的企业也会有不同的加成率。一般来说，加成率应与单位产品成本、资金周转率、需求价格弹性成反比（需求价格弹性不变时加成率也应保持相对稳定）；零售商使用自己品牌的加成率应高于使用制造商品牌的加成率。

（2）目标利润定价法。目标利润定价法又称目标收益定价法、投资报酬定价法，是制造企业普遍采用的一种定价方法。该方法的操作过程是企业在单位成本、预计销售量等指标的基础上，考虑企业的投资所能获得的投资报酬率来制定价格。其计算公式为：

$$\text{价格}=\text{单位成本}+\frac{\text{总投资额}\times\text{投资报酬率}}{\text{预计销售量(单位)}}$$

假设上述电视机厂商投资 1 000 万元，想要获得 20%的投资报酬率，则其目标收益价格应为：

$$价格=1\,600+\frac{10\,000\,000\times 20\%}{5\,000}$$
$$=2\,000（元）$$

如果企业对成本和预测的销售量都计算得较准确，采用这种方法确定的价格能实现 20%的投资收益，且计算非常简单。但是，销售量要受到市场需求、竞争状况等诸多因素的影响，企业还应考虑销售量达不到 5 000 台的状况。

(3) 边际贡献定价法。边际贡献定价法又称边际成本定价法。该方法仅以变动成本作为定价基础，只要定价高于变动成本，企业就可以获得边际收益（边际贡献），用以抵补固定成本，剩余即为盈利。其计算公式为：

$$P=(CV+M)/Q$$

式中：P 为单位产品价格；CV 为总的变动成本；Q 为预计销售量；M 为边际贡献，$M=S-CV$；S 为预计销售收入。

用公式表示为：

单位产品价格＝单位产品变动成本＋单位产品边际贡献

例：某企业生产 A 产品的年生产能力为 10 000 台，固定成本为 120 万元，国内只接到订货 8 000 台，售价为每台 1 000 元，经核算刚好保本。现有一外国客商洽谈准备订货 2 000 台，要求是把价格降低到 920 元每台，试确定该项订单是否可以接受。如果可以接受，利润有多少？

解：1）$单位变动成本=单位产品保本价格-\frac{总固定成本}{预期销售量}$

$$=1\,000-\frac{1\,200\,000}{8\,000}$$
$$=850（元/台）$$

2）第二次订货的价格大于单位变动成本，所以是可以接受的。如果接受，可得利润为：

$$(920-850)\times 2\,000=140\,000（元）$$

如果边际贡献等于或超过单位固定成本，企业就可以保本或盈利。这种方法适用于产品供过于求、卖方竞争激烈的情况。在这种情况下，与其维持高价，导致产品滞销积压，丧失市场，不如以低价维持市场，不计固定成本，尽量维持生产。

成本导向定价法曾一度为多数企业所推崇，因为它简单易行。但是，这种定价导向存在很明显的缺陷。在大多数行业中，要在产品价格确定之前确定产品单位成本是不可能的，这是因为单位成本随产品的销量而变化。为了解决确定单位成本的问题，采用成本导向定价法的定价者只能假设产品价格不影响销售量，销售量也不影响成本，但这显然与实际情况相违背。

2. 需求导向定价法

需求导向定价法，又称“市场导向定价法、顾客导向定价法”，是指根据市场需求状况和消费者对产品的感觉差异来确定价格的方法。需求导向定价法主要包括认知价值定价法、反向定价法、需求差异定价法等，其中需求差异定价法将在定价策略中专门论述。

(1) 认知价值定价法。认知价值定价法是指企业依据消费者对商品价值的理解，而不是依据企业的成本费用水平来定价，通过运用各种营销策略和手段，在消费者心目中建立并加强认知。认知价值定价法的关键和难点，是获得消费者对有关商品价值认知的准确资料。企业如果过高估计消费者的认知价值，其价格就可能过高，难以达到应有的销量；反之，若企业低估了消费者的认知价值，其定价就可能低于应有水平，使企业收入减少。

因此，企业必须通过广泛的市场调研，了解消费者的需求偏好，根据产品的性能、用途、质量、品牌、服务等要素，判断消费者对商品的认知价值，然后据此来定价。如假设某家庭一个月用两瓶酱油，其单价为 4.5 元，现有一种浓缩酱油，一瓶可让同样的家庭使用一个月，则对其定价为 7 元一瓶是可被消费者接受的，因为每月可为消费者节省 2 元。该浓缩酱油的定价是以消费者的认知价值为基础的，而不是以产品的实际成本为基础的。认知价值定价法的关键在于提供并向潜在顾客展示比竞争者更高的价值。

(2) 反向定价法。反向定价法主要不是考虑产品成本，而是重点考虑需求状况，依据消费者能够接受的最终销售价格，反向推算出中间商的批发价格和生产企业的出厂价格。反向定价法被分销渠道中的批发商和零售商广泛采用。该方法的特点是：价格能反映市场需求情况，有利于加强与中间商的良好关系，保证中间商的正常利润，使产品迅速向市场渗透，并可根据市场供求情况及竞争状况及时调整，定价比较灵活。

3. 竞争导向定价法

竞争导向定价是指在激烈的竞争性市场上，企业通过研究竞争对手的生产条件、服务状况、价格水平等因素，依据自身的竞争实力，参考成本和供求状况来确定商品的价格。其特点是：价格的制定以竞争者的价格为依据，与企业自身商品的成本及市场需求状况没有直接关系。竞争导向定价法主要包括：

(1) 通行价格定价法。通行价格定价法又称随行就市定价法、流行水准定价法，是指企业按照行业的现行平均价格水平来定价，利用这样的价格来获得平均报酬。企业在难以估算成本、打算与同行业竞争对手和平共处、另行定价时，很难估计购买者和竞争者对本企业价格的反应。当经营的是同质产品、产品供需基本平衡时，采用这种定价方法比较稳妥。这样定价易于被消费者接受，可以避免激烈竞争特别是价格竞争带来的损失，同时可以保证适度的盈利。另外，由于企业不必去全面了解消费者对不同价差的反应，因此可为营销人员、定价人员节约很多时间。

采用通行价格定价法，最重要的就是确定目前的“行市”。在实践中，“行市”的形成有两种途径：第一种途径是在完全竞争的环境里，各个企业都无权决定价格，通过对市场的无数次试探，相互之间取得一种默契而将价格保持在一定的水准上。第二种途径是在垄断竞争的市场条件下，某一部门或行业的少数几个大企业首先定价，其他企业参考定价或追随定价。

（2）封闭式投标拍卖定价法。许多大宗商品、原材料、成套设备和建筑工程项目最终的买卖价格和承包价格就是通过此方法确定的。其具体操作方法是：采购方通过刊登广告或发出函件说明拟采购商品的品种、规格、数量等具体要求，邀请供应商在规定的期限内投标；供应商如果想做这笔生意就要参与投标，即在规定的期限内填写标单，填明可供应商品的名称、品种、规格、价格、数量、交货日期等，密封送给招标人（采购方）；采购方在规定的日期内开标，选择报价最合理的、最有利的供应商成交并签订采购合同。

一般来说，招标方只有一个，处于相对垄断地位，而投标方有多个，处于相互竞争地位，因此，最后的价格是供应商根据对竞争者报价的估计制定的，而不是按照供应商自己的成本费用或市场需求来制定的。

课堂延伸

四种最基本的拍卖方式

1. 英式拍卖

英式拍卖又称增价拍卖。这是最常用的一种拍卖方式。拍卖时，拍卖人展示一批货物，宣布预定的最低价格，然后由竞买者相继叫价，竞相加价，有时规定每次加价的金额额度，直到无人再出更高的价格时，则用击槌动作表示竞卖结束，将这批商品卖给出价最高的人。在拍卖师出槌前，竞买者可以撤销出价。如果竞买者的出价都低于拍卖人宣布的最低价格，或称价格极限，卖方有权撤回商品，拒绝出售。购物者彼此竞标，由出价最高者获得物品。当前的拍卖网站所开展的拍卖方式以“英式拍卖”为主。二手设备、汽车、不动产、艺术品和古董等商品常以这种方式进行拍卖。

2. 荷兰式拍卖

荷兰式拍卖又称降价式拍卖。这种方式是先由拍卖人喊出最高价格，然后逐渐降低叫价，直到有某一竞买者认为已经低到可以接受的价格，表示买进为止。这种拍卖方式使得商品成交迅速，经常用于拍卖鲜活商品和水果、蔬菜、花卉等。荷兰阿姆斯特丹的花市所采用的便是这种运作方式，通用电器公司的“交易过程网络”也是如此。

3. 标单密封式拍卖

这是一种招标方式，在这种拍卖方式中，买方会邀请供应商前来进行标单密封式投标，最后，由买方选择价格合理的供应商来成交。目前，这种方式在建筑市场、大型设备市场及药品的成批买卖中较为普遍。

4. 复式拍卖

在这种方式中，买卖方的数量均较多。众多买方和卖方事先提交他们愿意购买或出售某项物品的价格，然后通过电脑迅速进行处理，并且就各方出价予以配对。复式拍卖的典型例子是股票市场，在该市场上，许多买方和卖方聚集在一起进行股票的买卖，价格也会随时发生变化。

单元三　定价的基本策略

定价导向为企业确定价格指明了方向。但市场竞争是非常激烈的，企业在确定最终价格时，还需要考虑其他各种因素的影响，采取各种灵活多变的定价策略，使价格与市场营销组合中的其他因素更好地结合起来，促进和扩大销售，提高企业的整体效益。企业的定价策略主要有下述几种类型。

一、新产品定价策略

企业在向市场上推出新产品时，首先要考虑的便是新产品的定价问题。新产品的定价策略选择得正确与否，将直接关系到新产品能否顺利地打开和占领市场，能否获得较大的经济效益。新产品的定价策略主要有下述几种形式。

1. 撇脂定价

撇脂定价又称取脂定价、撇油定价，是指在新产品上市初期，将新产品价格定得较高，以便在较短的时间内获取丰厚利润，尽快收回投资，减少投资风险。该策略是一种高价格策略，因类似于从牛奶中撇脂而得名，在需求缺乏弹性的商品上运用得较为普遍。

一般情况下，撇脂定价适用于以下情形：

（1）流行商品、全新产品或换代新产品上市之初。在这个时期，顾客对新商品尚无理性的认识，此时的购买动机多属于求新求奇。利用这一心理，企业通过制定较高的价格，不但获利颇丰，还可以提高产品身份，创造高价、优质、名牌的印象。例如，圆珠笔在1945年发明时，虽然一支成本才0.5美元，但发明者却利用广告宣传和消费者的求新求异心理，以20美元一支的价格销售，仍然引起了人们的争相购买。

（2）受专利保护的产品、难以仿制的产品。由于在市场上该企业是独家经营，没有其他竞争者，此时的高价比较容易被消费者接受。

（3）新产品与同类产品、替代产品相比具有较大的优势和不可替代的功能。

（4）新产品采取高价策略获得的利润足以补偿因高价造成需求减少所带来的损失。

撇脂定价的优势非常明显，在顾客求新心理较强的市场上，高价有助于开拓市场；主动性大，产品进入成熟期后，价格可分阶段逐步下降，有利于吸引新的购买者；价格高，限制需求量过于迅速增加，使其与生产能力相适应。

当然，运用这种策略也存在一定的风险，高价虽然获利大，但不利于扩大市场、增加销量，也不利于占领和稳定市场；价格远远高于价值，在某种程度上损害了消费者利益，容易招致消费者的抵制，甚至会被当作暴利来加以取缔，损坏企业形象；容易招来竞争者，迫使价格下降，好景不长。

课堂延伸

售价 3 000 元的打火机

珠海某商城里有只售价 3 000 元的打火机。许多观光客听到这个消息，无不为之咋舌。如此昂贵的打火机，该是什么样子呢？于是，商城又增加了许多慕名前来一睹打火机“风采”的顾客。

这只名曰“星球大战”的打火机看上去极为普通，它真值这个价钱吗？站在柜台前的观光者人人都表示怀疑，就连售货员对此亦未置可否地一笑了之。它被搁置在柜台里很长时间无人问津，但它旁边的 3 元一只的打火机却是购者踊跃。许多走出商城的游客坦诚相告：我原是来看那只“星球大战”的，不想却买了这么多东西。

2. 渗透定价

与撇脂定价策略相对立的是渗透定价策略，这是一种低价策略，又称薄利多销策略，指在新产品投入市场时，利用消费者求廉的消费心理，有意将价格定得很低，以吸引顾客，迅速扩大销量，提高市场占有率。这种定价策略适用于新产品没有显著特色、产品存在规模经济效益、市场竞争激烈、需求价格弹性较大、市场潜力大的产品。低价可以有效地刺激消费需求、阻止竞争者介入从而保持较高的市场占有率、扩大销售而降低生产成本与销售费用。如日本精工手表采用渗透定价策略，以低价在国际市场与瑞士手表角逐，最终夺取了瑞士手表的大部分市场份额。

对于企业来说，撇脂策略和渗透策略何者为优，不能一概而论，需要综合考虑市场需求、竞争、供给、市场潜力、价格弹性、产品特性、企业发展战略等因素才能确定。在定价实务中，往往要突破许多理论上的限制，通过对选定的目标市场进行大量调研和科学分析来制定价格。

课堂延伸

春秋航空的低价策略

春秋航空（Spring Airlines）股份有限公司是中国首个民营资本独资经营的低成本航空公司，也是首家由旅行社起家的低成本航空公司，同时也是当前国内最成功的低成本航空公司之一，总部在上海，在上海虹桥机场、上海浦东机场、石家庄正定机场、沈阳桃仙机场、扬州泰州国际机场设有基地。

春秋航空倡导反奢华的低成本消费理念和生活方式，采取的措施包括单一机型（机队全部由空客A320构成）、单一舱位（不设头等舱、商务舱，只设经济舱）、高客座率（开航以来平均客座率为95%左右，居全球低成本航空第一）、高飞机利用率（高于国内行业平均约20%）、低销售费用（以网上直销为主渠道、不开门市）等，大大节省了不必要的开支。

春秋航空同样机型采用单一经济舱布局，取消了商务舱、头等舱布局，全部改为经济舱，使座位数达到180座，充分提高了飞机的经济性。旅客可以在家或在办公室通过网站或手机预订、支付机票，还能在网上选择飞机客舱座位，自助办理值机手续。作为一家低成本航空公司，为节约成本，春秋航空鼓励乘客从其网站购票，对乘客可免费携带的行李重量及体积做了较其他航空公司更为严格的限制、简化了机票和登机牌。

3. 满意定价

满意定价策略又称适价策略，是一种介于撇脂定价和渗透定价之间的价格策略。该策略是指企业将新产品的价格定得比较适中，以便照顾各方面的利益，使各方面都满意。撇脂定价策略定价过高，对消费者不利，可能会遇到消费者的拒绝，具有一定风险；渗透定价策略定价过低，虽然对消费者有利，但容易引起价格战，且由于价低利薄，资金的回收期也较长，实力不强的企业将难以承受。满意定价策略采取适中价格，基本上能够做到供求双方都比较满意，因此不少企业采取满意定价策略。

满意定价策略由于获得的是平均利润，既可吸引消费者，又可避免价格竞争，从而在市场上站稳脚跟，获得长远发展，但要确定企业与顾客双方都比较满意的价格则比较困难。

二、折扣定价策略

折扣定价策略是指销售者为回报或鼓励购买者的某些行为，如批量购买、提前付款、淡季购买等，将其产品基本价格调低，给购买者一定的价格优惠。折扣主要有下述几种形式。

1. 现金折扣

现金折扣是为了鼓励顾客尽早付款，加速资金周转，降低销售费用，减少企业风险，而给予购买者的一种价格折扣。财务上常用的表示方式为“2/10，n/30”，其含义是双方约定的付款期为30天，若买方在10天内付款，将获得2%的价格折扣，超过10天，在30天内付款则没有折扣，超过30天要加付利息。现金折扣的前提是商品的销售方式为赊销或分期付款，因此，采用现金折扣一般要考虑三个因素：折扣比例；给予折扣的时间限制；付清全部货款的期限。

2. 数量折扣

数量折扣是因买方购买数量大而给予的折扣，目的是鼓励顾客购买更多的商品。购买数量越大，折扣越多。其实质是将销售费用节约额的一部分以价格折扣方式分配给买方。目的是鼓励和吸引顾客长期、大量或集中向本企业购买商品。数量折扣可分为累计数量折扣和非累计数量折扣两种形式。累计数量折扣规定顾客在一定时间内，购买商品若达到一定数量或金额，则按其总量给予一定折扣，其目的是鼓励顾客经常向本企业购买，成为可信赖的长期客户。非累计数量折扣又称一次性数量折扣，该折扣规定一次购买某种产品达到一定数量或购买多种产品达到一定金额，则给予折扣优惠，其目的是鼓励顾客批量或集中购买，促进产品的快速销售，加快资金周转。

3. 功能折扣

功能折扣又称交易折扣、贸易折扣，是指企业根据其中间商在产品销售中所承担的功能、责任和风险的不同，而给予的不同价格折扣，以补偿中间商的有关成本和费用。对中间商的主要考虑因素有：在分销渠道中的地位、对生产企业产品销售的重要性、购买批量、完成的促销功能、承担的风险、服务水平、履行的商业责任以及产品在分销中所经历的层次和在市场上的最终售价等。目的在于鼓励中间商大批量订货，扩大销售，争取顾客，与生产企业建立长期、稳定、良好的合作关系。一般而言，给予批发商的折扣较大，给予零售商的折扣较小。

4. 季节折扣

季节折扣是企业为在淡季购买商品的顾客提供的一种价格折扣。由于有些商品的生产是连续的，而其消费却具有明显的季节性，因此通过提供季节折扣，可以鼓励顾客提早进货或淡季采购，从而有利于企业减轻库存，加速商品流通，迅速收回资金，促进企业均衡生产，充分发挥生产和销售潜力，避免因季节需求变化所带来的市场风险，如商家在夏季对冬季服装进行的打折促销便是季节折扣。

5. 促销折扣

促销折扣是指企业在进行促销活动的过程中给予顾客价格上的优惠。由于促销活动往往是在一定期限内进行，因此这种折扣一般有时间上的限制。如日本东京银座“美佳”西服店采用了一种折扣销售方法，颇获成功。具体方法是：先发公告，介绍某商品品质性能等一般情况，再宣布折扣的销售天数及具体日期，最后说明打折方法：第一天打九折，第二天打八折，第三、四天打七折，第五、六天打六折，以此类推，到第十五、十六天打一折。这种销售方法的实践结果是：第一、二天顾客不多，来者多半是来探听虚实和看热闹的；第三、四天人渐渐多起来；到第五、六天打六折时，顾客像洪水般地涌向柜台争购；以后连日爆满，没到一折售货日期，商品早已售罄。

三、心理定价策略

心理定价策略是企业针对消费者的不同消费心理，制定相应的商品价格，以满足不同类型消费者的需求的策略。心理定价策略主要有下述几种形式。

1. 尾数定价

尾数定价又称“奇数定价”“非整数定价”，是指企业利用消费者求廉、求实的心理，故意让商品的价格带有尾数，以促使顾客购买商品。这种定价方法多用于中低档商品。心理学家的研究表明，价格尾数的微小差别，能够明显影响消费者的购买行为。如将肥皂的零售价定为 3.9 元而不是 4.1 元，虽然前后仅相差 2 角钱，但会让消费者产生一种前者便宜很多的错觉。有时价格为尾数让消费者觉得真实，如 98.95 元一瓶的葡萄酒，让消费者觉得其价格是仔细算出来的，给人以货真价实的感觉。有时候尾数的选择完全是出于满足消费者的某种风俗和偏好，如西方国家的消费者对数字“13”忌讳，日本的消费者对数字“4”忌讳。美国、加拿大等国的消费者普遍认为单数比双数少，奇数比偶数显得便宜。我国的消费者则喜欢尾数为“6”和“8”。

2. 整数定价

整数定价是指针对消费者的求名、求方便心理，将商品价格有意定为以“0”结尾的整数。在日常生活中，对于难以辨别好坏的商品，消费者往往喜欢以价论质，而将商品的价格定为整数，使商品显得高档，正好迎合了消费者的这种心理。如将一套西服定价为 1 000 元，而不是 998 元，尽管实际价格仅相差 2 元钱，给人的感觉却是这套西服上了一个档次，因为它的价格是在 1 000 元的范围内，而不是 900 元的范围内。因此，对那些高档名牌商品或消费者不太了解的商品，采用整数定价可以提高商品形象。另外，将价格定为整数还省去了找零的麻烦，提高了商品的结算速度。

3. 声望定价

声望定价是指根据消费者的求名心理，企业有意将名牌商品的价格定得比市场中同类商品的价格高。由于名牌商品不但可减轻购买者对商品质量的顾虑，还能满足某些消费者的特殊欲望，如地位、身份、财富、名望和自我形象等，因而消费者往往愿意花高价来购买它们。

声望定价策略切不可滥用，一般适用于名优商品。如果企业本身信誉不好、商品的质量也不过硬，采用这一策略反而容易失去市场。另外，为了使声望价格得以维持，有时需要适当控制市场拥有量。英国名车劳斯莱斯的价格在所有汽车中雄踞榜首，除了其优越的性能、精细的做工外，严格控制产量也是一个很重要的因素。

4. 招徕定价

招徕定价是一种有意将少数商品降价以招徕吸引顾客的定价方式。企业在一定时期将某些商品的价格定得低于市价，一般都能引起消费者的注意，吸引他们前来购物，这是适合消费者“求廉”心理的。顾客在选购这些特价商品时，往往还会光顾店内其他价格正常或偏高的商品，这实际上是以少数商品价格的损失来增加其他商品的销售，增加企业的总体利润。如某药房在将一瓶 200 元的补药以 80 元出售时，每天都有大批人潮涌进店中抢购补药，按说如此下去肯定赔本，但财务账目显示出盈余逐月骤增，其原因就在于没有人来店里只买一种药。人们看到补药便宜，就会联想到“其他药也一定便宜”，促成了盲目的购买行动。

采用这种策略要注意以下几点：商品的降价幅度要大，一般应接近成本或者低于成本。只有这样，才能引起消费者的注意和兴趣，才能激起消费者的购买动机；降价品的数量要适当，太多商店亏损太大，太少容易引起消费者的反感；用于招徕的降价品，应该与低劣、过时商品明显地区别开来。招徕定价的降价品，必须是品种新、质量优的适销产品，而不是处理品。否则，不仅达不到招徕顾客的目的，而且可能使企业声誉受到影响。

四、差别定价策略

差别定价是指企业对同一产品或劳务制定两种或多种价格以适应顾客、地点、时间等方面的差异，但这种差异并不反映成本比例差异。差别定价主要有下述几种形式。

1. 顾客细分定价

顾客细分定价即企业按照不同的价格把同一种产品或劳务卖给不同的顾客。比如，对老客户和新客户、长期客户和短期客户、女性和男性、儿童和成人、残疾人和健康人、工业用户和居民用户等，分别采用不同的价格。我国的火车票对学生的售价就是半票，比售给一般人的价格要低。

2. 产品式样定价

产品式样定价即企业对不同花色品种、式样的产品定不同的价格，但价格对于它们各自的成本是不成比例的。如新潮服装与普通式样的服装虽然成本近似，但价格差异较大。

3. 渠道定价

渠道定价即企业对经不同渠道出售的同一商品制定不同的价格。如出售给批发商、零售商和用户的价格往往不同。在线下图书商城出售的书与在网上书店出售的书的价格也不一样。

4. 地点定价

地点定价即企业对处于不同地点的同一商品制定不同的价格，即使在不同地点提供的商品的成本是相同的。比较典型的例子是影剧院、体育场、飞机等，其座位不同，票价也不一样。这样做的目的是调节客户对不同地点的需求和偏好，平衡市场供求。

5. 时间定价

时间定价即企业对于不同季节、不同时期甚至不同钟点的产品或服务也分别制定不同的价格。如在节假日，旅游景点的收费较高。又如某商场规定，商场的洗衣机从早上 9 点开始，每一小时降价 10%。特别在午休时间及晚上下班时间，商品降价幅度较大，吸引了大量上班族消费者，在未延长商场营业时间的情况下，带来了销售额大幅度增加的好效果。

差别定价可以满足顾客的不同需要，能够为企业谋取更多的利润，因此，在实践中得到了广泛的运用。但是，实行差别定价必须具备一定的条件，否则，不仅达不到差别定价的目的，甚至会产生反作用。这些条件包括：

(1) 市场能够细分，且不同细分市场之间的需求存在差异。这样顾客就不会因为价格不同而对企业产生不满。

(2) 企业实行差别定价的额外收入要高于实行这一策略的额外成本，这样企业才会有利可图。

(3) 低价市场的产品无法向高价市场转移。

(4) 在高价市场上，竞争者无法与企业进行价格竞争。

(5) 差别定价的形式合法。

五、产品组合定价策略

一个企业往往并非只提供一种产品，而是提供多种产品。产品组合定价策略的着眼点在于制定一组使整个产品组合利润最大化的价格。产品组合定价主要有下述几种形式。

1. 产品线定价

产品线定价是指根据产品线内各项目之间在质量、性能、档次、款式、成本、顾客认知、需求强度等方面的不同，参考竞争对手的产品与价格，确定各个产品项目之间的价格差距，以使不同的产品项目形成不同的市场形象，吸引不同的顾客群，扩大产品销售，争取实现更多的利润。

如某服装店对某型号女装制定三种价格：260 元、340 元、410 元，在消费者心目中形成低、中、高三种档次，人们在购买时就会根据自己的消费水平选择不同档次的服装，从而消除了在选购商品时的犹豫心理。企业以保本甚至微亏的价格来制定低价产品的价格，往往可增加顾客流，使生产与销售迅速达到一个理想的规模，遏制竞争。高价产品可树立企业的品牌形象，以超额利润迅速收回投资，增强企业的发展后劲。中价产品则通过发挥规模效益为企业带来合理的利润，维持企业的正常运行。企业采用这一策略要注意档次的划分要适当，商品档次既不要分得过细也不要过粗，价格档次的差距既不要过大也不要过小。

2. 选择特色定价

选择特色定价是指企业在提供主要产品时，还提供各种可选择产品或具有特色的产品。比较典型的例子如餐馆、酒吧等。餐馆的主要提供物为饭菜，此外，顾客可能还需要烟、酒、饮料等。有的餐馆将食品的价格定得较低，而将烟酒类商品的价格定得较高，主要靠后者盈利；有的餐馆则将食品的价格定得较高，而将酒类商品的价格定得较低，以吸引爱酒人士。

3. 附属产品定价

附属产品又称受制约产品，是指必须与主要产品一同使用的产品。例如，照相机的附属品是胶卷，剃须刀的附属品是刀片，机械产品的附属品是配件。大多数企业采用这种策略时，将主要产品定价较低，而将附属产品定价较高，以高价的附属品获取高利，补偿主要产品因低价造成的损失。例如，柯达公司给照相机定低价，胶卷定高价，增强了照相机在同行业中的竞争力，又保证了原有的利润水平。然而，将附属品的价格定得太高也存在一定风险，容易引起不法分子生产低廉的仿制品，反过来与正规商品进行竞争。

4. 两段定价

服务性企业常常采用两段定价策略，为其服务收取固定费用，另加一笔可变的使用费。如电话用户每个月的话费为月租费加上按通话时间计算的通话费；景点的旅游者除了支付门票费外，还要为其娱乐项目支付额外的费用；企业一般对固定费用定价较低，以便吸引顾客使用该服务项目，而对使用费定价较高，以保证企业获得充足的利润。

5. 副产品定价

在生产加工石油、钢铁等产品的过程中，常常会产生大量的副产品。有些副产品本身对顾客就有价值，因此企业切不可将它们白白浪费掉，而应对它们进行合理定价，销往特定市场。这可为企业带来大量收入，同时也有利于企业为其主要产品制定低价格，提高主要产品的竞争力。如炼铁过程中产生的水渣，是水泥工业的主要原料。

6. 产品捆绑定价

企业常常将一些产品捆绑在一起进行销售，捆绑价格低于单件产品的价格总和。如化妆品公司将润肤露、洗发水、啫喱水、防晒霜等捆绑在一起进行销售，虽然有的消费者并不需要其中的某项，但看到价格比单件购买便宜很多，便会购买。因而，在一定程度上，这种价格可推动消费者购买。然而，在捆绑定价时要注意使用这一策略的灵活性，因为有些理智的消费者往往只是按需购买，他们只需要捆绑组合中的某一种或几种商品，这时企业要能满足他们的要求。又如，“电信的宽带＋手机套餐”捆绑等。

单元四 价格调整策略

企业制定价格后，还得经常监测环境的变化，并适当调整价格，以求更好地在市场上生存和发展。

一、价格调整策略的类型

1. 降价策略

企业降价可能有以下一些原因：

（1）企业生产能力过剩，亟须扩大销量来缓解库存压力，但此时通过加强推销、改进产品或者其他措施都不能达到目的。不过，企业降价容易引起价格战。

（2）企业希望通过降价来夺取竞争者的市场份额。日本汽车工业的杰出代表丰田公司在20世纪50年代初，为了打开销路，占领市场，在同行业中以最高的广告费用和最低的价格出售产品。在美国市场上，丰田汽车平均价格比美国车便宜1 300美元，以低价竞争的姿态出现在各大竞争对手面前，先后击败福特汽车公司、克莱斯勒汽车公司。到90年代，丰田公司位居世界汽车工业公司第二位，仅次于通用汽车公司。

（3）企业的成本降低，使产品有降价的空间，或者是企业希望通过降价来扩大市场份额，进而达到成本降低的目的。因为有些产品的潜在顾客由于受其消费水平的限制而放弃购买，企业降价无疑可使这一部分顾客转化为现实顾客，从而增大企业的销量。但此时降价的风险也较高：首先，顾客可能会误认为是产品的质量降低；其次，价格降低在一定时期可买到市场份额，但买不到顾客忠诚，随着竞争者的价格降低，顾客又会转向竞争者。

（4）在经济萧条时期，消费者的购买力下降，他们只愿意购买较为便宜的东西，此时企业不得不降价，以适应消费者的购买力水平。

企业降价既可直接将企业产品的目录价格或标价下降，也可灵活地采用变相降价的方式：提供各种折扣、优惠；提供多种免费服务；在价格不变的情况下，提高产品质量、增加产品的性能、增大单位包装的产品含量；允许顾客延期付款；等等。这种价格策略较为灵活与隐蔽，不会很快招致竞争者的攻击。

2. 提价策略

提价往往容易给企业带来不利影响，如竞争力的下降、消费者的不满、经销商的抱怨等，甚至还会受到政府的干预和同行的指责。然而，一次成功的提价却能大幅度地提高企业利润。

（1）企业提价的原因。企业提价的原因往往有以下几个方面：

1）缓解成本攀升的压力。企业成本的提高可能是由于单方面的原材料价格上涨，或者是由于生产或管理费用提高，或者是由于通货膨胀引起的普遍物价上涨。为了保证利润率不会因此而降低，企业不得不采取提价策略。

2）企业的产品供不应求。对于某些产品来说，在需求旺盛而生产规模又不能及时扩大而出现供不应求的情况下，企业可以通过提价来遏制需求，同时又可以取得高额利润，缓解市场的供需矛盾。如我国在黄金周、春节期间的飞机票价格上涨。

（2）企业提价的方式。企业提价可采取以下几种方式：

1）直接提高商品目录的价格。但在企业提价原因不明的情况下，很容易招致消费者的反感。

2）在通货膨胀时期，延缓报价。企业决定暂时不规定最后价格，等到产品制成时或交货时方规定最后价格。对于生产周期较长的商品，如大型机械设备、轮船、飞机的制造，采用延缓报价策略可减少通货膨胀对企业造成的不利影响。

3）采用价格自动调整条款。企业要求顾客按当前价格付款，但在交货时可按某种价格指数调整价格，如在交货时支付由于通货膨胀引起增长的全部或部分费用。这一般适用于施工时间较长的工程，如建筑业。

4）将免费项目独立出来收费，如免费送货、免费提供零配件都可被重新加以定价。

5）减少或取消价格折扣，如数量折扣、现金折扣等。

在方式选择上，企业应尽可能多地采用间接提价，把提价的不利因素降到最低程度，使提价不影响销量和利润，而且能被潜在消费者普遍接受。同时，企业提价时应采取各种渠道向顾客说明提价的原因。另外，在确定价格调整幅度时，企业应考虑到消费者的反应。

当然，企业也可采取其他方法来避免提价：在价格不变、包装不变的情况下，减少产品的分量；降低产品的质量；减少产品的功能；使用廉价的材料；等等。但是如果这些方法运用不当，容易引起顾客的不满，降低企业形象，给企业的长远发展带来不利影响。

二、价格变动后的反应

企业价格变动往往容易引起购买者、竞争者、分销商、供应商，甚至政府、新闻媒介等的注意。这里主要分析顾客与竞争者对企业价格变动的反应。

1. 顾客的反应

一般情况下，由于价格与需求成反比，因而降价可刺激购买，提价则会抑制购买。但也会出现相反的情况。因为顾客对降价可能有以下看法：产品将被换代新产品所替代；产品有缺点，在市场上销售情况不好；企业财务发生困难，可能不会继续经营下去；价格还会进一步下跌，应等待观望；产品的质量、功能下降，如使用了廉价的原材料。此时，降价反而抑制了购买欲望。另外，顾客对提价的看法可能是：这种商品是抢手货，应赶快购买，以免价格继续上涨。如 2003 年“非典”初始，白醋、食盐价格攀升，消费者还是争相购买；产品的质量、性能提高了，值得购买。在这种情况下，提价反而有利于商品的销售。

购买者对不同产品价格变动的反应也有所不同，对于价值高、经常购买的产品的价格变动较为敏感，而对于价值低、不经常购买的产品不大在意。

2. 竞争者对价格变动的反应

企业在考虑改变价格时，不仅要考虑到购买者的反应，而且还必须考虑竞争对手对企业的产品价格的反应。

假若企业只有一个强大的竞争者，我们可将竞争者的反应分为以下两种情况：

（1）竞争者对其对手的价格变更以一种既定的方式作出反应。在这种情况下，竞争对手的反应可以预测。企业可以通过获取并分析该竞争者的内部资料、历史案例来预测其可能的反应，也可以从与该竞争者接触较多的顾客、供应商、代理商、金融机构等方面获取信息来预测其可能的反应。

（2）竞争者将每一次价格变更都视为一种新的挑战，并以当时的自身利益做出反应。此时，企业必须了解竞争者当时的自身利益状况。这就需要对竞争者的财务状况、销售情况、生产能力、顾客的忠诚度及企业目标等进行调查与分析。如果竞争者的经营目标是市场份额，它可能会跟进这次价格变动；如果竞争者的经营目标是获取最大利润，它可能在其他方面做出反应，如增加广告预算、加强产品促销、提高产品质量等。

假若企业同时面临多个竞争者，在调价时就必须估计每一个竞争者的可能反应。如果所有竞争者的行为大体相同，企业只需分析具有代表性的典型竞争者即可。如果每个竞争者在企业规模、市场占有率或企业政策等关键因素上具有显著差异，则他们对价格变动的反应也会有较大区别，此时，企业需对每个竞争者逐一进行分析。

总之，企业在调整价格时，应充分利用内、外资源来推测竞争者可能的反应，以便采取适当的营销对策。

三、对竞争者价格变动的反应

前面讲的是企业先调价时应预测其他相关方的反应，那么当竞争者的价格先变动时，企业相应地又该如何做出反应呢？

企业对竞争者调价的反应会因市场的不同而不同。在同质产品市场，如果竞争者降价，企业必随之降价，否则企业会失去顾客。如果竞争者提价，且提价对整个行业有利，其他企业会随之提价，但如有一个企业不提价，提价的企业将不得不取消这次提价。在异质产品市场，企业对竞争者价格变动的反应有更多选择的自由，因为此时的购买者不仅考虑产品价格高低，而且考虑质量、服务、可靠性等因素，因而他们对较小的价格差额并不敏感。

企业在做出反应前，应分析以下问题：竞争者调价的目的是什么？调价是暂时的，还是长期的？如果企业对此不做出反应，本企业的市场份额和利润将会如何变化？如果企业对此做出反应，竞争者又会采取什么行动？

作为市场领导者的企业往往会更多地受到其他较小企业的攻击，它们往往通过“侵略性的削价”来抢占市场领导者的市场份额。在这种情况下，市场领导者可有以下几种选择：

（1）维持原价。市场领导者认为：如果降价就会使利润减少过多；维持原价不会失去很多的市场份额；虽然维持原价会导致目前市场份额降低，但失去的市场阵地很快能重新恢复；维持原价，同时改进产品、服务、沟通等。企业发现运用这种战略比低价经营更划算。

（2）降价。市场领导者认为：降价后成本会随着数量的增加而下降；由于市场对价格很敏感，不降价将使市场占有率大幅下降；维持原价导致市场份额降低后将难以恢复原有的市场份额。如果企业降价，不应降低产品质量和服务水平，否则会损坏企业形象，影响以后的发展。

（3）提价。企业在提价的同时推出某些新品牌，以围攻竞争对手的品牌。

（4）推出廉价的产品线。企业可在竞争者所攻击的产品线中增加廉价的产品，以迎接竞争者的挑战。

课堂延伸

云南白药牙膏的高价策略

众所周知，长期以来，中国牙膏市场是高度垄断、寡头竞争的市场，以高露洁、佳洁士、中华为代表的外资品牌牢牢把持第一阵营，市场份额超过2/3，市场排名前10位的牙膏品牌占据了市场90%的份额。

2005年，云南白药跳出普通牙膏“只负责清洁牙齿”的传统思维，开始跨界试水日化领域，推出了白药牙膏。在一个高度竞争、格局稳定的市场，云南白药牙膏定价20多元，价格比佳洁士、高露洁的高端牙膏，还要贵一倍。2005年12月底，云南白药牙膏全年实现销售8 000多万元，成为牙膏行业的一匹黑马；2006年底，实现销售2.2亿元，成为中国药物功效牙膏第一品牌。随后，云南白药牙膏销量一路攀升，2009年销售排名为牙膏行业第五名。

云南白药是百年伤科圣药，在止血止痛方面有着广为人知的口碑。但是，对于做牙膏，云南白药是门外汉。那么其成功的原因是什么呢？原因有以下几点。

一是中国90%的成年人都有不同程度的口腔问题。无论是专业数据显示还是调研发现，随着饮食习惯的改变（麻、辣、烫）和工作压力的增大，成年人大多有口腔溃疡，牙龈肿痛、出血、萎缩等口腔问题。而这些口腔“小问题”虽然不足以让患者去医院，但困扰了患者的情绪，使患者有快速解决的心理和生理需求。

二是传统牙膏无法解决人们的口腔困扰。传统牙膏解决的主要是“防蛀、美白、口气清新”等问题，这些问题主要聚焦在牙齿上，着重于清洁。但科学表明，清洁是牙膏必备的基础功能，防蛀主要是儿童期需要解决的，成年人口腔问题大多是体现在牙龈和口腔内的综合问题。

三是药物功效牙膏品类虽然一直存在，其中包括田七、冷酸灵等，但都尚未形成气候，有着令人兴奋的市场机会。在消费者心中，药物功效牙膏一直没有强势品牌，这些本土牙膏品牌，并没有凸显自身的药物属性，而强势品牌佳洁士、高露洁，主要宣传的是防蛀、美白等基本功能。

云南白药牙膏不但对牙龈出血效果显著，而且能有效防治口腔溃疡、牙龈肿痛、牙龈萎缩、牙龈炎、牙周炎、口臭、蛀牙等常见口腔问题。由百年药企打造的云南白药牙膏，天生具备药物功效牙膏的专业属性与品牌背书。

对普通清洁牙膏而言，10 元是消费者接受的价格分水岭，而当把一支牙膏作为解决口腔问题的产品时，20 多元的价格就没有那么贵了，反而给人一种理所当然的高质高价印象。

模块小结

价格作为营销因素组合中最活跃的因素，应对整个市场变化做出灵活的反应。在影响定价的几种因素中，成本因素、需求因素与竞争因素是影响价格制定与变动的最主要因素。企业的定价导向可以划分为三大基本类型，即成本导向、需求导向和竞争导向。企业在确定最终价格时，还需要考虑其他各种因素的影响，采取各种灵活多变的定价策略，如新产品定价、折扣定价、心理定价、差别定价等。企业制定价格后，还得经常监测环境的变化，并适当调整价格，以求更好地在市场上生存和发展。

思考时间

案例分析

英特尔（Intel）

一个分析师曾这样形容英特尔公司的定价政策：“这个集成电路巨人每 12 个月就要推出一种新的，具有更高盈利的微处理器，并把旧的微处理器的价格定在更低的价位上以满足需求。”当英特尔公司推出一种新的计算机集成电路时，它的定价是 1 000 美元，这个价格使它刚好能占有一定市场的份额。这些新的集成电路能够增加个人电脑和服务器的性能。如果顾客等不及，他们就会在价格较高时去购买。随着销售额的下降及竞争对手推出相似的集成电路对其构成威胁，英特尔公司就会降低其产品的价格来吸引下一层次对价格敏感的顾客。最终价格跌落到最低水平，每个集成电路仅售200美元多一点，使该集成电路成为大众市场的处理器。通过这种方式，英特尔公司从各个不同的市场中获取了最大额的收入。

问题：

（1）英特尔公司采取的是什么定价策略？

（2）请说出英特尔公司采取这种定价策略成功的原因。

实训实习

学生应在学习完本模块内容后，根据所学知识在课余时间选择一个行业的企业去实习实训，分析企业当前的价格策略。

1. 实训方式

在教师指导下，采取学生自定实习单位实习形式。这样做既可提高学生实习的积极性、针对性，又可有效监控实习内容的全面执行，使学生能了解企业当前产品定价策略。

2. 实训要求

实训结束后，学生应对企业经营现状、产品价格情况有一定了解，将其实训所得记录下来，以报告的形式提交。格式不限，但内容要求充实、详细。

根据时间充裕程度，安排学生进行课堂报告讲解，师生互动交流，加强对企业市场营销活动的理解和分析。

3. 实训考核

指导教师根据学生撰写的实训报告的质量综合评定成绩（优、良、中、及格、不及格）。

模块九　分销渠道策略

学习目标

知识目标

1. 明确分销渠道的概念、特点和类型：能够清楚定义分销渠道，并描述其主要特点和不同类型（如直接渠道和间接渠道）的区别及适用场景。

2. 掌握分销渠道影响因素：能够识别和解释影响分销渠道选择的主要因素，包括产品因素、市场因素、制造商自身因素和中间商因素等。

3. 理解分销渠道中间商的职能和类型：能够准确理解分销渠道中间商的不同职能（如批发商、零售商、代理商等）及其在渠道中的作用。

能力目标

1. 设计和管理分销渠道：能够根据市场需求和企业战略，设计合适的分销渠道，并具备管理和优化现有渠道的能力。

2. 分析和评估分销渠道的效果：能够对企业的分销渠道进行分析，评估其效率和效果，并提出改进建议。

3. 解决渠道冲突：能够识别和分析分销渠道中的潜在冲突，并提出有效的解决方案，以促进渠道成员之间的合作。

素养目标

1. 能够敏锐地观察市场变化，理解消费者需求和行为，增强对渠道策略调整的敏感性。

2. 在分析分销渠道时，能够综合运用所学知识，进行系统性思考，形成全面的分析报告。

案例导入

TCL 集团：构建深广兼容的分销渠道

TCL 集团于 1981 年靠一个小仓库和 5 000 元贷款起家，1999 年发展成为拥有 100 多亿元总资产，销售收入、出口创汇分别达到 150 亿元、2.4 亿美元，在中国电子行业雄居前三强的企业集团。该集团前 10 年集中生产经营通信产品，占据了电话机市场龙头地位；接下来的 10 年进军家电、电工市场，在十分激烈的竞争中，年均销售增长率持续超过 50%。进入 21 世纪后，集团又在策划新的目标：使公司从传统的电子企业向以“3C”整合为核心、信息产业为主导的互联网接入设备主流供应商转移，销售规模达到 1 500 亿元，进入世界 500 强企业行列。

集团决策者觉得需要全面审视公司的经营观念和分销战略与策略管理问题。为此，回顾、总结过去的经验是必要的。多年来，集团一直将市场视为企业的生命，提出并奉行“为顾客创造价值”的核心观念，赢得了宽广的市场空间。公司不断推出适合市场需要的新产品，严格把好每一个产品和部件的质量关，并十分重视建立覆盖全国的分销服务网络，为顾客提供优质高效的购买和保障服务。显然，经营产品的扩展，必须与营销渠道建设结合起来，这是一条重要经验。

TCL 在连续不断的市场大战中主动认识和培育市场，逐渐形成了“有计划的市场推广”“服务营销”“区域市场发展策略”等市场拓展新理念，建立了覆盖全国的营销网络，发展了自己的核心竞争力。到 1998 年底，TCL 已在全国建立了 28 家分公司，130 个经营部（不包括县级经营机构），还有几十个通信产品、电工产品的专卖店，拥有销售人员 3 000 多人。这个网络既销售王牌彩电，也销售集团内的多种产品，1998 年的销售额达到 50 多亿元。为了进一步开拓国际市场，除利用在美国原有子公司外，近年来集团又成立了“国际事业本部”，积极策划在东欧、东南亚设立自己的销售网点。

建立营销网络加快了 TCL 集团的发展步伐。TCL 坚持经营变革与管理创新并重，不断推进企业产权制度改革。集团通过授权经营，落实了企业经营风险责任机制和利益激励机制。尤其是进入 20 世纪 90 年代以来，TCL 抓住机遇，通过灵活机动的资本运营机制，先后兼并了香港陆氏彩电、河南美乐电视机、内蒙古彩虹电视机、金科集团和翰林汇软件公司，并与美国 LotusPacific 合作，进入信息网络终端产品和信息服务领域。TCL 投资创办了爱思科微电子集成电路公司，介入了通讯系统设备制造、移动电话和锂离子电池等高科技领域。TCL 已开始的产业结构调整，目标是使公司由传统家电产品制造商向互联网设备的主流厂商转变。集团领导层对这个转变充满信心，其中一个理由是营销网络为这个转变的实现提供了有力的保证。

经过多年苦心经营，TCL的营销网络已建立了能及时发现市场、开拓市场、保障服务质量、有效进行品牌推广，并灵活适应市场变化的机制。20世纪90年代初TCL王牌彩电成功介入无缝隙渠道融合市场，名列“三甲”，营销网络功不可没。在1996年彩电市场降价竞争中，公司迅速做出统一行动，调整价格，加强促销，不仅稳定公司的销售，而且争取到市场，给人留下深刻印象。集团在主导产品战略转移的同时，同步营造营销渠道网络，使之成为公司扩大经营、提高竞争优势的重要战略组成部分。第一，集团强制推行“项目计划市场推广战略”，要求所有项目制定详尽的市场推广战略，自觉、主动地认识市场、培育市场和占有市场。第二，实施“区域市场推广战略”，将国内市场划分为七大区域，按“大区销售中心—分公司—经营部—基层办事处”模式构建区域分销网络，禁止跨区违规操作，规范市场开发管理。第三，实施“深耕细作”策略，按各区域网络做细经营管理，开展“千店工程”，将销售网络遍布广大城乡。第四，实施营销网、服务网“双网络”拓展，产品品牌、服务品牌“双品牌”经营计划，将原售后服务部改组成“用户服务中心”并相对独立运作；建立客户档案，主动回访；在一些城市装配维修生产线，配合公司配件供应中心，提高服务效率；严格履行“三月包换、三年免费维修、中心城市上门服务”的承诺。第五，提高网络的兼容性，以家电营销服务网络为基础，整合家电网、电工网和通信产品网，方便顾客，降低成本。

TCL强大的营销网络吸引了国内外一些公司上门要求合作。健伍、NEC分别找上门来要求TCL代理其音响、手机。TCL营销网络不仅是TCL产品的“市场高速公路”，而且成了TCL最重要的一块无形资产。

进入21世纪，TCL提出了创建世界级中国企业的宏伟蓝图。为实现这一目标，TCL加快海外市场拓展步伐，加大研究开发力度，以一流管理、一流产品、一流服务和一流队伍，向用户提供最好的产品、最好的服务，塑造出中国最好的品牌，在家电、通信、信息和电工四大支柱产业赢得国内同行业的领先优势。

单元一　分销渠道概述

一、分销渠道的概念

美国市场营销协会给分销渠道下的定义为：分销渠道是一个有组织的各种机构和建制

的网络系统，履行各种职能，把产品与最终用户连接起来完成市场营销任务，通过这些组织，商品（产品或劳务）才得以上市行销。

在今天的市场交易中，企业出于人力和资金的考虑，大多数产品都不是由生产者直接卖给最终消费者的，在生产者和消费者之间，存在大量执行不同功能的企业或机构促进交易的完成。因此，分销渠道是指：产品或服务从生产者向消费者转移的过程中，取得这种产品和服务的所有权或帮助所有权转移的所有企业和个人。其具体任务是，把商品从生产者转移到最终用户手中，使用户能在适当的时间、地点得到满足自己需求的产品或服务。

二、分销渠道的特点

分销渠道由一系列中间商构成商品流通路径，作为连接生产与消费的起始点与终结点，涉及商品所有权的转移以及商品流动的多维性。这些特征共同构成了分销渠道的基本架构，它们不仅涵盖了从生产者到最终消费者的整个商品传递过程，而且体现了商品在市场中流动的复杂性和多样性。分销渠道的构建通常涉及多个环节，包括批发商、零售商以及其他类型的分销商，这些环节相互协作，确保商品能够高效、顺畅地从生产者流向消费者。此外，分销渠道还涉及商品所有权的转移，这是商品交易过程中的一个关键环节，它不仅关系到商品的法律归属，也影响着商品的流通效率和成本。多维度流动形式则强调了商品在分销过程中的物理移动、信息传递以及资金流转等多个方面，这些方面相互交织，共同作用于分销渠道的有效运作。

分销渠道的具体特征可以总结如下：

1. 结构特征：由中间商构成

分销渠道的主体由各种参与商品流通的中介构成，包括代理商、批发商和零售商，共同形成一个完整的流通链。例如，元气森林采用“公司-省级分销商-市级分销商-最终用户”的模式，通过多个中介将产品推向市场，凸显中介在渠道中的核心作用。

2. 方向性：起点为生产者，终点为消费者

分销渠道的起点是生产者，终点是个人消费者或用户，涵盖实现产品价值的整个过程。以农夫山泉为例，其产品从制造商出发，经过多个分销商，最终到达超市和便利店等零售终端，最终进入消费者手中，反映出这种方向性特征。

3. 所有权转移

从生产者到消费者的商品转移以所有权转移为前提，至少须进行一次。在传统渠道中，商品可能经历多次转售，例如从制造商到批发商，再到零售商，最终到达消费者，所有权因此多次转移。

4. 多维流动形式

分销渠道不仅涉及商品所有权的转移（商业流），还包括物流、信息流和资金流的协调运作。现代电子商务平台通过整合订单数据和供应链管理来优化这些流动的效率。例如，京东通过其高效的物流系统和先进的信息系统实现商品的快速交付和信息的实时更新，提升了整个分销渠道的运营效率。

三、分销渠道的类型

分销渠道可以按照不同的标准划分为不同的类型。

1. 直接渠道和间接渠道

按照企业的分销活动是否有中间商参与，可以将分销渠道分为直接渠道与间接渠道。

直接渠道也就是零层渠道，即制造商不通过任何中间商而直接将产品销售给消费者或用户。这种分销渠道主要用于产业市场的产品销售。直接渠道是工业品分销的主要分销类型，如大型机械设备、技术复杂且需要提供服务的高科技产品等。消费品中也有一些产品采用直接渠道，如鲜活产品、部分奢侈品。在具体表现形式上，邮寄销售、电话销售、电视销售和网络销售都属于直接渠道模式。

直接渠道的优点非常明显，一方面，企业销售人员可以直接面向消费者开展促销活动，销售方式灵活；另一方面，直接渠道下企业同消费者的沟通更加频繁，信息获取更加详细，便于售后服务质量的提升。同时，由于企业直接把产品卖给消费者，减少了中间环节的成本，价格上可以优惠更多。直接渠道也存在一些不足，即增加了企业销售费用，生产者存货风险较大，资金周转较慢等。

课堂延伸

三只松鼠是通过哪些分销渠道营销的?

三只松鼠是依赖线上电商渠道起家的互联网坚果品牌，自2002年成立之后，仅用6年的时间就卖出了160多亿元坚果和零食，并且每年的销售额几乎保持翻番增长，可以说是当前中国销售规模最大的食品电商企业之一。

一、线上营销渠道

三只松鼠一直以旗舰店为主的方式在线上立足，而线上营销最大的优势就是可以快速推出一款新产品并对其进行测试。

目前三只松鼠的线上渠道主要有天猫三只松鼠旗舰店、天猫超市三只松鼠自营店、京东三只松鼠旗舰店、京东超市三只松鼠自营店、当当三只松鼠旗舰店。

二、线下营销渠道

1. 松鼠投食店

松鼠投食店的定位是以“服务全球绝大多数线下大众家庭”为终极目标，以不断提供“超越主人预期的商品和服务”为一切工作的准心。作为品牌线下传播的终端窗口，直营门店店铺面积基本在150平米之上，装修设计从一代店、二代店到三代四代店，多维度塑造“投食店”的IP形象，店内整体环境偏向二次元的“森林风”。从鼠员形象、员工话术、服务行为、产品设计上，投食店每个细节都彰显着独特又富有创意的松鼠服务观，最重要的是通过体验的探索，持续不断地推动和探索符合于主人的产品需求和体验。目前投食店全国覆盖18个省份，包括北上广深等一二线城市，共计在50多个城市设有布局。

2. 松鼠小店

三只松鼠联盟小店（简称松鼠小店）是三只松鼠旗下新零售赋能创业平台，于2018年5月正式成立，提出了“助力年轻人创业，让天下没有难开的零食店”的平台使命，希望建立“简单、透明、信任、共生”的联盟生态关系，开始尝试线下联盟模式，以期帮助更多年轻人开一家属于自己的、能够有更多时间陪伴家人的、能够更好满足家庭生计的、更有幸福感的，而且有更多可能性未来的松鼠小店。自此，三只松鼠开启了和主人一起开店的新时代。

3. 松鼠小镇

松鼠小镇位于芜湖市城市主干道长江南路和峨山东路交汇处，北临长江，东接大学城，毗邻高新创业园，占地面积达247.5亩。松鼠小镇颠覆传统商业模式，充分融合森林元素及三只松鼠IP，以数字化推动主人游乐体验升级，以IP化绽放品牌文化势能，致力于为主人创造一个独一无二的松鼠王国，是集产业、文化、旅游、商业为一体的跨界型主题娱乐综合体，是主人享受美好生活的绝佳去处。松鼠小镇共设有三大功能区——松鼠星球馆、森林奇幻地、松鼠欢乐街，坐拥133米摩天轮、酷炫科技星球馆、告别肥宅欢乐街等特色项目，满足主人玩乐吃购嗨一体化全方位需求。

营销启示：“三只松鼠”主要是以互联网技术为依托，利用B2C平台实行线上销售。凭借这种销售模式，“三只松鼠”迅速开创了一个以食品产品为核心的快速、新鲜的新型食品零售模式。这种特有的商业模式缩短了商家与客户的距离，确保让客户享受到新鲜，完美的食品。随着发展规模的扩大、布局规划的清晰、产业多元发展的需求，三只松鼠也开始着手打造线下实体店。

间接渠道是指产品从制造商向消费者或用户转移过程中要经过若干中间商的分销渠道。这种分销渠道常用于日常生活消费品的销售，有些标准化的工业品也采用间接渠道。

间接渠道具有不少优点：能利用中间商的销售网络，迅速打开市场，扩大市场覆盖面；有利于企业间实现专业化分工合作，实现优势互补，缓解生产者人力、财力、物力等方面不足。其缺点在于随着产品流通渠道中间商的加入，产品的终端销售价格会提高，影响最终消费者的购买欲望。

2. 长渠道和短渠道

按照流通环节或层次的多少，可将分销渠道分为长渠道和短渠道。

长渠道是指产品从制造商向消费者或用户转移过程中通过两个或两个以上的中间商，或更多中间环节。产品经过中间环节越多，销售渠道也就越长。

长渠道具有很多优点：渠道越长，对终端消费者的覆盖程度也就越高，消费者更容易接触到产品；渠道越长，中间商越能发挥其地域优势，增强产品市场拓展能力；渠道越长，越能增强生产商和中间商的风险共担。长渠道也具有非常明显的缺点：随着渠道的加长，流通过程中费用也逐渐增加，反映到最后表现为消费者购买价格随之变高；渠道越长，消费者与企业的沟通环节越长，不利于产品的改进和企业决策。

短渠道是指产品从制造商向消费者或用户转移过程中只经过一个中间环节或直接销售。一般情况下，消费者对产品需求偏好越多，需要服务越多，越经常采用短渠道。一些不易保存或易损坏的产品也经常采用短渠道，如水果、海鲜等。

短渠道的优点主要表现为：通过减少流通环节，降低企业经营成本；加快产品转移到消费者的时间过程，减少产品使用价值损失；提高整个分销渠道信息流通效率，加强渠道间合作。其缺点则是：由于中间商数目的减少，与消费者接触面变窄，同时渠道分担风险的能力也随之降低。

这种划分，有利于营销人员集中考虑对某些中间环节的取舍，形成或长或短甚至长短结合的多种渠道策略。

3. 宽渠道和窄渠道

按照渠道中每个层次的同类中间商数目的多少，可将分销渠道划分为宽渠道和窄渠道。

宽渠道是指在同一分销层次，制造商同时选择两个或两个以上的同类中间商销售产品。窄渠道是指制造商在某一地区或某一产品分类中只选择一个中间商为自己销售产品，实行独家经销。

宽窄渠道各有优缺点，制造商往往根据其产品特点进行选择。一般来说，生产资料和少部分专业性较强或较贵重的消费品适合采用窄渠道销售，而日用消费品多采用宽渠道，能大量接触顾客。

4. 单渠道和多渠道

按照制造商所采用的渠道类型的多少，可将分销渠道划分为单渠道和多渠道。

单渠道是指制造商采用同一类型渠道分销产品，渠道比较单一。多渠道是指制造商根据不同层次或地区消费者的情况，选用不同类型的分销渠道。

企业对分销渠道进行分析，目的在于选择有利于企业产品销售的分销渠道策略。

单元二 中间商分析

中间商是指制造商与最终顾客（消费者或用户）之间参与交易业务，促使买卖行为发生和实现的经济组织和个人。其包括商人中间商和代理中间商。

一、商人中间商

商人中间商又称经销商，是指从事商品交易业务，在商品买卖过程中拥有商品所有权的中间商。也正因为他们拥有商品所有权，所以在买卖过程中，他们要承担经营风险。商人中间商又可分为批发商和零售商。

1. 批发商

批发商是指向制造商或经销单位购进商品，供给其他单位（如零售商）进行转卖或供给制造商进行加工制造产品的中间商。批发商出售的商品一般是供给零售商转卖或再生产用；批发商是在企业之间进行交易活动，批发交易结束后，商品仍留在流通领域；批发商销售的产品数量一般比较大，销售的频率相对较低；批发商设点较少。按照不同的标准，批发商又可分为以下几种类型：

（1）按照服务范围划分，可以把批发商分为完全服务批发商和有限服务批发商。完全服务批发商执行批发商业的全部功能，提供诸如存货、推销、顾客信贷、送货以及协助管理等服务，它包括批发中间商和工业分销商。前者主要是向零售商销售商品，并提供全面服务；后者是向生产者提供生产性消费的商品或服务。有限服务批发商是指批发商为了减少费用，降低批发价格，只对其顾客提供有限的几项服务，如现货自运批发商、直运批发商、卡车批发商、货架批发商、邮购批发商等。

（2）按照经营业务内容划分，可以把批发商分为专业批发商、综合批发商和批发市场。专业批发商即专门经营某一类或某一种商品的批发商；综合批发商即经营多类商品的批发商；批发市场又称批发交易市场，是由多种批发组织组成的联合体，或以某类商品为中心集结多家批发商，共同开展批发业务。

（3）按照经营商品种类划分，可以把批发商分为农副产品批发商和工业品批发商等。农副产品批发商的主要任务是从农村基层收购企业及其他农副产品批发商处调入商品，供应外地批发商或生产者、零售商；工业品批发商经营的商品包括生产资料和日用工业品。

此外，按经营商品的类别，批发商还可以分为百货、文化、纺织、针棉织品、劳保用品、五金、交电、化工原料等专业批发商。

2. 零售商

零售商是指把商品直接销售给最终消费者，以供应消费者个人或家庭消费的中间商。零售商处在商品流通的最终环节，直接为广大消费者服务。零售商的交易对象是最终消费者，交易结束后，商品脱离流通领域，进入消费领域；零售商销售商品的数量比较小，但销售频率高；零售商数量多，分布广。目前国内外的零售商根据其经营特征可分为以下几种类型：

（1）专业商店。这是专门经营某一类商品，或专门经营具有连带性的几类商品，或专门为特殊消费对象经营特殊需要商品的商店，如钟表店、眼镜店、妇女用品商店、体育用品商店、文化用品商店等。专业商店的经营要求具有较高的专业知识和操作技能、销售与服务密切结合、能提供周到的服务。

（2）百货公司（或商场）。这是一种大型零售商店，分门别类地销售品种繁多的商品。其特点是经营范围广，商品类别多，花色品种齐全，能满足消费者多方面的购买需要。

（3）超级市场。超级市场也叫自选商场，其特点是由顾客自取自选，自我服务，定量包装，预先标价，顾客出门时一次交款，因而可以节约售货时间，节约商店人力和费用，避免或减少顾客与售货员的矛盾。

（4）购物中心。这是一种由多家商店组合而成的大型商品服务中心，一般设在公共建筑物内，以一家或数家百货商店、超级市场为骨干，由各类专业商店、书店、餐馆、旅馆、银行、影院等组合而成，融购物、服务和娱乐休闲于一体。

（5）连锁店。这是一种由多家出售同类商品的零售商店组成的规模较大的联合经营组织。其特点是由中心组织统一向生产者进货（选购商品），以较大的订购批量，获得最大的价格优待；采取薄利多销的方针，争取顾客；商品价格经常浮动，有竞争对手时便降价争取顾客，无竞争对手时则提价争取多盈利。

（6）邮购商店。这是一种通过向消费者寄送商品目录来吸引顾客邮购商品，待收到订单后再寄送商品的商店。

此外，还有很多形式的零售商，诸如便利店、折扣商店、自动售货机、街头摊贩、外汇商店等。

二、代理中间商

代理中间商是指接受生产者委托从事销售业务，但不拥有商品所有权的中间商，简称代理商。代理商的收益主要是从委托方获得佣金或者按销售收入的一定比例提成。代理商一般不承担经营风险。代理商按其和生产者业务服务的特点，又可分为企业代理商、销售代理商、寄售商、经纪商和采购代理商。

1. 企业代理商

企业代理商是指受生产企业委托签订销货协议，在一定区域内负责代理销售生产企业产品的中间商。企业代理商和生产企业之间是委托代理关系，代理商负责推销产品，履行销售商品业务手续，生产企业按销售额的一定比例付给代理商酬金。

2. 销售代理商

销售代理商也和许多生产企业签订长期合同，替这些生产企业代销产品，但其与企业代理商有显著不同的特点，即每一个生产企业只能使用一个销售代理商，而且生产企业将其全部销售工作委托给某一个销售代理商以后，不得再委托其他代理商代理其产品，甚至也不能再派推销员去推销产品。销售代理商替委托人代销全部产品，而且不限定在一定的地区内代销。销售代理商在规定销售价格和其他销售条件方面也有较大的权力，因此销售代理商实际上是委托人的独家全权企业代理商。

3. 寄售商

零售商是经营现货代销业务的中间商。生产企业根据协议向寄售商交付产品，销售后所得货款扣除佣金及有关销售费用后，再支付给生产企业。寄售商要自设仓库或铺面，以便储存、陈列商品，使顾客能及时购得现货。

4. 经纪商

经纪商俗称掮客，是指既不拥有产品所有权，又不控制产品实物价格以及销售条件，只是在买卖双方交易洽谈中起媒介作用的中间商。经纪商的作用是沟通买卖双方，促成交易，其主要任务是安排买卖双方的接触与谈判，交易完成后，从交易额中提取佣金，与买卖双方没有固定的关系。

5. 采购代理商

采购代理商是指与买主建定较长期的关系，为买主采购商品，并提供收货、验货、储存、送货等服务的机构，如在大规模服装市场上有一种常驻买客，专门物色适合于小城镇的一些小零售商经营的服装。采购代理商知识丰富，可向委托人提供有益的市场情报，并为其采购适宜的优良商品。

课堂延伸

华为手机分销渠道

华为手机分销渠道可以分两大类：间接分销渠道和直接分销渠道。

间接分销渠道主要包括全国总代理商、区域代理商、网上代理商三类，概述如下：

全国总代理商：全国总代理商是指由产品厂家授权、能够直接从产品厂家批发获得大批产品、通过其分销网络向全国各地批发销售产品的代理商。全国总代理商拥有遍及全国的成熟的销售网点，资金实力较强，能有效降低厂商资金风险、保证供货，根据手机市场中销售渠道格局的变化，不断强化渠道渗透力和覆盖面，发挥较好的产品铺货和销售能力。

区域代理商：省级、市级等区域代理商从上级代理商或厂商处批发采购产品，但是只能在规定的区域内进行分销。区域代理商包括手机连锁销售商，如中复、迪信通、中域，它们即进行手机分销，同时自身也有具有一定规模和数量的零售卖场，可以零售手机。区域代理商利用在当地更密集的销售网络，能够更有效开拓和扩大手机在地区市场上的铺货率，提高市场份额。

网上代理销售商：随着电子商务的兴起和发展，网上营销手机的方式也开始在市场中出现。到目前为止，比较成熟、具备一定规模的网上代理销售商有北斗手机网、太平洋手机网等。

直接分销渠道：直接分销渠道主要包括自建销售网络、家电连锁商场、手机连锁销售店、电子商城、大型超市、移动运营商营业厅、手机商城、手机一条街或通信专卖街、小型手机专卖店等。

三、中间商的选择

中间商是企业产品分销渠道的重要组成部分。在市场营销活动中，中间商既能为制造商和消费者带来方便，又可以解决或缓解产需之间在时间、空间、产品结构、数量之间的矛盾，为制造商生产的产品顺利地进入消费领域创造条件。企业对中间商的选择应考虑以下七个因素：

1. 中间商的服务对象

中间商的服务对象是否与制造商所要到达的市场相一致。企业所要选用的中间商的经营范围与制造商的产品销路基本对口，这是最基本的条件，如专门生产高档服装的制造商，应选择在有名的服装商店或大型的综合商厦设立专柜销售。

2. 中间商的地理位置

中间商的地理位置是否与制造商产品的用户相接近。选择零售商的地理位置时，最好是企业产品的顾客经常到达之处；而选择批发商的地理位置时，则要看其是否能较好地发挥其储存、分销、运输的功能和是否有利于降低销售成本。

3. 中间商的商品构成

中间商的商品构成中是否也有竞争者的产品。具体地说，如果本企业的产品优于竞争者的产品而价格又不高的话，则适宜选择这个中间商；否则，不宜选用。

4. 中间商的职工素质及服务能力

如果中间商在销售商品的过程中能够向顾客提供比较充分的技术服务与咨询指导，具有懂技术、善经营、会推销的团队，则适宜选择这个中间商；否则，不宜选用。

5. 中间商的储存、运输设备条件

选择的中间商要具备经营本企业产品的必要的仓库、运输车辆等储运设施设备。

6. 中间商的资金力量、财务和信誉状况

资金力量雄厚、财务状况良好、信誉度高的中间商，不仅能及时付款，而且能够对有困难的制造商给予适当的帮助，有利于形成制造商与中间商的联合或密切结合；反之，中间商的资金力量薄弱、财务状况不好、信誉度不高，不仅不利于产品销售，甚至会给制造商带来风险。

7. 中间商的营销管理水平和营销能力

如果中间商的经营者不仅是行家里手，而且精明强干，工作效率很高，企业管理井然有序，办事效率高，显然推销能力就强，产品销售业绩就好；否则，就难以使产品占领市场。

由此可见，制造商对中间商的选择是否恰当，不仅关系到营销渠道是否畅通无阻，而且关系到产品销路的好坏和企业营销活动的成效。因此，制造商应全面考虑以上因素，慎重选择。

单元三 分销渠道设计

一、影响分销渠道设计的因素

影响分销渠道设计的因素很多，制造商在选择分销渠道前，应对产品、市场及企业本身各种因素进行综合分析，以便做出正确的选择。

1. 产品因素

（1）产品单位价值。单位价值低的产品，往往通过中间商来进行销售，让中间商承担部分销售成本，扩大市场的覆盖面，其分销路线长、环节多，且每一个环节层次多，即渠道宽。反之，单价高的产品，分销路线就短。

（2）产品的大小与重量。体积大、分量重的产品，往往意味着高的装运成本和高的重置成本，一般应尽量选择短的分销渠道，如机械设备多数只通过一个环节，甚至取消中间环节，由生产者直接供应给用户。

(3) 产品的耐腐性。产品是否会迅速腐烂，容易损坏，是一个在实体运输和储存中非常关键的问题。易腐、易毁的产品，应尽量缩短分销途径，迅速地把产品出售给消费者。鲜活产品的渠道一般都较短，就是这个道理。

(4) 产品的技术性。技术需求比较复杂、对售后服务要求较高的产品，如微机、现代办公用品、大型机电设备等，一般要求较高的技术性，生产企业要派出专门的人员去指导用户安装、操作和维修，这些产品一般由生产企业直接销售给用户，其分销渠道一般都是短而窄的，因为中间商可能对产品的各项性能不是很了解，有可能对顾客产生误导，为以后销售埋下隐患。

(5) 产品的款式。时尚程度较高的产品，即式样或款式较容易发生变迁的产品，如各种新奇玩具、时装等，分销渠道应尽量缩短，以免流转环节较多、周转时间较长；而过时或时尚性不强、款式不易发生变化的商品，分销渠道可以适当长一点，以便广泛销售。

(6) 产品标准化程度。一般而言，渠道的长度与宽度是与产品的标准化程度成正比的。产品的标准化程度越高，渠道的长度越长，宽度越宽。

(7) 新产品。为了尽快地把新产品投入市场，通常应采取强有力的推销手段去占领市场，生产企业往往不惜为此付出大量的资金组成推销队伍，直接向消费者推销。当然，如能取得中间商的良好合作，也可考虑采用间接销售形式。

2. 市场因素

(1) 市场范围的大小。在一般情况下，产品销售范围越大，则分销渠道就越长。如果产品在全国范围销售或进入国际市场，则要选择宽渠道，广泛利用中间商；如果产品销售范围很小，或就地生产就地销售，则由生产者直接销售或通过零售商销售。

(2) 潜在顾客的数量。如果某种产品的潜在顾客分散在全国广大地区，制造商就要通过若干不同的中间商转卖给潜在顾客，使用较长的分销渠道。如果某产品的潜在顾客集中在少数地区，制造商就可以直接销售而不用中间商，使用较短的分销渠道。

(3) 消费者的购买习惯。消费者的购买习惯也会影响分销渠道的选择。对于一些日用生活必需品，其价格低，消费者数量大，购买频率高，顾客不必做仔细的挑选，随时随地都能买到，制造商应尽量多采用中间商扩大销售网点，其分销渠道应长而宽。对于一些耐用消费品，制造商一般只通过少数几个精心挑选的零售商去推销产品，甚至在一个地区只通过一家零售商去推销其产品，其分销渠道可以短而窄。

(4) 市场上竞争者使用分销渠道的情况。一般来说，制造商要尽量避免和竞争者使用相同的分销渠道。如果竞争者使用和控制着传统的分销渠道，本企业就应当使用其他不同的分销渠道推销其产品。有时，同类产品也采取与竞争者相同的分销渠道，以便让顾客进行产品价格、质量等方面的比较。

(5) 市场的其他特点。销售季节性的变化、节日商品等市场的其他特点也都是企业选择分销渠道时应考虑的因素。

3. 制造商自身的因素

(1) 制造商的声誉与资金。制造商的声誉越卓著，资金越雄厚，越可以自由选择分销渠道，甚至还可以建立自己的销售网点，采取产销合一的方法经营，而不经过任何其他中间商。如果制造商财力微薄，或声誉不高，则必须依赖中间商提供服务。

(2) 制造商自身的销售力量和销售经验。一般来说，如果制造商自身有足够的销售力量，或者有丰富的销售经验，就可以少用或者不用中间商，否则就只有将整个销售工作交给中间商。

(3) 制造商对分销渠道的控制要求。如果企业的市场营销策略要求严格控制产品的价格和新鲜程度，或为了产品的时尚，则要选择尽可能短的或尽可能窄的分销渠道，因为短而窄的分销渠道，企业比较容易控制。

(4) 制造商提供服务能力。如果制造商愿意为最终消费者或用户提供更多的服务，可采用较短的分销渠道；如果制造商愿意且有能力为中间商提供更多的服务，就会吸引更多的中间商来经营企业的产品。

4. 经济效益因素

不同分销途径经济效益的大小也是影响选择分销渠道的一个重要因素。对于经济效益的分析，主要考虑的是销售费用和价格两个方面的因素。具体分析如下：

(1) 销售费用。销售费用是指产品在销售过程中发生的费用。它包括包装费、运输费、广告宣传费、陈列展览费、销售机构经费、代销网点和代销人员手续费、产品销售后的服务支出等。一般情况，减少流通环节可降低销售费用，但减少流通环节的程度要综合考虑，做到既节约销售费用，又有利于生产发展和体现经济合理的要求。

(2) 价格。在价格相同条件下，进行经济效益的比较。目前，许多生产企业都以同一价格将产品销售给中间商或最终消费者，若直接销售量等于或小于间接销售量，由于生产企业直接销售时要多占用资金，增加销售费用，所以，间接销售的经济效益高，对企业有利；若直接销售量大于间接销售量，而且所增加的销售利润大于所增加的销售费用，则选择直接销售有利。

当价格不同时，进行经济效益的比较。主要考虑销售量的影响，若销售量相等，直接销售多采用零售价格，价格高，但支付的销售费用也多。间接销售采用出厂价，价格低，但支付的销售费用也少。究竟选择什么样的分销渠道？可以通过计算两种分销渠道的盈亏临界点作为选择的依据。当销售量大于盈亏临界点的数量时，选择直接分销渠道；反之，则选择间接分销渠道。在销售量不同时，则要分别计算直接分销渠道和间接分销渠道的利润，并进行比较，一般选择获利的分销渠道。

5. 中间商因素

各类中间商实力、特点不同，诸如广告、运输、储存、信用、团队人员、送货频率方面具有不同的特点，从而影响生产企业对分销渠道的选择。

（1）中间商的不同对生产企业分销渠道的影响。

（2）中间商的数量不同的影响。按中间商数量的多少的不同的情况，可选择密集式分销、选择性分销、独家分销。

1）密集式分销，指生产企业同时选择较多的经销代理商销售产品。一般来说，日用品多采用这种分销形式。工业品中的一般原材料、小工具、标准件等也可用此分销形式。

2）选择性分销，指在同一目标市场上，选择一个以上的中间商销售企业产品，而不是选择所有愿意经销本企业产品的所有中间商，这有利于提高企业经营效益。一般来说，消费品中的选购品和特殊品，工业品中的零配件宜采用此分销形式。

3）独家分销，指企业在某一目标市场，在一定时间内，只选择一个中间商销售本企业的产品，双方签订合同，规定中间商不得经营竞争者的产品，制造商则只对选定的经销商供货。一般来说，此分销形式适用于消费品中的家用电器，工业品中专用机械设备，这种形式有利于双方协作，以便更好地控制市场。

（3）消费者的购买数量。如果消费者购买数量小、次数多，可采用长渠道；反之，购买数量大、次数少，则可采用短渠道。

（4）竞争者状况。当市场竞争不激烈时，可采用与竞争者类似的分销渠道；反之，则采用与竞争者不同的分销渠道。

二、分销渠道设计步骤

分销渠道的设计一般可分为以下几个步骤：分析渠道需要、明确渠道目标与限制；确定各主要渠道选择方案；评估各主要渠道选择方案。

1. 分析渠道需要、明确渠道目标与限制

企业在进行渠道设计前首先必须仔细了解渠道存在的一个重要前提——购买者的需要。也就是说，企业必须了解目标市场的购买者对渠道的要求。目标市场对渠道的要求是多样化的，包括：购买者对购买地点的要求及对购买的便利性的要求；目标市场对渠道包容产品范围的要求以及交货速度的要求；购买者对产品附加服务的要求；等等。企业在设计渠道时，对这些目标市场的需要，要结合自己的资源条件来把握可行性和运作成本，以购买者可以接受的价格来满足他们的需求。

在考虑市场需求以及产品、中间商、竞争者、企业政策和环境等其他影响渠道的因素的基础上，企业要合理地确定渠道目标，明确渠道限制。渠道目标包括渠道对目标市场的满足内容、水平，以及中间商与企业应该执行的职能，为企业分销产品到达目标市场提供最佳途径。

2. 确定各主要渠道选择方案

确定各主要渠道的选择方案包括解决两个基本问题：确定中间商的类型与数目；界定

渠道成员的责任。

（1）确定中间商的类型与数目。企业必须识别、明确适合自己产品分销的中间商类型。通常的选择可以是：企业销售人员，即企业扩大自己的直接销售人员，利用自己的销售代表来联系顾客、销售产品；生产商的代理机构，即企业通过经销来自不同企业的相关产品的独立公司销售产品；行业销售商，即企业通过在相关行业或地区寻找愿意销售企业产品的销售商来销售产品。

在确定了中间商类型之后，企业还必须确定每一层次渠道上的成员即中间商的数目。企业通常可以有密集型分销、选择型分销和独家分销三种选择。其中，密集型分销是使企业的产品在尽可能多的零售商店销售，独家分销是指选择一家经销商销售企业的产品，选择型分销使用中间商的数目介于上述两者之间。

（2）界定渠道成员的责任。生产商与中间商要在相关的渠道成员的权责利方面达成协议。协议要规定好分销产品的价格政策、销售条件、区域权利以及具体服务安排。在未来的渠道运作中，各渠道成员要严格按照达成的协议，在承担相应责任的前提下，拥有相应的权利，并能够获得应有的利益。

3. 评估各主要渠道选择方案

企业对各主要渠道选择方案的评估，可以采用经济性、控制性与适应性标准。

（1）经济性标准。每一种渠道方案都将产生不同水平的销售和成本。建立有效的分销渠道，企业必须考虑两个问题：一个是在成本不变的情况下，采用哪种分销渠道会使销售额达到最高；另一个是在同一销售量的范围内，采用哪种分销渠道成本最低。

（2）控制性标准。由于中间商是独立的企业，有自己的利益追求，所以，使用中间商会增加企业在渠道控制上的问题。由于产品的流通过程是企业营销过程的延续，从生产企业出发建立的分销渠道，如果生产企业不能对其运行有一定的主导和控制，分销渠道中的实物流、所有权流、付款流和信息流就不能顺畅有效地进行。相对而言，企业自己销售比利用中间商更有利于对渠道的控制。

（3）适应性标准。这主要是指企业要考虑分销渠道对未来环境变化的能动适应性，即考虑渠道的应变能力，不能有效适应变化的渠道是没有未来的。所以，企业在与中间商签订长期合约时要慎重考虑，因为在合约期内不能根据需要随时调整渠道，这会使渠道失去灵活性和适应性。对企业来说，涉及长期承诺的渠道方案，只有在经济效益和控制力方面都十分优越的条件下，才可以考虑。

三、分销渠道选择策略

企业分销渠道的选择，不仅要求保证产品及时到达目标市场，而且要求选择的分销渠道销售效率高，销售费用少，能取得最佳的经济效益。因此，企业进行分销渠道选择前，必须综合分析企业的战略目标、营销组合策略以及其他影响分销渠道选择的因素，然后再做出某些相关策略，如是否采用中间商，分销渠道的长短、宽窄，具体渠道成员等。

1. 直接销售与间接销售的选择

这个问题实质上就是是否采用中间商的策略。一方面，虽然中间商的介入对制造商以及社会带来很大的好处，但没有中间商介入的销售方式即直接销售也具有很多的优点，如销售及时、节约费用、加强推销、提供服务、控制价格、了解市场等。另一方面，直接销售使产品的整个销售职能完全落在生产企业身上，完成这些职能的费用也完全由生产企业负担。事实上，生产量大、销售面广、顾客分散的产品如纸巾、牙膏等，任何企业都没有能力将产品送到每一个消费者手中，即使能送到也是不经济的，因此这些企业只能选择间接销售渠道。

从以上分析看，直接销售和间接销售各有利弊，各有其适用条件和范围。企业在选择时，必须对产品、市场、企业营销能力、控制渠道的要求、财务状况等方面进行综合分析。一般情况是：大多数生产资料产品技术复杂，价格高，需要安装和经常的维修服务；用户对产品规格、配套、技术性能有严格要求，交易谈判需较长的时间；有的大宗原材料用户购买量很大，购买次数少，用户数量有限，宜采用直接销售。生活用品中一些易变质的和时尚产品，以及价格昂贵的高档消费品，也可采用直接销售。除此之外，大多数生活资料以及一部分应用面广、购买量小的生产资料，宜采用间接销售。另外，在进行此类选择时，营销能力、财务、控制渠道的要求也必须考虑在内。例如，有的企业产品从产品与市场的角度分析，应该采用直接销售，然而，因为企业销售力量太弱或因财务困难，也不得不选用间接销售渠道。

2. 分销渠道长度的选择

当企业决定采用间接分销时，应对渠道的长短作出决定。越短的分销渠道，制造商承担的销售任务就越多，信息传递就越快，销售就越及时，也就越能有效地控制渠道。越长的分销渠道，中间商就越要承担大部分销售渠道职能，信息传递就越慢，流通时间就越长，制造商对渠道的控制也就越弱。制造商在决定分销渠道长短时，应综合分析制造商的特点、产品的特点、中间商的特点以及竞争者的特点。

3. 分销渠道宽度的选择

分销渠道的宽度，是指分销渠道在不同层次使用中间商数目的多少。这主要取决于企业希望产品在目标市场上扩散范围的大小。对此，有以下三种可供选择的策略。

(1) 密集型分销策略。密集型分销策略，也叫广泛分销策略，指制造商广泛利用大量的中间商来经销自己的产品。这种策略的基本点就是充分利用场地，占领尽可能多的市场供应点，以使产品有充分发展的机会。该策略通常用于日用消费品和工业品中标准化、通用化程度较高的产品（如小件工具、标准件等）的分销。这类产品的消费者在购买使用时注重的是迅速且方便，而不太重视产品厂牌、商标等。其制造商则希望自己的产品能尽量扩大销路，使广大消费者能及时、方便地买到。

这种策略的优点是产品与顾客接触机会多、广告的效果好，但制造商基本上无法控制这类渠道，与中间商的关系也较松散。但是，采用这种策略时，制造商要与众多中间商发生业务关系，而中间商往往同时经销众多厂家的产品，就难以为某个生产商承担广告费用，或采取专门的推销措施。这样必然导致企业间的合作困难，也使制造商难以控制分销渠道。一般来讲，制造商要负担较高的促销费用，设法鼓励和刺激中间商积极推销本企业的产品。

(2) 选择型分销策略。选择型分销策略是指制造商从愿意合作的中间商中选择一些条件较好的中间商去销售本企业的产品。这种策略的特点是制造商只在一定的市场上选用少数几个有支付能力、有销售经验、有产品知识及推销知识、信誉较好的中间商推销本企业的产品。它适用于顾客需要在价格、质量、花色、款式等方面精心比较和挑选后才决定购买的产品。

这种策略的优点是减少了制造商与中间商的接触，每个中间商可获得较大的销售量，有利于培植企业之间的合作关系；不仅提高渠道的运转效率，而且有利于保护产品在用户中的声誉，制造商对渠道也能有适度的控制。

(3) 独家分销策略。独家分销策略是指制造商在一定的市场区域内仅选用一家经验丰富、信誉卓著的中间商推销本企业的产品。在这种情况下，双方一般都签订合同，规定双方的销售权限、利润分配比例、销售费用和广告宣传费用的分担比例等；规定在特定的区域内不准许制造商再找其他中间商经销其产品，也不准许所选定的中间商再经销其他企业生产的同类竞争性产品。这种策略主要适用于顾客挑选水平很高、十分重视品牌商标的特殊产品，以及需要现场操作表演和介绍使用方法的机械产品。

独家分销策略的优点是，易于控制市场的营销价格；只有一家专营中间商与生产者签订协议，所以可以提高中间商的积极性和推销效率，更好地服务于市场；为了推销专营性商品，产销双方可以较好地互相支持和合作。其缺点是：在该地区生产者过于依赖该中间商，容易受其支配；在一个地区选择一个理想的中间商是十分困难的，如果选择不当或客观条件发生变化，可能会完全失去市场；一个特定地区只有一家中间商。可能因为推销力量不足而失去许多潜在顾客。

单元四　分销渠道管理

一、分销渠道管理的内容

分销渠道设计好以后，企业还要对分销渠道进行管理，主要有下述几点。

1. 经销商订货、供货管理

加强对经销商的订货处理管理，减少因订货处理环节中出现的失误而引起发货不畅。加强对经销商订货的结算管理，规避结算风险，保障制造商的利益。同时避免经销商利用结算便利制造市场混乱。加强对经销商广告、促销的支持，减少商品流通阻力；提高商品的销售力，促进销售；提高资金利用率，使之成为经销商的重要利润源。加强对经销商的供货管理，保证供货及时。

2. 销售服务管理

对经销商负责，在保证供应的基础上，对经销商提供产品服务支持。妥善处理销售过程中出现的产品损坏变质、顾客投诉、顾客退货等问题，切实保障经销商的利益不受无谓的损害。对经销商进行培训，增强经销商对公司理念、价值观的认同以及对产品知识的认识。

3. 渠道冲突管理

负责协调制造商与经销商之间、经销商与经销商之间的关系，尤其对于一些突发事件，如价格涨落、产品竞争、产品滞销以及周边市场冲击或低价倾销等扰乱市场的问题，要以协作、协商的方式为主，以理服人，及时帮助经销商消除顾虑、平衡心态，引导和支持经销商向有利于产品营销的方向转变。

（1）渠道冲突的原因。

1）目标不一致。例如，生产商希望通过低价获得高速增长，经销商希望获取高额利润，追求短期利益。

2）角色、权利不明确。例如，某公司利用公司销售人员向大客户销售产品，同时其特许经销商也在努力向该客户推销同一产品。

3）对未来形势预期不同。例如，生产商预测近期经济形势比较乐观，希望经销商经营高档商品，但经销商则估计经济形势不乐观。

4）中间商太依赖生产商。独家经销商对生产商依赖程度越高，就越可能产生冲突。

5）中间商不能如期履约，占用供应商资金。

（2）渠道成员之间冲突的管理取向和解决方法。冲突的破坏性有大有小，对利润的影响也有大有小。应根据这两者的结合确定解决的取向。

解决合作中出现的冲突，从原则上说，有竞争、协作、回避、迁就和折中5种方法。竞争是冲突中的一方，仅仅寻求自我利益的满足，而不考虑对方的利益，最终结果是形成输赢关系。协作是冲突双方寻求双方利益的满足，结果是形成双赢关系。回避是当事的一方可能认识到冲突的存在，对之逃避或压抑，结果是形成输赢关系。迁就是当事的一方把对方的利益置于自身利益之上，形成输赢关系。折中是双方都有失有得，没有明显的输赢关系。

在具体处理上，可针对冲突的原因寻求具体的解决方案，这里提出6种情形：

1）生产商绕过中间商直接销售引起冲突。可能的解决方法是：一是制定铁的政策，要求生产商不再直接销售；二是识别出可直接销货的客户，与中间商达成协议；三是进行直接销售，但把利益让与委任的中间商，满足他们的利益。

2）生产商把某些产品交给新型渠道，扩大销售，引起冲突。可能的解决方法是：一是把市场分解，使不同的产品对准不同的渠道；二是为不同的中间商开发不同的产品。

3）生产商在每个地区委任较多的中间商，引起冲突。可能的解决方法是：一是以地区的购买力为基础，委任一组中间商，并把这种政策告诉中间商；二是指派经销商领袖；三是鼓励现有中间商到新区组建分支机构。

4）中间商对渠道中不同中间商所得利益不公平，引起冲突。解决方法是将利益同中间商的功能联系起来。

5）生产商认为中间商不忠诚，对于生产商的产品和计划支持很少，引起冲突。可能的解决方法是：一是设计更多的方案，听取渠道成员的意见；二是根据中间商的服务水平，进行内部调整。

6）生产商拒绝与中间商分享有关最终客户的信息，引起冲突。可能的解决方法是：一是给予渠道成员这种资料；二是与中间商联合进行市场调研；三是相信中间商，让中间商与生产商分享有关资料。

二、分销渠道的发展

分销渠道及渠道中各成员之间的关系不是一成不变的，伴随着新的商业业态的出现和渠道成员关系及营销策略的变化，分销渠道系统亦在新变化中呈现新的发展趋势。

1. 直接渠道系统的发展

传统的直接营销是指上门推销。随着科技的发展，特别是社会信息化，直接渠道系统内容日益丰富，直邮广告、电话直销、电视直销、邮购直销、网络直销、会议直销五彩缤纷，尤其是随着互联网的商用化开发普及，企业设立网址，开设电子商场（网上商场）进行网上销售，已成为一种具有广阔发展前景的新的直销商业形态。

2. 垂直渠道系统的发展

垂直渠道系统近年来最重要的发展趋势是一改传统的销售渠道中生产者、批发商和零售商互相分设，为着各自利益讨价还价，各行其是，忽视渠道整体利益的状态，而由生产者、批发商和零售商组成一种统一的联合体。不管在联合体中谁处于支配地位，彼此都形成了统一的兼顾整体利益的系统。其基本特征在于专业化管理和集中执行的网络组织有利于消除渠道成员之间的冲突，能够有计划地取得规模经济效益和最佳的市场效果。

垂直渠道系统主要有以下三种类型：

（1）公司式垂直渠道系统。它是指由一家公司拥有和统一管理若干个制造商和中间商，控制整个渠道，同时开展生产、批发和零售业务。

（2）管理式垂直渠道系统。它是由一个规模大、实力强的企业出面组织，由它来管理协调生产和销售的各个环节。名牌制造商有能力从零售商那里得到强有力的贸易合作和支持。

（3）契约式垂直渠道系统。它是由各自独立的公司，在不同的制造商和中间商为了获得其单独经营而不能取得的经济效益时，以契约形式为基础组成的一种联合体，包括特许经营系统、批发商倡办的自愿连锁组织、零售商合作组织等。

3. 水平渠道系统的发展

水平渠道系统是指由同一层次上的两个或两个以上的公司为共同开拓新的市场机会而联合开发的一个营销机构。当一个企业无力单独进行开发或承担风险，而相互合作有利于优势互补，能产生协同效应时，企业间就谋求这种合作。企业间的联合行动可以是暂时的，也可以是永久的，还可以创立一个专门的营销公司，这被称为共生营销。

4. 多渠道系统的发展

多渠道系统是指通过两条或两条以上的渠道将产品送到同一个或不同的目标市场。建立多渠道营销系统，可以增加市场覆盖面，降低渠道成本，更好地满足顾客需要，扩大产品销售，提高经济效益。但多渠道营销也有可能产生渠道冲突。因此，企业实行多渠道营销必须加强渠道的控制与协调，使多渠道系统健康发展。

模块小结

分销渠道是指产品从制造商（生产者）向消费者或用户转移过程中取得产品所有权或

帮助转移所有权的所有组织和个人。分销渠道的起点是制造商，终点是消费者，中间环节包括商人中间商和代理中间商。产品交易的复杂性，决定了分销渠道模式和类型的多样性，企业应根据产品市场营销的需要选择分销渠道。影响分销渠道设计的因素有产品因素、市场因素、制造商自身因素、经济效益因素、中间商因素。因此，企业进行分销渠道选择前，必须综合分析企业的战略目标、营销组合策略以及其他影响分销渠道选择的因素，然后再做出某些相关策略，如是否采用中间商，营销渠道的长短、宽窄，具体渠道成员等。

思考时间

案例分析

宝洁和沃尔玛：对手变盟友

一份战略联盟协议让沃尔玛和宝洁化干戈为玉帛，成为供应链中的合作伙伴，从而结束了二者长期敌对的局面。

宝洁是消费型产品的全球领导者，零售巨头沃尔玛是它最大的客户之一。在 20 世纪 80 年代中期，这两家巨型企业之间的关系变得剑拔弩张。宝洁的促销力度很大，给零售商很大的折扣优惠。沃尔玛趁机以超出常规的购买量大量购买并囤积宝洁的产品。

这就给宝洁造成了很多麻烦，它生产太多，伤害了现金流。为了提高现金流，宝洁于是提供更多的推广优惠，而沃尔玛的反应是买得更多，于是这两家公司之间的恶性循环就这样持续下去。

凯梅尼和亚诺威茨在《反省》一书中对此的描述是：“两家公司所采取的应对措施都在尽力破坏对方成功的可能性。”

于是，宝洁下决心要化敌为友，向沃尔玛抛出了成立战略联盟的橄榄枝。

“第一个难题是如何组建一支由双方的管理人员所组成的运作团队。”凯梅尼和亚诺威茨说：“他们举行了数天的研讨会，通过运用系统思维工具，在共同的商业活动将会给双方带来的结果方面达成了共识。来自宝洁和沃尔玛的管理者们发现，彼此的举措原来可以是合理的，而不是自利的行为。”

充分了解对方的需求之后，这两家公司在双赢战略的基础上开始合作，而宝洁也无须再向沃尔玛提供折扣。“这个战略实施非常成功，于是被推而广之——宝洁甚至几乎停止了所有的降价推广活动，为此它几乎得罪了整个零售业。这样做的结果是，宝洁的盈利大幅攀升。”

为了使合作可以运转，这两家公司把软件系统连接到一起，很多信息都实现了共享。据报道，现在，当沃尔玛的分销中心里宝洁的产品存货量低时，它们的整合信息系统会自动提醒宝洁要补货了。

该系统还允许宝洁通过人造卫星和网络技术远程监控沃尔玛每个分店的宝洁产品专区的销售情况，而网络会把这些信息实时反馈给宝洁的工厂。宝洁的产品无论何时在收银台扫描，工厂都可以知道。这些实时信息使宝洁能够更准确地安排生产、运输，以及为沃尔玛制订产品推广计划。节省下来的库存费用使得宝洁可以向沃尔玛提供更加低价的产品，这样沃尔玛就能继续它的“每日低价”策略了。

问题：

如何看待宝洁和沃尔玛渠道间的冲突？尝试举出生活中一个类似案例。

实训实习

学生应在学习完本模块的内容后，根据所学知识在课余时间选择一个行业的企业去实习实训，分析其营销渠道构成。

1. 实训方式

在教师指导下，采取学生自定实习单位实习方式。学生利用课余时间了解企业销售情况，销售渠道，整理资料，最后写出实习报告。

2. 实训要求

学生分析实训企业的销售渠道，整理资料，撰写并提交实训报告。

3. 实训考核

指导教师根据学生撰写实训报告的质量综合评定成绩（优、良、中、及格、不及格）。

模块十　促销策略

学习目标

知识目标

1. 掌握促销及促销组合的相关概念：能够对促销进行定义，理解促销的目的和重要性，并掌握促销组合的构成要素及其作用。

2. 掌握人员推销、广告策略的主要内容：能够详细描述人员推销和广告的基本内容、特点及其在促销中的应用。

3. 熟悉企业公共关系、营业推广策略的主要方式：能够识别和理解企业如何通过公共关系和营业推广来提升品牌形象和销售业绩。

能力目标

1. 分析促销活动的效果：能够评估不同促销手段的效果，分析其对销售和品牌形象的影响，提出改进建议。

2. 运用促销组合策略：能够根据不同市场环境和产品特点，灵活运用促销组合策略，制定出有效的促销方案。

3. 进行人员推销和广告策划：能够设计和实施有效的人员推销和广告活动，提高客户的购买意愿和产品认知度。

4. 处理促销活动中的实际问题：能够识别促销活动中可能出现的问题，并提出有效的解决方案，以确保促销活动的顺利进行。

素养目标

1. 能够敏锐地观察市场动态，理解消费者的需求和心理，及时调整促销策略以适应市场变化。

2. 在人员推销和促销活动中，能够有效地与客户沟通，协调团队成员的工作，提高整体促销效果。

3. 能够理解企业在促销活动中应承担的社会责任，关注企业形象与社会公众之间的关系，积极参与公共关系活动，塑造良好的品牌形象。

案例导入

导购员与客户

春节期间，王先生想购买一双运动鞋，于是去了一家商店。他一进门，刚开始左右看，一个悦耳的声音传来："欢迎光临本店，先生，您想买鞋吧？我们最近在搞新年回馈活动，推出很多新款，我来给你介绍一下吧！"

在导购员的介绍下，王先生发现有一双不错的鞋子。问了一下价钱，要558元，新年活动打折后也要358元。

他说："你们的鞋子怎么这么贵？"

导购员笑着说："您很会挑鞋子，这双鞋是新款，是厂家这次请的国际设计师设计的，听说在国际上还获过奖的，而且材料和做工都很不错。一分价钱一分货，价格虽然有些高，但绝对是值得购买的。"

王先生说："能否便宜一点？"

导购员回答说："您先试试吧，如果不合适，再便宜您也不会要，是不是？您的脚多大码？哦，43码，这双正是您要的大小，您坐这里试试。"

试鞋子的过程中，王先生又问了导购员一些问题。

"你们这个品牌我怎么没有听说过呢？"

"这个品牌很有名的，您没有听过么，我来给您解释一下啊……"

"能便宜一点吗？"

"这双鞋真的是很合算的，如果不是新年，不可能打折。另外，这双鞋质量很好，至少可以穿两年，只要358元，每天算下来才5毛钱。从您的气质一看就是在外见过世面的，我看您手上的钱包啊，能值好多双鞋子了，要是鞋子太便宜也不般配不是。其实358元，价格真的不贵，就当您多请了一位好朋友吃饭而已。"

"那好吧。"

"这双鞋您穿着真的很合适，您一会儿是手机支付还是现金支付？"

"手机支付。"

"那您跟我到这边来支付吧。"

等王先生手机支付后，导购员又说话了："我这里有给老顾客优惠的袜子，您买了我们的鞋子，也算老顾客了，价值68元的袜子，您给10元就好了。"

王先生说："好的。"

"袜子在这里您拿好，欢迎您下次再来啊。"

单元一 促销概述

企业开展营销活动，不仅要开发适销对路的产品，制定有竞争力的价格，选择恰当的营销渠道，还要通过各种方式向目标市场传递和沟通信息，引导和刺激消费者的购买行为，即进行必要的促销活动，从而提高产品的销量。正确制定并合理运用促销策略是企业在市场竞争中取得经营优势、获取经济利益的重要保障。

一、促销的含义与作用

1. 促销的含义

促销即“促进销售”，是指企业为了打开市场，扩大产品销量，将产品或服务的相关信息通过人员或非人员的方式传递给消费者，促进消费者了解、信赖本企业的产品，进而激发购买欲望，产生购买行为的活动。

促销具有以下几层含义：

（1）促销活动的核心是沟通信息。在现代社会化大生产条件下，生产者与消费者之间客观上存在分离。促销工作就实现了企业与消费者之间信息的相互沟通：一方面，企业将产品或服务的信息传递给消费者；另一方面，消费者将对企业及其产品的意见、建议等信息收集反馈给企业。这样就形成了一个双向的信息沟通系统。

（2）促销的目的是引导、刺激消费者产生购买行为。促销是通过各种方式将产品或服务的相关信息传递给消费者，引导或改变消费者对企业及其产品的认知，从而激发消费者的购买欲望，使其产生购买行为，最终目的是扩大产品销售。

（3）促销方式分为人员推销和非人员推销两种基本形式。人员推销是一种直接的促销方式，是指企业运用推销人员向消费者推销商品或服务的一种促销活动，一般适用于消费者数量少、比较集中的情况。非人员推销是一种间接的促销方式，是指企业通过一定的媒体传递产品或服务的有关信息，促使消费者产生购买欲望，实现购买行为的一系列促销活动。非人员促销又包括广告、营业推广和公共关系三种形式，一般适用于消费者数量多、比较分散的情况。促销方式如图 10－1 所示。

2. 促销的作用

促销的目的是实现产品销售，促销活动的开展对企业树立品牌和产品形象、提高产品

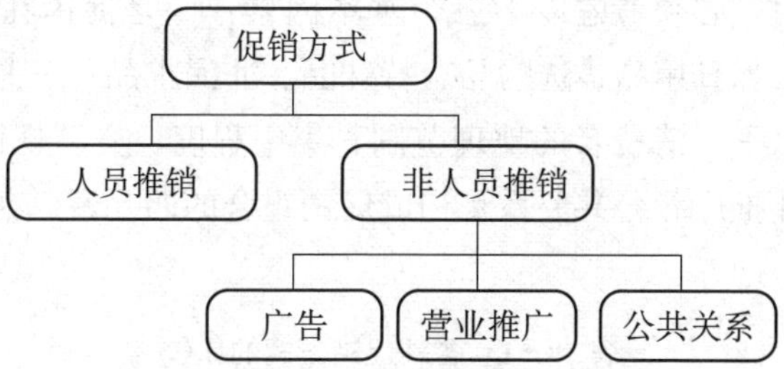

图 10-1　促销方式

销量、扩大市场占有率和争取竞争优势等，都有着重要的意义。促销的作用主要体现在以下四个方面：

（1）传递信息，沟通情报。一方面，企业通过促销宣传，向目标市场传递产品信息，包括产品属性、特点、带给消费者的利益和价值等，引起消费者的注意，激发消费者的购买欲望；另一方面，企业搜集市场需求信息和消费者的反馈，借以根据市场需求动向和消费者意见，及时调整生产，提供适销对路的商品，以达到占领市场、扩大销量的目的。

（2）突出优势，强化竞争。市场经济的发展带来的是日益激烈的竞争，不同的企业生产经营着许多同类产品。这些同类产品在其外观、功能等方面差别不大，消费者对这些产品的细微差别往往不易察觉。因此，企业要想使其产品在市场上占有一席之地，就必须通过适当的促销，突出宣传本企业产品较竞争企业产品的不同特点以及带给消费者的特殊利益，以引起消费者的注意，刺激其产生购买欲望，进而扩大产品销售，提高品牌知名度和企业的竞争力。

（3）创造需求，扩大市场。企业在市场营销活动中，为了在竞争中取胜，就必须使其产品在花色、性能、价格等方面最大限度地满足消费者和用户的需求。然而，仅仅满足消费者的需求是不够的，企业还必须在此基础上针对消费者的心理动机，通过采取灵活有效的促销方式，想方设法引导、激发潜在消费者的购买欲望，引发他们的购买行为，借以达到创造需求、扩大市场的目的。

（4）塑造和维护企业良好形象。促销具有强化企业形象、巩固市场地位的作用，良好的市场形象能够使产品获得更多消费者的青睐，从而达到增加销量的目的。不同促销方式的运用能够间接帮助企业实现该目标，公共关系在这方面的作用尤为明显。

二、促销组合

1. 促销组合的概念

促销组合是指企业根据促销活动的需要，对人员推销、广告、营业推广和公共关系等促销方式进行有计划、有目的的综合运用，使各种促销活动相互配合，最大限度地发挥整体效果，借以顺利实现企业目标。

在建立促销组合时，必须考虑以下三个基本因素：一是促销在整体营销组合中的作用；二是产品的性质，如日用品、选购品、特殊品、非渴求品；三是市场的性质，包括目标市场的收入和消费水平，消费者的地理范围、集中程度、交易规模和偏好程度等因素。人员推销、广告、营业推广和公共关系是构成促销组合的四要素。各种促销方式的比较见表10－1。

表10－1　各种促销方式的比较

促销方式	优势	劣势	常用方法	适用范围
人员推销	在建立购买者偏好、信念和促进行动方面最为直接、有效；面对面的接触便于建立关系、培养感情、说服顾客	市场覆盖面有限，成本较高；推销队伍的管理较复杂	上门推销、柜台推销、会议推销	多适用于产业用品的促销
广告	传递企业及产品信息，树立品牌形象，增加短期销售，信息覆盖面广	对单个顾客的针对性较弱；制作、发行总体成本较高	电视广告、报纸广告、网络广告、广播广告、户外广告等	较适用于消费品的促销
营业推广	形式多样、刺激性强、吸引注意、激发需求、产生兴趣，促使潜在顾客快速行动，短期效果明显	频繁使用此法会引起顾客的疑虑和反感，不利于提升品牌形象	奖金或礼品、附赠品积分、招待会、延期付款、低息贷款、以旧换新等	适用于消费品的促销
公共关系	可信性强、降低顾客抵触心理，加强信赖，建立品牌的长期形象	见效慢，非直接促销	公益活动、记者招待会、演讲、研讨会、慈善捐助、赞助等	较适用于塑造企业形象

2. 影响促销组合的因素

消费者对一种产品从了解到实际购买，一般要经过四个步骤，即认识产品、发生兴趣、产生需求、实际购买。在这一过程中，各种促销手段的作用各不相同。一般而言，在引导购买者了解、认识一种产品时，广告最为有效；在促成消费者实际购买时，营业推广更为合适；在诱导消费者对一种产品发生兴趣、引起需求时，人员推销效果显著；公共关系则有助于人们了解企业及其产品，产生信任感。这四种促销手段的组合是否适当，直接影响促销工作的效果。企业要进行正确、有效的促销组合，必须综合考虑以下因素：

（1）促销目标。企业促销包含着很多具体目标，如提高企业及产品的知名度、使顾客了解本企业的产品并产生信赖感、扩大产品销量和提高市场占有率等。相同的促销手段在实现不同的促销目标上，或不同的促销手段在实现同一销售目标上，其成本效益是大不相同的：广告和公共关系在提高企业知名度和声望方面，远远超过人员推销；在促进顾客对企业及产品的了解方面，广告和人员推销的成本效益最好；在促销订货方面，人员促销的成本效益最大，营业推广则起协调辅助作用。

（2）产品类型。顾客对于不同类型的产品具有不同的购买动机和购买行为，因此必须采用不同的促销组合策略。一般来说，消费品顾客多、分布广、购买频率高，其促销主要依靠广告，然后是营业推广、公共关系和人员推销；工业品每次的订货量相对较大，买主注重的是产品的技术、性能、售后服务、购买手续的复杂程度等，对他们的促销应以人员促销为主，其次才是广告宣传、营业推广、公共关系。

（3）市场性质。对不同的市场需求应采取不同的促销组合。首先，应考虑市场的地理位置和范围大小。规模小、距离近的本地市场，应以人员推销为主；在较大规模的市场（如全国市场）进行促销时，则应采用广告和公共关系宣传。其次，应考虑市场类型。消费品市场的买主多而分散，不可能由推销人员与消费者广泛接触，主要靠广告宣传介绍产品来吸引顾客；工业品市场的用户数量少而购买量大，应以人员推销为主。最后，应考虑人员市场上不同类型潜在顾客的数量。以工业品为例，矿上机械的买主潜在用户比较少，其促销应以人员推销为主；标准件的买主比较分散，购买次数多，其促销应以广告为主，辅之以人员推销。

（4）各种促销手段特性。人员推销、广告、营业推广和公共关系都有各自的特性，其使用成本也各不相同。企业在选择某种促销组合方式之前，必须根据各种促销手段的特性全面衡量、综合考虑，使其能够产生 1＋1＞2 的效果。

（5）产品市场生命周期。在产品市场生命周期的不同阶段，由于促销目标不同，必须相应地选择不同的促销组合。在导入期，促销的目的是让消费者充分认识某种产品，让中间商愿意经营这种产品，因此广告宣传和营业推广的效果较为明显。在成长期，由于前期采取了较大的促销攻势，此时整体促销费用投入可略微降低，但这一阶段影响最大的促销工具仍是广告，可继续使用广告和公共关系，也可通过加强人员推销来扩大企业利润。在成熟期，由于顾客对产品已较为熟悉，此时可将广告宣传的重点从品牌宣传转向产品促销宣传，可使用提示性广告并辅之以营业推广。在衰退期，广告宣传仍起提醒作用，推销人员可减至最小规模，但要保持一定的市场占有率，营销推广要继续加强，主要采用打折、赠送礼券等推广手段，同时辅之提示性广告。

（6）促销费用。不同的促销手段需要不同的促销费用。增加促销费用有利于扩大销售，但同时也增加了销售成本。因此，在考虑促销组合时，企业必须从自身能力出发。一般来说，财力比较雄厚的企业较少受到费用预算的制约，它们着重考虑的是如何达到促销效果的最大化。中小企业财力有限，销售范围不广，应以人员推销为主，集中力量争取中间商，同时辅以必要的广告，借以刺激顾客的购买欲望。以较低的促销费用带来较高的促销利润，是判断促销费用使用是否合理的一般标准。

三、促销策略类型

根据促销手段的出发点与作用的不同，可将促销策略分为推式策略和拉式策略两种。

1. 推式策略

推式策略是企业把产品推销给批发商，批发商再把产品推销给零售商，最后零售商把产品推销给消费者，信息流向和产品流向是同方向的。

人员推销和营业推广是"推"的方式。采用"推"的方式的企业，要针对不同的产品、不同的对象，采用不同的方法。

2. 拉式策略

拉式策略是企业不直接向批发商和零售商促销，而是直接针对终端消费者开展促销，以吸引消费者关注，促销信息流向和产品流向是相反的。企业刺激消费者的购买欲望，促使消费者寻找产品，零售商就会向批发商购买产品，批发商就会向生产者订货。

拉式策略是营销者通过取得消费者的支持，赢得对中间商的主动权。采用"拉"的方式时应注意中间商是否有足够的库存能力和良好的信誉及经营能力。

单元二 人员推销

人员推销既是一种古老的促销手段，也是现代市场营销的一种重要促销方法，特别是在洽谈交易和成交手续磋商中，更具有其他促销方式所不能代替的作用。

一、人员推销的含义与特点

1. 人员推销的含义

人员推销是指企业运用推销人员与目标顾客面对面地沟通产品或服务的信息，并通过一定的促销手段和技巧，使顾客认识产品或服务的性能、特点，激发顾客的购买欲望，最终实现交易。

人员推销广泛存在于企业的营销活动中。推销人员、推销对象、推销品是实现人员推销活动的三个基本要素。其中，推销人员和推销对象是推销活动的主体，前者是主动向别人推销的主体，后者是接受推销的主体。推销品是人员推销活动的客体，是推销人员推销、被推销对象接受的有形或无形的商品。市场营销中的人员推销活动，实际上就是推销人员在一定的推销环境里，运用推销技术和推销手段，说服一定的推销对象接受一定的推销品的活动。

2. 人员推销的特点

人员推销是企业开展促销活动最重要的方式之一，与其他促销手段相比，人员推销具有以下几个特点：

（1）信息沟通双向性。双向的信息沟通是人员推销区别于其他促销手段的重要标志。在推销过程中，一方面，推销人员必须向顾客介绍商品本身和与商品有关的信息，如商品的质量、功能、价格、特色以及所能提供的效用和价值等，通过向顾客传递信息，留住顾客，从而促进商品的销售；另一方面，推销人员必须把从市场上、顾客那里了解到的有关对所推销的产品及对该企业的相关信息，诸如对商品的态度、意见、改进的想法和建议等反馈给企业，为企业的经营决策提供依据，以便于企业取得更好的营销效果，获得更大的市场占有率。

（2）促销方式多样性。在推销过程中，推销人员与顾客直接联系，当面洽谈，机动灵活。通过面对面的沟通展示、询价议价、磋商洽谈，有利于推销人员根据顾客的态度和反应，及时地发现问题，进行解释和协调，抓住有利时机促成顾客的购买行为。特别是通过直接的接触和交流，推销人员与顾客之间可以联络感情，建立良好的人际关系，进而促成交易。

（3）推销目的双重性。在推销活动中，推销人员不仅要通过交流、引导将商品卖出去，还要通过宣传、交往、微笑、服务等来说服和鼓动顾客购买，使顾客愿意购买，并在购买中得到满意和满足，即满足顾客需要的同时达到卖出商品的目的。

（4）关系建立长久性。推销人员在同顾客交往过程中，可通过帮助顾客解决一些难题而树立信誉、培养感情，从而建立友谊，将“交易营销”发展为“关系营销”，使顾客建立品牌忠诚度，并成为企业的长期顾客。

除此之外，人员推销还可提供售前和售后跟踪服务，及时发现并解决产品在售前、售后及使用时出现的问题。当然，人员推销的成本相对较高，对推销人员的素质要求高，因此，人员推销的运用受到一定限制。

课堂延伸

主动推销的乔·吉拉德

乔·吉拉德是世界上最伟大的销售员，他连续12年荣登吉尼斯世界纪录大全中世界销售第一的宝座，他所保持的世界汽车销售纪录——连续12年平均每天销售6辆车，至今无人能破。

35岁以前，乔·吉拉德是个全盘的失败者，他患有相当严重的口吃，换过40多个工作仍一事无成。然而，谁能想象得到，像这样一个谁都不看好，而且背了一身债务，几乎走投无路的人，竟然能够在短短三年内成为世界第一，并被吉尼斯世界纪录称为“世界上最伟大的推销员”。

他是怎样做到的呢？虚心学习、努力执着、注重服务与真诚分享是乔·吉拉德四个最重要的成功关键。

一、250定律：不得罪一个顾客

在每位顾客的背后，都大约站着250个人，这是与他关系比较亲近的人：同事、邻居、亲戚、朋友。

如果一个推销员在年初的一个星期里见到50个人，其中只要有两个顾客对他的态度感到不愉快，到了年底，由于连锁影响就可能有500个人不愿意和这个推销员打交道，他们知道一件事：不要跟这位推销员做生意。

这就是乔·吉拉德的250定律。由此，乔得出结论：在任何情况下，都不要得罪哪怕是一个顾客。在乔的推销生涯中，他每天都将250定律牢记在心，抱定生意至上的态度，时刻控制着自己的情绪，不因顾客的刁难，或是不喜欢对方，或是自己心绪不佳等原因而怠慢顾客。乔说得好："你只要赶走一个顾客，就等于赶走了潜在的250个顾客。"

二、名片满天飞：向每一个人推销

每一个人都使用名片，但乔的做法与众不同：他到处递送名片，在餐馆就餐付账时，他要把名片夹在账单中；在运动场上，他把名片大把大把地抛向空中。名片漫天飞舞，就像雪花一样，飘散在运动场的每一个角落。你可能对这种做法感到奇怪。但乔认为，这种做法帮他做成了一笔笔生意。

"如果你给别人名片时想，这是很愚蠢很尴尬的事，那怎么能给出去呢？"他说，恰恰那些举动显得很愚蠢的人，正是那些成功和有钱的人。他到处用名片、到处留下他的痕迹，人们会主动来到他的办公室。去餐厅吃饭，他给的小费每次都比别人多一点点，同时主动放上两张名片。因为小费比别人的多，所以人家肯定要看看这个人是做什么的，分享他成功的喜悦。人们谈论他、想认识他，根据名片来买他的东西，经年累月。他的成就正是来源于此。

他甚至不放过看体育比赛的机会来推广自己。他的绝妙之处在于，在人们欢呼的时候把名片如雪片般撒出去。于是大家欢呼：乔·吉拉德——已经没有人注意那个明星了。

三、建立顾客档案：更多地了解顾客

乔说："不论你推销的是什么东西，最有效的办法就是让顾客相信——真心相信——你喜欢他，关心他。"

如果顾客对你抱有好感，你成交的希望就增加了。要使顾客相信你喜欢他、关心他，那你就必须了解顾客，收集顾客的各种资料。

乔中肯地指出："如果你想要把东西卖给某人，你就应该尽自己的力量去收集他与你生意有关的情报……不论你推销的是什么东西。如果你每天肯花一点时间来了解自己的顾客，做好准备，铺平道路，那么，你就不愁没有自己的顾客。"

刚开始工作时，乔把收集到的顾客资料写在纸上，塞进抽屉里。后来，有几次因为没有整理而忘记追踪某一位准顾客，他开始意识到自己动手建立顾客档案的重要性。他去文具店买了日记本和一个小小的卡片档案夹，把原来写在纸片上的资料全部做成记录，建立起了自己的顾客档案。

乔认为，推销员应该像一台机器，具有录音机和电脑的功能，在和顾客交往过程中，将顾客所说的有用情况都记录下来，从中抽取一些有用的材料。

乔说："在建立自己的卡片档案时，你要记下有关顾客和潜在顾客的所有资料，他们的孩子、爱好、学历、职务、成就、旅行过的地方、年龄、文化背景及其他任何与他们有关的事情，这些都是有用的推销情报。所有这些资料都可以帮助你接近顾客，使你能够有效地跟顾客讨论问题，谈论他们自己感兴趣的话题。有了这些材料，你就会知道他们喜欢什么，不喜欢什么，你就可以让他们高谈阔论，兴高采烈，手舞足蹈……只要你有办法使顾客心情舒畅，他们就不会让你大失所望。"

四、猎犬计划：让顾客帮助你寻找顾客

乔认为，干推销这一行，需要别人的帮助。乔的很多生意都是由"猎犬"（那些会让别人到他那里买东西的顾客）帮助的结果。乔的一句名言就是："买过我汽车的顾客都会帮我推销。"

在生意成交之后，乔总是把一叠名片和猎犬计划的说明书交给顾客。说明书告诉顾客，如果他介绍别人来买车，成交之后，每辆车他会得到25美元的酬劳。

几天之后，乔会寄给顾客感谢卡和一叠名片，以后至少每年他会收到乔的一封附有猎犬计划的信件，提醒他乔的承诺仍然有效。如果乔发现顾客是一位领导人物，其他人会听他的话，那么，乔会更加努力促成交易并设法让其成为"猎犬"。

实施猎犬计划的关键是守信用——一定要付给顾客25美元。乔的原则是：宁可错付50个人，也不要漏掉一个该付的人。1976年，猎犬计划为乔带来了150笔生意，约占总交易额的三分之一。乔付出了1 400美元的猎犬费用，收获了75 000美元的佣金。

五、推销产品的味道：让产品吸引顾客

每一种产品都有自己的味道，乔·吉拉德特别善于推销产品的味道。与"请勿触摸"的做法不同，乔在和顾客接触时总是想方设法让顾客先"闻一闻"新车的味道。他让顾客坐进驾驶室，握住方向盘，自己触摸操作一番。

如果顾客住在附近，乔还会建议他把车开回家，让他在自己的太太、孩子和领导面前炫耀一番，顾客会很快地被新车的"味道"所陶醉。根据乔本人的经验，凡是坐进驾驶室把车开上一段距离的顾客，没有不买他的车的。即使当时不买，不久后也会来买。新车的"味道"已深深地烙印在他们的脑海中，使他们难以忘怀。

乔认为，人们都喜欢自己来尝试、接触、操作，人们都有好奇心。不论你推销的是什么，都要想方设法展示你的商品，而且要记住，让顾客亲身参与，如果你能吸引住他们的感官，那么你就能掌握住他们的感情了。

六、诚实：推销的最佳策略

诚实是推销的最佳策略，而且是唯一的策略。但绝对的诚实却是愚蠢的。推销容许谎言，这就是推销中的"善意谎言"原则，乔对此认识深刻。

诚为上策，这是你所能遵循的最佳策略。可是策略并非是法律或规定，它只是你在工作中用来追求最大利益的工具。因此，诚实就有一个程度的问题。推销过程中有时需要说实话，一是一，二是二。说实话往往对推销员有好处，尤其是推销员所说的，顾客事后可以查证的事。

乔说："任何一个头脑清醒的人都不会卖给顾客一辆六气缸的车，而告诉对方他买的车有八个汽缸。顾客只要一掀开车盖，数数配电线，你就死定了。"

如果顾客和他的太太、儿子一起来看车，乔会对顾客说："你这个小孩真可爱。"这个小孩也可能是有史以来最难看的小孩，但是如果要想赚到钱，就绝对不可以这么说。

乔善于把握诚实与奉承的关系。尽管顾客知道乔所说的不尽是真话，但他们还是喜欢。少许几句赞美，可以使气氛变得更愉快，没有敌意，推销也就更容易成交。

七、每月一卡：真正的销售始于售后

乔有一句名言："我相信推销活动真正的开始是在成交之后，而不是之前。"推销是一个连续的过程，成交既是本次推销活动的结束，又是下次推销活动的开始。推销员在成交之后继续关心顾客，将会既赢得老顾客，又能吸引新顾客，使生意越做越大，客户越来越多。

"成交之后仍要继续推销"，这种观念使得乔把成交看作是推销的开始。乔在和自己的顾客成交之后，并不是把他们置于脑后，而是继续关心他们，并恰当地表达出来。乔每月要给他的1万多名顾客寄去贺卡。凡是在乔那里买了汽车的人，都收到了乔的贺卡，也就记住了乔。

正因为乔·吉拉德没有忘记自己的顾客，顾客才不会忘记乔·吉拉德。

二、人员推销的功能

1. 促成交易

推销人员通过与顾客接触，为顾客推荐产品、解答疑问，从而促成交易。这是推销人员的中心工作，他要求推销人员掌握一定的推销技巧，具备综合的知识、修养及能力。

2. 沟通信息

推销人员是企业重要的信息通道，他们在把企业和产品信息传递给顾客的同时，也及时将顾客的意见和要求反馈给企业，从而实现双向信息沟通。

3. 提供服务

推销人员不仅要在售前向顾客提供有关产品的信息，售后也要帮助顾客熟悉产品性能、解决一般技术问题，从而密切双方关系，巩固推销成果。

4. 树立形象

推销人员在同顾客交往过程中，其个人形象就代表了企业和产品的形象，推销人员通过展示良好的素质和形象能够获得顾客的认可和青睐，通过帮助顾客解决一些难题而赢得信赖，从而建立顾客的品牌忠诚度。

三、人员推销的步骤

人员推销程序包括以下七个步骤，如图 10－2 所示。

图 10－2　人员推销程序

1. 寻找顾客

寻找顾客即寻找有可能成为潜在购买者的顾客。潜在顾客是一个“MAN”，即具有购买力（money）、购买决策权（authority）和购买需要（need）的人。

寻找潜在顾客的方法主要有：（1）向现有顾客打听潜在顾客的信息；（2）寻找其他能提供潜在顾客线索的来源，如供应商、经销商等；（3）加入潜在的顾客组织；（4）从事能引起人们关注的演讲或写作活动；（5）查找各种资料来源（如工商企业名录、电话号码黄页等）；（6）用电话或信件追踪线索等。

2. 推销准备

在拜访潜在顾客之前，推销人员必须知己知彼，做好以下必要的准备：

（1）产品知识，包括企业、产品的特点、用途、功能等各方面的情况。

（2）顾客知识，包括潜在顾客的个人情况，所在企业的情况，具体用户的生产、技术、资金情况，用户的需要，购买决策者的性格特点等。

（3）竞争者知识，包括竞争者的能力、地位和它们的产品特点等。

（4）访问目的，包括确认潜在客户是否够资格，或是收集信息，或是马上达成交易等。

3. 接近顾客

推销人员在确定目标顾客后，就要准备资料，接近顾客。

推销人员接近顾客的方式包括约见和直接会面。约见是推销人员事先征得顾客同意接见的行为，可采取当面约见、书信约见、电话约见、托人代约、广泛约见（利用大众传媒、约见大众顾客）等方式；直接会面是直接会见目标顾客，接近的方法有利益接近法、好奇接近法、介绍接近法、产品介绍接近法、赞美接近法、调查接近法、直接接近法等。

课堂延伸

成功接近顾客

推销员张小姐是从事天然食品推销工作的。一天她在给一位老夫人做上门推销时，已把这种食品的功能和效用清楚地讲完了，而对方反应冷漠。临出门之前，她忽然看到窗台上有一盆美丽的盆栽，种的是红色的植物，张小姐就对老太太说："好漂亮的盆栽啊！平常很少见到。"

"确实罕见。这种植物叫嘉德利亚，属于兰花的一种。"老太太马上话多起来，开始有些情绪激动。见此情况，张小姐马上接着问："的确很美，会不会很贵呢？""很昂贵，这盆盆栽就要 800 元。"张小姐想：我的天然食品也是 800 元。于是她慢慢把话题转入重点："每天都要浇水吗？""是的，每天都得细心养育。""那么，这盆花也算是家中的一分子喽？"这一句话果然发挥了效用，立刻让对方觉得张小姐真是有心人，于是开始倾囊传授所有关于兰花的学问，而张小姐也聚精会神地听，中途告一段落，张小姐就把刚才心里所想的事情说出来："太太，您今天买我们的天然食品，就当作买一盆兰花吧。"结果那太太竟爽快地答应了。

她一边打开钱包，一边还如此说道："即使我女儿或我丈夫，也不愿听我唠唠叨叨地讲这么多，而你却愿意听我说，甚至能够理解我所说的话。希望改天再来听我谈兰花，好吗？"

4. 推销洽谈

推销人员可按照 AIDA 模式向顾客推销产品，争取顾客关注产品（attention）—引起兴趣（interest）—激发欲望（desire）—采取行为（action）。推销人员应以产品性能为依据，着重说明产品给顾客带来的利益。可充分利用样品、产品模型、图片及各种资料（如鉴定、证书等）进行展示，从而获得顾客的信任。

5. 处理异议

有经验的推销员应当具有与持不同意见的买方洽谈的语言能力和技巧。有效地排除顾客异议是达成交易的必要条件。顾客产生异议的原因主要有以下三种：

（1）推销员的原因。例如：无法赢得客户好感、做夸大不实的陈述、使用过多的专业术语、引用不正确的调查资料、话多而忽略了顾客等。

（2）顾客的原因。例如：拒绝改变、情绪低落、没有意愿、预算不足等。

（3）产品的原因。例如：价格因素、质量因素、服务因素、货源因素、时间因素等。

课堂延伸

对推销员的异议

某广告公司刚搬到一个新的办公区，需要安装一个能够体现公司特色的邮箱，于是便咨询了一家公司。接电话的业务员听了他们的要求，便认定客户要的是他们公司的 CSI 邮箱。可是客户对于这个 CSI 邮箱一无所知，问这个销售人员这个 CSI 是金属的还是塑料的，是圆形的还是方形的。这个销售人员对于客户的疑问感到很不解，便对客户说："如果你们想用金属的，那就用 FDX 吧，每一个 FDX 可以配上两个 NCO。”CSI、FDX、NCO 这几个字母搞得客户一头雾水，客户只好无奈地对他说：“再见，有机会再联系吧！”

6. 达成交易

达成交易即推销人员要求对方采取行动、订货购买的阶段，是推销过程的成果和目的。推销人员一旦发现对方有购买意愿，应立即抓住时机成交。此时，推销人员还可提供一些最后保留的优惠条件，以促成交易，最终达到双赢的目的。

7. 售后服务

达成交易不是推销的结束，而是下一轮推销的起点。如果推销人员希望顾客再次购买，希望他们传播企业的好名声，则必须做好以下老顾客维护工作：(1) 提供更多优惠措施（如数量折扣、赠品、赊销等）；(2) 深入满足个性化需求；(3) 抓住重点客户，满足特殊顾客特殊需求；(4) 提供系统化解决方案；(5) 建立客户数据库，和客户建立长久关系；(6) 及时沟通，防止出现误解；(7) 制造客户离开障碍；(8) 培养忠诚员工，保留客户资源。

四、人员推销的基本策略与技巧

人员推销的程序主要包括寻找、接近、洽谈、成交四个阶段，每一阶段都有其特定的策略和技巧。

1. 寻找阶段的策略与技巧

寻找阶段是寻找潜在客户的阶段，这一阶段的技巧主要表现在寻找潜在客户的方法上。寻找潜在客户的方法很多，常用的主要有以下几种：

(1) 目标寻找，即从各地编印的企事业单位名录中寻找潜在客户。

(2) 介绍寻访，又称连锁介绍，即通过现有客户或亲戚朋友等不断介绍与推荐增加潜在客户的数量。该方法不仅可以避免推销的盲目性，还能较好地赢得未来客户的信任。

(3) 展销吸引，即通过举办各种展销会，吸引潜在客户。

(4) 社团联络，即通过参加各种社团组织活动，将组织成员逐步发展为自己的潜在客户或者通过这些成员介绍他们所参加的其他组织中的成员为潜在客户。

2. 接近阶段的策略与技巧

寻找到潜在客户后，就要开始与其接触。在整个推销过程中，接近阶段至关重要。因此，运用一定的策略和技巧，给顾客留下良好的第一印象，将成为推销初期的重点。接近阶段的技巧包括约见技巧与见面技巧。

约见是推销人员征求顾客同意约见的过程，是推销工作的开始，包括选择约见对象、确定访问事由、选择访问时间、确定访问地点等。选择约见对象必须首先找出决策者，了解对方的性格特征、兴趣爱好、习惯等，然后有的放矢地开展工作。如果约见对象不是决策者，不仅会浪费时间，多次的推销失败也会使自己丧失信心。访问事由一般有直接推销、市场调查、提供服务、签订合同、收取贷款、走访用户等。访问时间和访问地点的选择应充分考虑对方的要求。若对方决策者是最高领导，直接约见则比较困难，所以可先与其秘书等联系，由他们代为约定会见时间与会见地点。

见面技巧是指双方见面时寒暄的技巧。其关键是要给对方留下良好的第一印象，争取获得对方的好感。这就要求推销人员不仅有较高的自我修养，而且能随机应变，及时引入话题。一般来说，推销的最佳时机是对方很空闲、乐于与人交谈或正好有需求时，应尽量避免在对方较忙或心情不好时进行推销。见面时，推销人员必须注重自身形象，注意自己的衣着、态度、姿势及各种礼节，争取给顾客留下良好印象，使顾客产生信任感。反之，若推销人员穿着不修边幅，讲话油腔滑调，态度傲慢无礼，行为不拘小节，不仅不能推销产品，还可能被轰出门外。另外，为下一步商谈做基础，接触阶段必须建立起和谐的洽谈气氛，因此推销人员应巧妙地将话题引入正题，不能千篇一律的单刀直入，入题可采取关心的方式、请教的方式、赞誉的方式等，引起顾客的注意与兴趣，并适时提出洽谈内容。

3. 洽谈阶段的策略与技巧

（1）试探性策略。试探性策略即“刺激—反应”策略，是推销人员利用刺激性的方法引发顾客的购买行为。这是指通过事先设计好的能够引起顾客兴趣、刺激顾客购买欲望的推销语言，投石问路地向客户进行试探，观察反应，然后采取相应的措施。因此，运用试探性策略的关键是要能引起顾客的积极反应。

（2）针对性策略。针对性策略即“配方—成交”策略，是通过推销人员利用针对性较强的说服方法，促成顾客购买行为的发生。运用针对性策略的关键是要使顾客产生强烈的信任感。因此，推销人员在已经基本了解顾客某些方面的需求的前提下，要言辞恳切、实事求是，有目的地宣传、展示和介绍商品，说服顾客购买，使顾客感到推销人员的确是真心为自己服务，从而愉快地实现其购买行为。

（3）诱导性策略。诱导性策略即“诱发—满足”策略，是推销人员通过运用能激起顾客某种欲望的说服方法，诱导顾客采取购买行为。运用诱导性策略的关键是推销人员要具有较高的推销艺术，能够诱发顾客产生某方面的需求，然后抓住时机，运用鼓动性强、引导性强的语言，介绍商品的效用，说明所推销的商品正好能满足顾客的需求，从而诱导顾客购买。

在沟通洽谈过程中，客户提出异议是推销活动中的一种必然现象，客户异议既是推销的障碍，也是成交的信号。面对客户异议，推销人员要理解异议的真正意图，在此基础上采取灵活的方式进行处理。对于顾客所形成的一时难以纠正的偏见或成见，推销人员可将话题转移到其他方面；对于恶意的反对意见，推销人员可“装聋作哑”，或用适当话语敷衍过去；对于价格异议，高价商品应强调商品特色，使顾客感到“一分价钱一分货”；低价商品则应介绍低价的原因，使顾客感到物美价廉。有些异议往往是对方不了解产品信息而引起的，因此许多异议不过是要求提供更多的信息而已。但无论何种情况，推销人员都要避免同顾客争吵，做到语气委婉，态度友好。

另外，在推销过程中，推销人员还可适当使用一些推销工具帮助推销。常用的推销工具有介绍信及相关证件、宣传印刷品、商品目录、说明书、样品、价目表、小纪念品等。

4. 成交阶段的策略与技巧

促成交易是推销活动的最终目的，也是推销过程中最重要的一个环节。推销员要想顺利地达成交易，首先必须消除成交过程中的各种障碍，树立正确的成交态度；还要善于识别客户的各种成交信号，及时把握成交时机，灵活机动地促成交易。

要获得推销成功，不仅要有正确的态度与及时把握时机的能力，而且要善于运用成交的方法与技巧。在促成交易的过程中，常用的成交方法有请求成交法、假定成交法、选择成交法、小点成交法和从众成交法等。

课堂延伸

运用技巧处理异议

在一次冰箱展销会上，一位打算购买冰箱的客户指着不远处一台冰箱对身旁的推销员说："那种 AE 牌的冰箱和你们的这种冰箱同一类型，同一规格，同一星级，可是它的制冷速度要比你们的快，噪声也要小一些，而且冷冻室比你们的大 12 升。看来你们的冰箱不如 AE 牌的呀！"推销员回答："是的，您说得不错。我们冰箱噪声是大点，但仍然在国家标准允许的范围以内，不会影响您家人的生活与健康。我们的冰箱制冷速度慢，可耗电量却比 AE 牌冰箱少得多。我们冰箱的冷冻室虽小但冷藏室很大，能储藏更多的食物。家中人口少的，每天需要冰冻的东西并不是很多。此外，我们的冰箱在价格上要比 AE 牌冰箱便宜 300 元，保修期也要长 6 年，我们还可以上门维修。"客户听后，脸上露出欣然之色。

五、推销人员管理

推销人员是企业开拓市场的主力军，肩负着宣传推销产品、调查市场、提供服务等重任，在广大消费者心目中，他们就是企业的代言人。推销人员工作的好与坏，直接关乎企业的形象。因此，必须加强推销人员队伍的建设与管理。

1. 推销人员选拔与培训

（1）推销人员的选拔。推销人员是具有专业知识和技能的人才，他们在开拓市场的过程中起着至关重要的作用，因此，企业必须高度重视推销人员的选拔，认真制定选拔标准、严格把关，发现和招募优秀的推销人员。一般情况下，选拔的标准是：

1）忠于职守，热爱推销工作。由于推销人员的工作具有极大的流动性，企业很难直接控制他们，许多企业的业务关系都是靠推销人员来维系的，因此他们是否忠诚于企业，对企业的兴衰有着举足轻重的影响。他们一旦离开企业，对企业造成的损失将是十分惨重的。同时，从事推销工作的人员还必须热爱本职工作，这是成功的基础。

2）知识丰富，善于言辞。优秀的推销人员必须具有丰富的文化知识、企业知识、产品知识、消费心理知识、市场营销知识、现代科学技术知识、国家经济政策与法规知识等。善于言辞并不是吹牛说大话，哄骗消费者，而是能掌握语言运用的技巧，热情诚恳、彬彬有礼，谈吐、举止深得消费者的信任和青睐。同时，通过与顾客的寒暄、对商品的介绍，能够调动顾客说话的积极性，当顾客说话时能够认真倾听，积极做出回应；具有较强的说服能力，能够和各种人打交道并结交他们，积极创造销售机会。

3）机敏干练，善于应对。推销人员一般是独立工作，他们要具备高度的职业敏感性，善于捕捉各种有关市场的信息，并能从纷繁的市场信息中识别出对本企业最有价值的部分，加以有效利用；能够筹划推销中的各种活动，善于应付各种意外情况；而且还必须具备一定的社交能力、观察分析能力、推销能力、信息反馈能力、创新开发能力、随机应变能力。

4）意志坚强，富有进取心。推销的过程中会遇到很多的困难和挫折，推销人员必须想方设法战胜它，要有一种强烈的内在驱动力去迎接挑战，完成各项推销任务。

推销人员的选拔有两种途径：一是从企业内部选拔；二是面向社会公开招聘。面向社会公开招聘有多种途径。既可以通过招聘广告、职业介绍所、人才市场、学校，也可以通过现有销售人员引荐、从竞争对手那儿策反等方式进行招聘，并从应聘者中选出最佳人选。招聘工作程序大致如下：应聘者提出申请并填表，进行初步面谈和测验，合格后进行第二次面谈，满意后录用上岗培训，安排具体工作。

（2）推销人员的培训。当推销人员被选拔出来之后，为使之能迅速而有效地投入工作，尽快成为一名合格的推销人员，应对其进行培训。培训对象不仅仅是新选拔上来的推销人员，还应面对老推销员，使他们不断接受新知识，进一步提高业务水平。培训推销人员有许多行之有效的方法，使用较多的主要有以下三种：

1）课堂讲授。一般请推销专家或一些经验丰富的推销人员，以课堂讲授的形式将其聪明才智传授给销售人员。这种方式对于企业知识、产品知识、业务要求等的培训效果更佳，而且费用较低。

2）现场实习。这种方法是组织受训人员参加各种推销实习，目的是使受训人员尽快掌握所需要的专业知识技能，较快地熟悉业务，独当一面地进行工作。这种方法由于具有真实感，被许多大企业所采用。

3）委托培训。这种方法是委托其他单位代为培训推销员，其优点是能够系统地学习有关知识，吸取他人的经验。委托单位既可以是学校，也可以是企业等实际部门。一些条件不具备或经验不成熟的企业常采用委托培训的方法，但由于费用较高，还需量力而行。

2. 推销人员激励与考核

由于推销人员在推销过程中会遇到很多的困难和挫折，因此，为了提高销售人员士气，必须对推销人员给予必要的鼓励和特殊的刺激。所以，如何对推销人员进行激励就成为推销人员建设和管理中的一个十分重要的问题。激励的方式如下：

（1）精神激励。这主要是指领导关怀和赞赏。推销人员常年在外奔波，他们的每一项成绩都是以牺牲个人的某些利益为代价的。若领导能经常过问他们的工作、生活和家庭，使他们产生受重用感与温暖感，有助于推销人员任劳任怨、一心一意的工作。精神激励还有表彰、职务职称晋升、授予光荣称号等，让其感到受人尊重，有发展空间，产生成就感。

（2）物质奖励。这主要是指奖金、奖品、股票期权、旅游休闲等。由于推销人员的工作具有极大的流动性和独立性，因此对推销人员的考核是企业的一项重要工作。考核方式除了通过用户反馈等途径外，还可以通过一些定量的指标来考核。这些指标主要有销售定额完成率、访销次数完成率、新客户访销率和新客户销售率等。其公式如下：

销售定额完成率＝实际销售量（额）/推销定额×100％

访销次数完成率＝实际访销次数计划/访销次数×100％

新客户访销率＝对新客户的访销时间/总访销时间×100％

新客户销售率＝新客户销售量/总销售量×100％

在考核的基础上，企业可以决定推销人员的报酬，适当的报酬能激发推销人员对工作的积极性，使人员促销发挥更大的效力。推销人员的工作性质，决定着推销人员的报酬具有较大的灵活性。一般来说，对推销人员的报酬可以采取以下三种形式：

1）固定工资制。固定工资制即每月按固定的工资标准支付报酬。采用这种形式有利于企业对推销人员的工作在最大限度上加以控制，推销人员的收入比较稳定，能够产生安全感。但这种报酬方式使成绩和所得脱节，容易挫伤推销人员的积极性。

2）直接佣金制。直接佣金制即企业根据推销人员的工作成绩来支付报酬。采用这种制度能够把收入和成绩结合起来，克服了固定工作制的缺点，能够在一定程度上激发推销人员的工作热情，使收入水平和销售情况相吻合，比较适合推销工作的特点。但是，由于各种产品及购买者的特点不同，推销人员的工作难度也会有所差别，企业在工作分配上的平衡度不易把握。此外，推销人员还可能受直接佣金的刺激，而采用不恰当手段推销产品。同时，推销人员的安全感也大大降低。

3）混合制。混合制即在支付固定工资的同时与工作的实绩以适当的奖金形式结合起来，作为对推销人员的报酬方式。这种形式吸取了上述两种形式的优点，克服了其缺点，使企业既能对推销人员的工作加以有效控制与监督，又能兼顾各项推销工作，保证推销人员的个人利益。

单元三 广告策略

广告宣传是促销活动的重要组成部分。广告在当今社会中几乎无处不在，充斥着人们的视听，左右着人们的生活。广告引导着消费，也创造着消费，影响了人们的消费习惯，进而改变了人们的消费观念。广告也影响制约着企业的产品和销售，促进了企业的生产与经营，也帮助了企业实现营销目标。

一、广告的概念

广告是广告主以付费的方式，通过一定的媒介有计划地向目标消费者传递有关产品和服务的信息，以影响受众的态度，达到增加信任和扩大销售目的的传播活动。广告包含以下六个方面的含义：一是广告必须有明确的广告主，广告主是发布广告的主体；二是从事广告活动要支付必要的费用；三是广告发布一定要借助一定的媒介，如网络、电视、广播、报纸、杂志等；四是广告必须有特定的传播对象；五是广告的目的是为广告主销售产品或服务；六是广告信息具有说服引导性。

课堂延伸

大自然的搬运工——农夫山泉广告

“我们不生产水，我们只是大自然的搬运工。”这句广告语在继“农夫山泉有点甜”后，成为农夫山泉品牌的最新核心价值诉求。

为实现这一品牌价值，农夫山泉通过三条传播主线——搬运的是什么水、怎么搬运这个水、为什么得喝这个水，来落实其搬运工的形象价值，并向消费者传递“要喝就喝健康天然水”的理念，而农夫山泉是天然水的第一品牌选择。

第一：搬运的是什么水？

这既是在向消费者传播农夫山泉产品特性，又是在向消费者传播农夫山泉自身瓶装水是健康好水。自1999年向大众宣传不再生产纯净水，农夫山泉只生产“天然水”后，农夫山泉便持续在为“天然水”这一品类构建品类独有价值，以建立天然水是健康好水的认知价值。

第二：怎么搬运这个水？

农夫山泉在近两年时间里，传播的主线均以“搬运的过程”为主题，如2015年基于农夫山泉高端矿泉水、运动瓶矿泉水、婴儿天然水的上市契机，推出以“从水源到产品，

你不知道的农夫山泉”为主题的广告宣传片，讲述了农夫山泉在长白山水源地建厂的过程；之后农夫山泉以西藏拉萨地区的业务代表为宣传片的主角，讲述其作为农夫山泉的搬运工在“最后一公里”是如何搬运天然水的。

第三：为什么得喝这个水？

通过长期广告宣传的作用，大众消费者已经普遍认可矿泉水对身体有益，而天然纯净的矿泉水更是如此。农夫山泉遍访全国各地知名自然景区，认真寻找优质水源，确保水质做到了天然、优质，整个寻找活动是一件对公众极为有意义、有价值的事情。

农夫山泉在品牌建立的多年时间里，用稳扎稳打的方式，实现了自己的品牌价值。

二、广告媒体选择及特点

广告媒体种类繁多，几乎所有能作为宣传载体的媒介，都可被商家所利用。广告按其媒介进行划分，可分为下述几类。

1. 印刷品广告

印刷品广告，也称平面媒体广告，即刊登于报纸、杂志、招贴、海报、宣传单、包装等媒介上的广告。

2. 电子广告

电子广告，是以电子媒介如广播、电视、电影等为传播载体的广告。

3. 户外广告

户外广告，是利用路牌、交通工具、霓虹灯，甚至热气球、飞艇等户外媒介作的广告。

4. 直邮广告

直邮广告，是通过邮寄途径将传单、商品目录、订购单、产品信息等直接传递给特定的组织或个人的广告。

5. 销售现场广告

销售现场广告，又称 POP 广告，是在商场或展销会等场所，通过橱窗、商品陈列、彩旗、条幅、展板等形式进行信息传播的广告。

6. 数字互联媒介广告

数字互联媒介广告，是利用互联网作为传播载体的新兴广告形式之一，具有针对性、互动性强，传播范围广，反馈迅捷等特点，发展前景广阔。

常见广告媒体的特点见表 10－2。

表 10－2　常见广告媒体的特点

媒体	优点	缺点
报纸	灵活，及时，本地市场覆盖面大，能广泛地被接受，可信性强。	保存性差，复制质量低，传阅者少。
电视	综合视觉、听觉和动作，富有感染力，能引起高度注意，触及面广。	成本高，干扰多，瞬间即逝，观众选择性少。
直接邮寄	接受者有选择性，灵活，在同一媒体内没有广告竞争，人情味较重。	相对来说成本较高，可能造成滥寄“垃圾邮件”的印象。
广播	大众化宣传，地理和人口方面的可选性较强，成本低。	只有声音，不如电视那样引人注意，收费结构非规范化，展露转瞬即逝。
杂志	地理、人口针对性强，可信并有一定的权威性，复制率高，保存期长，传阅者多。	广告购买前置时间长，有些发行量浪费了，版面无保证。
户外广告	灵活，广告展露时间长，费用低，竞争少。	观众没有选择，缺乏创新。
互联网	选择性非常高，交互机会多，相对成本低。	在有些国家，作为新媒体，用户少。

三、广告策略的内容

企业的广告策略，包括确定广告目标、编制广告预算、确定广告信息、选择广告媒体等内容。

1. 确定广告目标

广告目标是广告宣传应在特定时间完成的向具体群体做出特定沟通的任务。没有具体有效的目标，企业就不可能对广告活动进行有效的决策、指导和监督，也无法对广告活动效果进行评价。广告的目标主要包括提高品牌知名度、建立消费者需求偏好、提示或提醒消费者、增加产品销量等目标。

(1) 提高品牌知名度。这是开拓市场的基础，主要用于新产品上市和市场开拓阶段。企业借助广告宣传品牌形象，能够加快消费者对品牌的认知，从而达到广而告之的目的。

(2) 建立消费者需求偏好。这是指在消费者产生购买需求时，以广告内容说服、引导消费者购买本企业的产品而不是竞争对手的产品。

(3) 提示或提醒消费者。提示或提醒消费者就是让消费者保持记忆，使消费者确信他们做出的购买决策是正确的。当产品的知名度达到一定的程度或者产品进入市场成熟期后，提示或提醒消费者成为广告信息传播的主要目标。

(4) 增加产品销量。广告宣传作为一种促销方式是为企业的营销目标服务的，而增加销量是广告传播的最终目标。

2. 编制广告预算

广告预算是企业投入广告活动的费用开支计划。广告预算规定了计划期内从事广告活动所需要的经费总额和开支范围。广告预算是否合理对企业来说是一个至关重要的问题。预算太少，广告目标不能实现；预算太多，又会造成浪费，有时甚至危及企业的生存。

广告预算的内容包括广告调研费、广告设计费、广告制作费、广告媒体费和广告活动的机动经费等项目。编制预算时，要考虑各方面因素，包括目标市场的潜力及其大小、潜在市场的规模及其地域分布状况、产品的市场占有率和品牌忠诚度、竞争对手的竞争策略、产品所处的生命周期阶段、预期的销售额及利润、选择的媒体及其广告形式等。广告预算可以采用量力而行法、目标任务法、销售百分比法、利润百分比法和竞争法等方法进行编制。

3. 确定广告信息

广告的效果并不主要取决于企业投入的广告经费，关键在于广告信息中传递的主题和创意。理想的广告信息能引起受众的注意、激起受众的兴趣并引发共鸣，将广告信息的受众转化为现实的消费者。有效的信息是企业实现广告目标、获取广告成功的关键。

广告创作的依据是广告主所选择的目标市场和产品定位策略。目标客户的年龄、收入、购买动机等也是广告创作需要考虑的因素。广告主题决定广告表现的内容，即企业要向消费者表达什么样的信息，才能引起消费者的认识、情感或行为的反应。广告创意决定了广告表现的形式和风格。广告表现主要解决的是广告“怎么说”的问题。广告表现不仅为创意找到最佳的表现语言、营造最有魅力的氛围，还应对丰富的艺术表现形式进行准确选择，使广告创意得到最单纯、最简洁的表达。

高质量的广告必须遵循真实性、社会性、针对性和艺术性等原则来设计。

4. 选择广告媒体

广告媒体的选择不仅要充分考虑广告目标和受众的特点，还应考虑各种媒体之间的关系和优势，建立有效的媒体组合，在广告费用一定的情况下，实现广告效果最大化。在选择广告媒体时，一般要考虑以下影响因素：

(1) 产品的性质。不同性质的产品，有不同的适用范围和宣传要求。通常，对高技术产品进行广告宣传，面向专业人员，宜选用专业性杂志；一般生活用品，则适合选用能直接传播到大众的广告媒体，如广播、电视等。

(2) 目标市场的特征。

1) 目标市场的范围和地理区域不同。如是全国性市场还是区域性市场，是农村市场还是城市市场，都决定了不同的媒体选择。

2) 目标市场的媒体习惯不同。如受教育程度高的人，接收信息的来源往往偏重于互联网和印刷媒体；老年人则有更多的闲暇时间用于看电视和听广播；在校大学生则偏爱上网和听广播。

(3) 广告媒体的特征。不同媒体的市场覆盖面、市场反应程度、可信性等均有不同的特点。选择广告媒体一定要对各类媒体的广告属性进行充分的把握。

(4) 广告媒体的费用。不同媒体所需费用也是选择媒体时必须考虑的因素之一。考虑媒体费用不能仅仅分析绝对费用，如电视媒体的费用高，报纸媒体的费用低等，更要研究相对费用，即广告促销效果。

课堂延伸

不一样的泰国广告

近年来，世界五大广告奖频频出现泰国广告获奖作品，也抱走了不少金铅笔。那么泰国的广告是如何实现异军突起，迅猛发展的？让我们来了解一下其发展历程。

泰国第一份有记录的广告，可追溯到1845年泰国第一份报纸诞生之时，字体、lcgo、图画被逐渐尝试引入广告中。1900年，广播电台被引入泰国，广告业开始向电台转移，音乐和广告歌曲开始流行，用来加深听众印象。20世纪50年代，电视的引入再次掀起了广告业的高潮，随着更早些时候国际4A广告公司的涌入，此时泰国电视广告的霸业已经基本被西方公司垄断，整个泰国广告业的未来人才也基本是由这些4A广告公司依照欧美模式来培养的。

在推动泰国广告发展的过程中，两个奖项的设立起了很好的推动作用。TACT（Top Advertising Contest of Thailand）奖以及BAD奖。TACT由泰国国立法政大学、朱拉隆功大学和泰商协会的一群教授和职员在1977年创立，而BAD是由曼谷创意总监协会(Bangkok Art Director Association) 于1985年创立的。两项赛事含金量都很高，但是侧重点不同，前者的评选标准在于广告的商业价值和市场反应，而后者侧重在广告本身，即广告的创意和执行效果。

1987—1996 年，泰国在世界前 20 大广告业发展最迅速国家中排名第六，但是其崛起是从 1995 年才开始的，在 2004 年第二届亚太广告节一口气拿了 15 个金奖，基本标志着泰国广告在亚洲已经和日本并列属于第一阵容了。在第三届亚太广告节上，泰国在 32 个影视类项目中获得 3 金 2 银 7 铜共 12 块奖牌，再次荣登亚洲榜首。

那么为什么会从 1995 年开始呢？答案是经济泡沫。同日本一样，1997 年亚洲金融危机前的泰国一片欣欣向荣，经济泡沫非常严重。过于夸大的经济繁荣造就了一批土豪公司，而土豪公司是不差钱的，为了扩大自己的产品销量，它们纷纷在广告里砸下重金。当时一条广告的制作费可以轻易达到 3 000 万到 4 000 万泰铢（约 700 万人民币），这还是泰铢大幅贬值前的价格。有了钱当然一切都好说了，泰国广告业一时间成为年轻人最想要从事的职业，人才、资金的投入效果非常明显，大量优质广告都诞生在那个时候。可以说，不差钱的土豪公司是泰国广告业崛起的最大动力，首先，它们提供巨额资金，其次，它们不太关心内容的天马行空，有时候甚至都不要求紧扣产品，只要求能提升公司形象，所以留给广告人自由的发挥空间。泰国广告的幽默也与经济的繁荣正相关，股市一片大好，人人生活幸福，当然希望电视里充满欢笑咯。

1997 年亚洲金融危机之后，泰国广告业受到了非常严重的冲击。但是金融危机前积累的经验和人才依然存在，高素质的团队依然可以生产高质量的作品；由于客户减少，比稿的竞争性加剧，反而有利于各大公司比拼创意，推出更为优秀的作品。

为什么泰国广告业能够崛起？因为泰国广告业非常明白如何抓住吸引眼球最关键的一点：眼泪。你会发现现在泰国广告基本延伸出两大类，要么搞笑得让你笑出眼泪，要么煽情得让你感动出眼泪。

四、效果评估

顾客就是企业的目标市场，是企业服务的对象，也是营销活动的出发点和归宿。企业的一切营销活动都应以满足顾客的需要为中心。因此，顾客是企业最重要的环境因素。广告效果是广告主通过广告活动为企业带来的各种影响，包括社会效果和经济效果。广告活动既是一种经济活动，又是一种社会性的传播活动。广告效果具有广泛性和多元性。

1. 广告效果的表现

从广告作用于受众的过程，可以将广告效果的表现形式分成以下三个层次。

第一个层次是广告的到达效果，即广告到达的受众对广告的注目程度，包括广告的收视率、收听率、阅读率及影响范围等。

第二个层次是广告的心理效果，即广告创意的诉求内容和表现形式对受众产生的吸引力和心理反应，包括广告的认知效果、态度效果等。

第三个层次是广告的行为效果，即受众受到广告的刺激或影响而产生的购买行为。行为效果是广告投资效果的最终体现，是广告主最关心的广告效果。

广告的到达效果和广告的心理效果是广告的行为效果的基础，三个层次的广告效果是依次递进的关系，评价广告效果也必须按照三个层次去考查。

2. 广告效果的测评

广告效果测评是指运用科学的方法，对广告活动全过程中的每个工作环节进行鉴定，评价其质量和效果。

（1）广告效果的测评指标。广告效果的测评指标主要有以下两个：

1）销售指标。广告的最终目的是促进销量的增加。广告实施后，销量是否增加，增加的程度如何，都可以作为测评广告效果的指标，即销售指标。

2）传播指标。广告传播效果是指某一特定的广告信息作用于受众所产生的心理反应和行为倾向的效果，包括广告到达率。以传播效果作为衡量广告效果的指标即为传播指标。

广告传播效果的呈现一般经过不知晓—知晓—理解—态度—行为倾向五个阶段。

（2）广告效果的测评方法。广告效果的测评方法主要有下列三种：

1）直接评分法，即由目标消费者对广告依次打分，其评分表用于估计广告的注意力、可读性、认知力、影响力和行为等方面的因素。直接评分法不一定能完全反映对广告目标消费者的实际影响，主要用于淘汰和剔除那些质量差的广告。

2）组合测试法，即请消费者观看一组试验用的广告，要求他们愿看多久就看多久，等到他们看过广告后，让他们回忆所看到的广告内容，并且对每一个广告都尽其最大能力予以描述。所得结果可以判别一个广告的突出性及其期望信息被了解的程度。

3）实验室测试法，即研究人员利用仪器来测量消费者对于广告的心理反应情况，比如心跳、血压、出汗等。然而，这些生理测试只能测量广告的吸引力，无法测量消费者的信任、态度或者意图。

单元四 营业推广策略

一、营业推广的概念

营业推广，又称销售促进，是指企业在特定时间内，运用各种短期的刺激活动，直接、强烈、迅速地刺激特定对象，促使其立即作出反应，迅速大量购买企业产品或服务的促销方式。

营业推广作为一种非人员促销方式，具备下述特点。

1. 营业推广短期促销效果显著

合理的营业推广方式会起到明显的增加产品销量的效果，而广告和公关关系则需要一个较长的时期。因此，营业推广适合于一定时期、一定任务的短期性促销活动，具有刺激性强、时效性短的特点。

2. 营业推广是一种辅助性促销方式

人员促销、广告和公共关系都是常规性的促销方式，营业推广由于影响面较小，而且是非正规性的和非经常性的，所以只能是其他方式的补充。

3. 营业推广过度使用会造成负面影响

营业推广若频繁使用或使用不当，易使顾客产生逆反心理或怀疑心理，往往会引起顾客对产品质量、价格产生怀疑。因此开展营业推广活动时，要注意选择恰当的方式和时机。

因此，营业推广是一种短暂性的、刺激性的和非经常性的促销方式，目的在于鼓励消费者或中间商更快更多地购买特定的产品和服务。

二、营业推广的方式

营业推广按照开展对象的不同分为三种形式：面向消费者的营业推广、面向中间商的营业推广、面向销售人员的营业推广。

1. 面向消费者的营业推广形式

（1）赠送样品。样品是指免费提供给消费者或供其试用的产品。样品可以挨家挨户地送上门、邮寄发送、在商店内提供、附赠在其他产品上，或作为广告品。

（2）优惠券。优惠券是一个证明，证明持有者在购买某特定产品时可凭此优惠券按规定少支付费用。优惠券可以邮寄、附在其他产品内，也可以刊登在杂志和报纸广告上。

（3）现金折扣（折让）。现金折扣是在购物完毕后，而不是在零售店购买时提供减价，消费者购物后将一张指定的"购物证明"寄给制造商，制造商用邮寄的方式"退还"部分购物款项。

（4）特价包（小额折价交易）。这是指向消费者提供低于常规价格的销售商品的一种方法。其做法是在商品包装上或标签上加以附带标明。它可以采取减价包的形式（如原来买一件商品的价格现在可以买两件），或者可以采取组合包的形式，即将两件相关的商品并在一起（如牙刷和牙膏）。

（5）赠品（礼物）。以较低的代价或免费向消费者提供某一物品，以刺激其购买某一特定产品。一种是附包装赠品，即将赠品附在产品内，或附在包装上。免费邮寄赠品，即消费者交还诸如盒盖之类的购物证据就可以获得一份邮寄赠品，如UPC编码的盒子。清偿性赠品，即以低于一般零售价的价格向需要此种商品的消费者出售。

（6）奖品（竞赛、抽奖、游戏）。奖品是指在消费者购买某物品后，向他们提供赢得奖金、旅游或其他物品的各种获奖机会。抽奖则要求消费者将写有其名字的纸条放入一个抽签箱中，抽中名字的，可以获得一份奖品。游戏则在消费者每次购买商品时请他参加游戏，如纸牌游戏、填字游戏等，这样做既有可能中奖，也有可能一无所获。

（7）免费试用。邀请潜在顾客免费试用产品，以期他们购买此产品，如汽车经销商鼓励人们免费试驾，以刺激人们的购买兴趣。

（8）产品保证。由销售者保证，按规定产品无明显或隐含的毛病，如果在规定期内出毛病，销售者将会修理或退款给顾客。

（9）联合促销。两个或两个以上的品牌或公司合作，开展提供优惠券、折扣和竞赛等活动，以扩大影响力。

2. 面向中间商的营业推广形式

（1）价格折扣（发票折扣或价目单折扣）。在某段指定的时期内，每次购货都给予低于价目单定价的直接折扣。

（2）推广津贴。制造商支付一定的推广津贴，作为零售商同意购进该产品或以某种方式突出宣传该产品的补偿。广告津贴用以补偿为制造商的产品做广告宣传的零售商。陈列津贴则用以补偿对产品进行特别陈列的零售商。

（3）免费产品。制造商还可提供免费产品给购买达到一定数量或某种质量特色或有规模的中间商，即额外赠送一些产品。

（4）销售竞赛。这是指为了推动中间商努力完成推销任务，根据各个中间商销售本企业产品的业绩，对成绩突出的中间商给予现金或实物奖励的一种促销方式。

（5）业务会议和展销会。企业举行各种形式和规模的业务会、展销会或产品说明会，邀请中间商参加，借以衔接产销，吸引中间商或顾客直接经销或购买产品，节约时间和费用，是向中间商或顾客强化促销的好形式。

3. 面向销售人员的营业推广形式

企业除了对消费者、中间商进行营业推广以外，还需要对内部的推销人员进行营业推广，其主要目的是调动推销人员的积极性，鼓励他们大力推销产品，开拓新市场，其具体形式主要有：

（1）红利提成。红利提成的做法主要有两种：一是推销人员的固定工资不变，在一定时间内，通常是季末或年度末期，从企业的销售利润中提取一定比例的金额作为奖励发放给推销人员。二是推销人员没有固定工资，每达成一笔交易，推销人员按销售利润的多少提取一定比例的金额，销售利润越大，提取的的金额也越高。

(2) 特别推销金。企业给予推销人员一定的金钱、礼品或本企业的产品，以鼓励其努力推销本企业的产品。

(3) 推销竞赛。推销竞赛内容包括推销数额、推销费用、市场渗透、推销服务等，规定奖励的级别、比例与奖金（品）的数额，用以鼓励推销人员。对成绩优异、贡献突出者，给予现金、旅游、奖品、休假、晋升、精神奖励等。

三、营业推广决策

企业进行营业推广活动，应重点做好下述几方面的工作。

1. 确立明确的推广对象和目标

(1) 以消费者为对象。营业推广的目标包括：鼓励老客户更多地购买和消费这种产品，吸引新客户试用这种产品，争夺使用其他品牌的顾客等。

(2) 以中间商为对象。营销推广的目标包括：鼓励中间商经销本企业的产品，大量进货增加库存，非季节性采购，进一步调动中间商经销产品的积极性，巩固中间商对企业的忠诚度，同中间商建立长期稳定的产销关系。

(3) 以推销人员为对象。营销推广的目标包括：激发推销人员的推销热情，鼓励推销人员大力推销新产品，开拓新市场，寻找更多的潜在顾客，大力推销过时积压产品等。

2. 制定营业推广的具体方案

选择恰当的营业推广方式是促销获得成功的关键。企业可以根据产品的特点、消费者的类型、营业推广目标、竞争情况、促销预算、不同方式的促销成本及效益以及国家政策等因素灵活选择推广工具。

3. 制定合理的营业推广方案

一个完整的营业推广方案必须包括以下内容：(1) 诱因的大小；(2) 刺激对象及范围；(3) 促销媒体的选择；(4) 促销时机的选择；(5) 确定推广期限；(6) 确定促销预算。

4. 测试营业推广方案

为了保证营业推广的效果，企业在正式实施推广方案之前，必须对推广方案进行测试。测试的内容主要是推广诱因对消费者的效力、选用的工具是否恰当、媒体选择是否恰当、顾客反映是否足够等。发现不恰当的部分，要及时进行调整。

5. 执行和控制营业推广方案

企业必须制定具体的实施方案。实施方案中应明确规定准备时间和实施时间。

课堂延伸

屈臣氏的百变促销

屈臣氏集团是全球最大的保健及美容产品零售商和全球最大的香水及化妆品零售商，属和记黄埔有限公司旗下。

屈臣氏个人护理店经营的产品包罗万象，有化妆品、药物、个人护理用品、时尚饰物、糖果、心意卡及礼品等多达25 000种。主要分为两部分：一是屈臣氏自创品牌，有化妆品类和个人护理用品类等；二是其他品牌的护理用品，如宝洁、美宝莲、雅芳等。当然，产品也不仅是为女士提供，各种国外原产的食品也足够让男食客大快朵颐。

一、屈臣氏的促销魅力

逛过屈臣氏的顾客都能深刻地体会到，当他们走进屈臣氏门店的时候，感觉不是走进了一家超市，而是走进了一家贴心的专业的个人护理店。货架上、收银台上和购物袋上都摆放着一些可爱的标志，让人感到温馨、愉快、有趣。丰富的产品可以满足他们各种各样的需求。除此之外，屈臣氏的促销活动每次都能令他们获得惊喜。尤其是作为城市高收入代表的白领丽人，以逛屈臣氏商店为乐趣，并在购物后仍然津津乐道，经常可以听到“最近比较忙，好久没有去逛屈臣氏了，不知最近又出了什么新玩意”。逛屈臣氏，竟然在不知不觉中成了时尚消费一族的必修课。这可谓达到了商家经营的最高境界。

在屈臣氏工作过的人都知道，屈臣氏的促销活动算得上是零售界最复杂的，不但次数频繁，而且流程复杂，内容繁多，每进行一次促销活动更需要花很多的时间去策划与准备。

二、屈臣氏各式各样的促销招数

2004年6月16日，屈臣氏中国区提出“我敢发誓，保证低价”承诺，并开始了以此为主题的促销活动，每15天一期。自此，屈臣氏的促销无论从密度还是方法上都开始了大幅度的创新，让消费者目不暇接、眼花缭乱，去过的顾客都是在一片“好优惠呦”“好得意呦”“好可爱啊”的叫卖声中，把商品“洗劫”一空，创造了屈臣氏单店平均年营业额高达2 000万元的战绩。

下面举例说明屈臣氏经常使用的一些促销招数。

1. 买就送

与一般商家单一的促销手段不同，屈臣氏往往在一次促销中就会使用各种各样的促销手段，有买一送一、买二送一、买四送二、买大送小，送商品、送赠品、送礼品、送购物券、送抽奖券，方式非常灵活多变。

2. 剪角优惠券

屈臣氏经常会在促销宣传手册或者报纸海报上出现剪角优惠券，顾客在购买指定产品时，可以获得一定金额的购买优惠，省5元到几十元都有。除此之外，在指定促销期内，一次性购物满 60 元（或者 100 元），剪下促销宣传海报的剪角，可以抵 6 元（或者 10 元）使用，相当于额外再获得九折优惠。

3. 震撼低价

屈臣氏经常推出系列震撼低价商品，这些商品以非常优惠的价格销售，并且规定每个店铺必须陈列在店铺最前面、最显眼的位置，以吸引顾客。

4. 加量不加价

这一招主要是针对屈臣氏的自有品牌产品，经常会推出加量不加价的包装，用鲜明的标签标示，以加量 33%或加量 50%为主，面膜、橄榄油、护手霜、洗发水、润发素、化妆棉等是经常使用的，对消费者非常有吸引力。

5. 独家优惠

这是屈臣氏经常使用的一种促销手段，即在寻找促销商品时，经常避开其他商家的优惠活动，设计新花样，给顾客更多新鲜感，让顾客能在其他商家没有优惠活动时在屈臣氏淘到宝贝。这一方法大大提高了顾客忠诚度。

6. 套装优惠

屈臣氏经常会向生产厂家定制专供的套装商品，以较优惠的价格向顾客销售，如资生堂、曼秀雷敦、旁氏、玉兰油等都会常做一些带赠品的套装，屈臣氏自有品牌也经常会推出套装优惠。例如，买屈臣氏骨胶原修护精华液一盒 69.9 元送 49.9 元的眼部保湿啫喱一支，促销力度很大。

7. 超值换购

在每一期的促销活动中，屈臣氏都会推出 3 个以上的超值商品，顾客一次性购物满 50 元，加 10 元即可任意选其中一件商品。这些超值商品通常是屈臣氏的自有品牌，所以能在实现低价位的同时又可以保证利润。

8. 购物 2 件，额外 9 折优惠

顾客购买指定的同一商品 2 件，额外享受 9 折优惠，例如买营养水一支要 60 元，买 2 支的话，则只需支付 108 元。

9. VIP 会员卡

屈臣氏在 2006 年 9 月开始推出自己的会员卡，顾客只需去屈臣氏门店填写申请表格，就可立即办理屈臣氏贵宾卡，办卡时仅收取工本费一元，屈臣氏会每两周推出数十件贵宾独享折扣商品，低至 8 折，每次消费有积分。

10. 感谢日

每年，屈臣氏都举行为期 3 天的感谢日小型主题促销活动，推出系列重磅特价商品，单价商品低价幅度在 10 元以上。

11. 销售比赛

销售比赛也是屈臣氏一项非常成功的促销活动，每期指定一些比赛商品，分各级别店铺（屈臣氏的店铺根据面积、地点等因素分为 A、B、C 三个级别）之间进行推销比赛，销售排名在前三名的店铺都将获得奖励，每次参加销售比赛的指定商品的销售业绩都会以奇迹般的速度增长，供货厂家非常乐意参与这样有助于销售的活动。

屈臣氏的常规主题促销活动每年都会定期举行，特别是自有品牌商品的促销。常用主题特点鲜明、针对性强，常常会带来火爆的销售业绩。

三、屈臣氏促销的成功因素

1. 持之以恒的促销活动

很多消费者对屈臣氏的促销活动都非常熟悉，他们了解屈臣氏在定期举行什么形式的促销活动，这归功于屈臣氏多年来的坚持。屈臣氏的常规促销活动每年都会定期举行，特别是自有品牌商品的促销，如“全线八折”“免费加量”“买一送一”等会在每年定期举办，并且在活动中经常都会包含“剪角抵用券”“满 50 元超值 10 元换购”“本期震撼低价”等。还有非常多的趣味主题，介绍众多的个人护理用品，引导着消费。

2. 专业的护理指导

屈臣氏的促销活动每时每刻都在向消费者传递着自己在专业领域里权威专业的信息，让消费者有更多的信任感。屈臣氏的《健康知己》，为顾客提供日常健康知识咨询，《屈臣氏护肤易》《屈臣氏优质生活手册》《健与美大赏》《屈臣氏自有品牌特刊》《畅游必备品》在向顾客推荐好的产品的同时，邀请行业界知名人物，与读者共同分享美容心得、健康知识。《促销商品快讯》也是一本健康美容百科全书，除了众多的特价商品、新商品推介，还介绍非常多的日常护理小知识。

3. 真正的优惠实效

根据国人消费习惯，实惠才是硬道理，屈臣氏促销讲究的就是“为消费者提供物超所值”的购物体验，从“我敢发誓”到“冬日减价”“10 元促销”“SALE 周年庆”“加 1 元多一件”“全线八折”“买一送一”等，每一次都会引起消费者惊呼，降价幅度非常大。每期都有的 3 个“10 元超值换购”商品、9 个“震撼低价”商品每次都会被抢购一空。

4. 浓郁宜人的购物氛围

“创造一个友善、充满活力及令人兴奋的购物环境”是屈臣氏卖场布置的精髓，为了创造一个好的促销氛围，屈臣氏从不吝惜布置场地方面成本，每次促销都会更换卖场所有的宣传挂画、价格牌、商品快讯、POP。同时，每次促销活动，屈臣氏都会有新的录像光盘提供给每个分店播放，宣传更多的促销信息。

5. 注重顾客消费心理研究

屈臣氏研究认为，“小资情调”是白领一族的固有心态，仅仅廉价是无法满足他们的需求的，大奖也不是引起他们光顾的根本，新奇刺激的活动对他们更具有吸引力，提供一种方便、健康、美丽的服务才更能提升顾客忠诚度。另外，屈臣氏在促销商品陈列方面有非常标准的原则，对收银台附近的商品陈列技巧，“推动走廊”的陈列方式、震撼低价商品的陈列，促销端架的陈列等都是从顾客购物心理、视觉角度、走动习惯等多方面研究得出的结论。

6. 专业、熟练的员工

员工养成良好的促销推荐习惯，在屈臣氏的促销中，员工会随时告诉顾客，这是正在进行促销的商品，向顾客推荐促销商品，推介更多的优惠信息，可以获得顾客好感，屈臣氏的服务要求中要求员工必须做到这一点，门口的保安会礼貌地向入店顾客赠送一本商品促销手册，以让顾客获得更多的促销资讯。

屈臣氏促销活动是在经营中不断研究的结晶，这种创新精神也是值得零售连锁行业引以借鉴的。

单元五 公共关系

公共关系是促销组合的重要组成部分。公共关系的好坏直接影响企业在公众心目中的形象和营销目标的实现。如何有效利用公关促进产品的销售，是现代企业必须重视的问题。

一、公共关系的概念

公共关系源自英文 Public Relations，意思是与公众的联系。从市场营销学的角度来看公共关系，公共关系是指企业为了使社会广大公众对本企业产品产生好感，在社会上树立企业声誉，选用各种手段，向广大公众制造舆论而进行的公开宣传的促销方式。公关促销的目的就是要为企业的营销活动创造一个和谐、友好的营销环境，以保证企业取得市场营销活动的成功。

二、公共关系的特征

企业公共关系活动的基本特征表现在下述几个方面。

1. 目标的长期性

公共关系是企业长期战略的组成部分。良好的公关活动通常是从长远考虑的，具有预见性和方向性，特别是对可能引起公众的不良印象有先期的安排，以便有效消除不良影响。要建立良好的社会信誉和形象，企业需要有计划、有步骤地踏实努力，并着眼未来。急功近利是企业公共关系活动的大忌。

2. 信息的双向性

企业开展公关活动，通过各种传播手段，一方面可以把企业或产品的有关信息有计划、有步骤地传递给公众，以取得公众的信赖与支持；另一方面通过公关活动不断收集信息，全方位地掌握宏观环境与微观环境带给企业的机会与威胁，从而做出正确的决策。

3. 对象的多元性

公关活动的公众是多元的，不仅包括顾客，而且还包括供应商、社区、媒体、政府和企业内部员工等，实质上是面对一个企业赖以生存与发展的社会关系网络，并强调在这个庞大而复杂的关系网络中进行有效的沟通。例如，媒介公众中的报纸或广播对企业一篇负面的报道，就可使企业多年苦心经营的市场毁于一旦。因此，在公众面前，企业必须做到：一方面积极顺应公众的意见；另一方面努力影响公众的意见，从而树立企业在公众心目中的正面形象。

4. 效果的间接性

公关活动的主要目的，在于通过与内部员工的良好沟通，创造一种精神；通过与外部公众恰当地沟通，提高企业知名度与美誉度，树立企业整体形象，从而开创有利于企业营销的环境，更好地建立社会人际关系，促使企业获得更大的长期利益。

三、公共关系的内容

对企业而言，公共关系的主要外部客体由顾客、新闻媒介、金融机构、政府、竞争者、供应商、中间商等组成。其中，企业与顾客、供应商和分销商以及竞争者之间的关系直接影响着企业活动的各个方面。同时，现代企业的经营目标已经改变了一味追求经济利益最大化的原则，而更看重长远的、整体利益的最大化。

1. 顾客关系

在市场经济的条件下，企业生存和发展的关键就在于其产品能否卖出去。因此，许多企业把“顾客是上帝”奉为经营宗旨。顾客成了“上帝”，企业就成了“仆从”，但这种“上帝”和“仆从”的关系并不是理想的企业与顾客的关系。在企业和顾客之间，存在共同的利益，顾客购买企业的产品，自身的需要得到满足；企业把产品卖出去，收回资金并获得利润，双方的愿望得以实现。由此可见，企业和顾客之间存在一种合作和依赖的关系。企业为顾客提供了满意的产品和服务，从而使顾客对产品满意，进而对企业产生信赖感，成为企业的忠诚顾客，顾客对企业的忠诚是企业的无形资产，是重要的财富资源。顾客的忠诚感可以使其成为企业的忠诚顾客，使企业有一个相对稳定的顾客群。研究表明，寻找新顾客的成本要比维持现有顾客的成本高数倍。顾客忠诚使其产生重复购买行为，还会在自身的群体中产生传播效应，这是每一个企业都求之不得的。

2. 供应商、分销商关系

对于多数企业来说，它不可能也没有必要从原料的生产到产品的销售完全独立完成，较为普遍的模式是从供应商到企业，再到分销商，直至最终顾客的传统模式，即企业从供应商那里获取原材料，通过分销商销售产品。因为供应商提供原材料的费用和产品由分销商销售产生的分销费用构成了企业产品的成本，因此，一般认为，供应商和分销商会使企业的收益降低，企业与供应商、分销商之间存在竞争。但实际上，企业和供应商、中间分销商之间也有共同的利益。在信息经济的条件下，竞争不仅仅是公司之间的竞争，也是网络间的竞争。借助于先进的信息系统，供应链中的所有参与者都掌握最新的现货销售信息。也就是说，供应链中所有参与者成为信息伙伴，他们实现了信息共享和利益分享。这样形成的从供应商到企业，再到分销商之间的关系，不仅有竞争，更重要的是合作。这种合作使各方之间均获益最大。

3. 竞争者关系

中国有句俗语，“同行是冤家”。同行竞争者之间通常把商场比作战场。事实上竞争者之间可以建立起双赢的关系，而不一定都是“战争”关系。竞争者之间实施恶性竞争，到头来，只能是两败俱伤。曾有人做过形象的比喻，市场是一块蛋糕，吃的人越多，每个人分到的就越少。但换个角度，如果吃蛋糕的人合作起来，共同把蛋糕做大，则可以使每个人分到更多的蛋糕。事实上，竞争者合作，可以使合作各方获得更多的利益。从合作形式上可以是在某一特定营销活动内容上的水平合作，如两个或几个企业联合开发某一新产品；也可以是在不同营销活动内容上，分别承担某一营销活动，最终均赢的垂直合作。竞争者之间的合作还可以通过签订协议，实行特许经营，也可以通过组建企业集团来实现。

四、公共关系实施步骤

公共关系实施步骤包括确定目标、选择方法、实施项目和评价效果。

1. 确定目标

在调查研究的基础上，根据社会公众对企业的了解和意见，确定公关的目标。

2. 选择方法

正确的方法是实现目标的保证，企业应根据公关目标选择合适的方法。公关的每种方法都有一定的针对性和适用范围，有的主要是增进公众的支持与理解，有的是提高企业的知名度，有的则是促进产品的销售。

3. 实施项目

对企业来说，开展公关活动存在许多不确定因素，较难控制。为了保证公关计划的实现，首先，要有组织的保证，明确公关的部门职责；其次，要提高公关人员的素质；再次，要坚持以诚取信的原则；最后，要善于抓住机遇。

4. 评价效果

公关是企业的长期工作，评价公关活动的短期效果比较困难。首先，信息传播的效果是一个潜移默化的过程，很难用具体的数据反映出来；其次，公关常配合着其他促销手段，其收效难以单独评估。

模块小结

促销是企业市场营销组合中必不可少的一个环节。促销的方式主要有四种：广告、人员推销、营业推广及公共关系。促销组合是企业根据产品的特点和营销目标，综合各种影响因素，对各种促销方式的选择、编配和运用。

人员推销与其他非人员推销方式最大的不同是：推销人员直接与潜在顾客接触，而且信息沟通过程具有双向性。人员推销的一般过程包括：寻找顾客、推销准备、接近顾客、推销洽谈、处理异议、达成交易、售后服务等。

广告，即盈利性的商业广告，是指广告主以促进销售为目的，付出一定的费用，通过特定的媒体传播商品或劳务等有关经济信息的大众传播活动。广告的要素包括广告主、广告费用、广告媒体和广告信息。

营业推广又称销售促进，是指为刺激早期需求或激发较强的市场反应而采取的能够迅速产生鼓励购买作用的促销活动。这些活动既包括对消费者的促销（如赠送样品、优惠券、赠品等），也包括对中间商的促销（如价格折扣、推广津贴、免费产品、销售竞赛等），还包括对销售人员的促销（如红利提成、特别推销金、推销竞赛等）。

公共关系是指企业为了使社会广大公众对本企业产品产生好感，在社会上树立企业声誉，选用各种手段，向广大公众制造舆论而进行的公开宣传的促销方式。其内容不仅包括与顾客的关系，与供应商、分销商的关系，还包括与竞争者的关系。

思考时间

案例分析

麦当劳的促销活动

麦当劳的促销活动具有鲜明的个性和独创的特色。

一、极富创意的品牌广告

广告宣传是企业常用的促销方法，也是企业同目标消费群与社会公众进行双向沟通的主要形式。麦当劳开业50年来，每年都投入大量的广告经费在许多国家和地区发布商业广告和公益广告，宣传商品，树立形象。麦当劳的广告创意和它的标志一样，在简洁中充满智慧。例如有一个经典的广告画面为：摇篮里的婴儿，随着摇篮上下摇动的起伏时哭时笑。原来，当摇篮摇上时，婴儿在摇篮里透过窗户外看到蓝天上一个金黄色的“M”标志高高竖立，不由得开心地笑了；当摇篮摇下时，由于看不到“M”的标志当然就哭了。广告通过婴儿两种不同的表情和温暖柔和的画面，以及欢快、愉悦、节奏感强的背景音乐，表现了麦当劳代表的欢乐与乐趣，很好地宣扬了麦当劳的品牌形象，突出了它的影响力。“更多选择，更多欢笑，就在麦当劳”，以及2003年提出的“尝尝欢笑，常常麦当劳”的广告语，也逐渐为人们所熟悉，麦当劳广告创意的绝妙可略见一斑。

同时，麦当劳还塑造了一个年轻、充满活力、好玩有趣的世界知名的偶像——罗纳德·麦当劳叔叔。几乎每家麦当劳餐厅都会有一个麦当劳叔叔的塑像，这已成为麦当劳餐厅的品牌标志。麦当劳叔叔意味着欢乐，与麦当劳叔叔合影留念是人们到麦当劳就餐之余最喜爱的活动之一。罗纳德·麦当劳叔叔已成为在全世界范围内仅次于圣诞老人而成为小朋友最喜爱的人物之一。

二、极富情感的人员推销

在人员推销方面，麦当劳对柜台的员工提出了“建议销售”这一概念。要求柜台员工向顾客推销新产品、传递新产品的信息时，应在友好服务、愉悦的气氛中，以建议的方式进行销售，不能采用硬性推销方式。有人说，麦当劳服务员的微笑具有催眠的作用，这种催眠可持续三秒的时间，在这三秒内，服务员很会把握时机，对已购买一包薯条的顾客，会问：“您还需要一杯可乐吗?”在不知不觉中，你会回答“好”，于是又买了一杯可乐。

在大堂，餐厅接待员在与顾客聊天的过程中，对已购买产品的顾客了解其对产品的反应，对没有购买新产品的顾客，了解原因，进行建议销售。通过这种方式，麦当劳隐含地将促销信息完整地传达出去。

同时，麦当劳通过奖金、礼品等对在推广活动中表现出色的销售人员进行奖励，极大地调动了员工的积极性，促进了“建议销售”活动的推广，并取得了较好的销售业绩。

三、以培养顾客忠诚度为目标的营业推广

针对青少年、情侣、家庭、职业人士等四种不同的消费群体，麦当劳采用了不同的营业推广方式。

麦当劳知道：孩子具有独立决定是否去麦当劳就餐的特权，他们也将是麦当劳未来的顾客。所以，麦当劳以孩子为中心，把孩子作为主要消费者，十分注重培养他们的消费忠诚度。例如：麦当劳儿童套餐的玩具只有购买套餐，才会获得免费赠送，而其玩具有的独特造型和创意又位于同行之首，常常引得许多儿童只为玩具而消费套餐；在餐厅内用餐的小朋友，还经常会意外获得印有麦当劳标志的气球、折纸等小礼物；每逢节假日，都会有相应的免费参加的庆祝活动，并有获得精美小礼物的机会；在中国，还有麦当劳叔叔俱乐部，参加者为3～12岁的小朋友，定期开展活动，让小朋友更加喜爱麦当劳。此外，麦当劳还不时提供只限学生享用的餐饮优惠，吸引更多的消费者，提高重复购买率。

麦当劳良好的室温控制、轻音乐和具有特色的店堂布置，对于情侣来说是一个温馨、浪漫的地方，一杯饮料或一包薯条，聊天休闲时，可以坐上半小时到一小时，甚至更长。当节日来临时，麦当劳随之而变的店堂布置，更使它成为一个绝佳去处。

此外，麦当劳还是私人和家庭仪式的公共场所。最有名的家庭仪式是孩子的生日宴会。他们选择麦当劳来举行庆祝的原因是：小朋友喜爱麦当劳，有专人布置场地，营造出欢乐的气氛，还有专人进行主持，在麦当劳可以获得很多礼物，很开心，比传统的庆祝方式有新意；2003年麦当劳又提出了“家庭用餐”概念，希望销售人员以家庭作为麦当劳的用餐主体去考虑服务问题。要求每家麦当劳餐厅专门划出一个“家庭用餐区”，当人多的时候会为家庭预留座位，并由具有良好服务意识和业务能力的员工担任“家庭服务大使”提供特别服务。

麦当劳快捷、准确的服务，高度清洁干净的用餐环境，是职业人士选择麦当劳的主要原因。而且，麦当劳快速的打包服务，以及电话订餐、送餐的免费服务，一直深受商务人士欢迎，具有较稳定的消费群体。

四、注重公关效果，致力企业形象的树立

公共关系是一个社会组织运用各种传播手段协调和改善自身的人居环境和舆论气氛的过程。麦当劳一直致力于社会事务和公共关系，麦当劳成立了世界性组织——“麦当劳叔叔之家”，每年都向需要救助的世界儿童捐赠大笔慈善款项。例如：2006年麦当劳中国与中国宋庆龄基金会合作，设立中国宋庆龄基金会麦当劳叔叔之家慈善基金（简称中国麦基金），为异地就医的困难患儿家庭提供医院旁的免费住所和关爱服务。截至2024年12月底，位于湖南长沙，上海和北京的三所叔叔之家已经服务超过1 500个家庭，提供超过7.1万个安睡夜晚。

除了举办全国性的活动外，各地的麦当劳餐馆也经常参与社会发展和地区规划的活动。各地分店都积极地参与公共事务，与当地学校和居委会建立特别联系。例如：麦当劳向公益活动赠送免费饮料；新学期开学的时候，向附近小学校赠送小礼品、提供麦当劳奖学金等对优秀学生进行奖励。

另外，麦当劳还会不时邀请顾客参观餐厅，了解麦当劳的食品制作过程，向他们展示餐厅的品质、服务、清洁、物超所值的实现过程。缩短消费者与麦当劳的距离，沟通和传播麦当劳的销售信息，使消费者对食品的品质更加有信心，增加麦当劳用餐的愉快经历。麦当劳餐厅还为公交公司代售公交月票，为高考学子提供学习环境等多种公众服务项目。

麦当劳把“企业需要社会公众的理解和支持，而公关活动正是企业与社会联络感情，增进了解的有效手段”的本质理念发挥到了极致，并非常注重效果，在社会公众中树立起了品牌企业的形象。

问题：

（1）麦当劳的促销活动运用了哪些促销方式？

（2）麦当劳是如何运用促销组合策略的？值得借鉴之处是什么？

实训实习

学生应在学习完本模块内容后，根据所学知识，在课余时间选择一个行业的企业或公司去实习实训，了解公司情况并分析公司的促销活动状况，并根据市场状况来制定相应的促销组合策略，以有效地促进产品的销售。

1. 实训方式

在教师指导下，采取学生自定实习单位实习及指导教师严格考勤及不定期抽查的形式实行岗位实习监督。这样做既可提高学生实习的积极性、针对性，又可有效监控实习内容的全面执行，使学生能全面把握所在企业的相关策略。

2. 实训要求

每天严格按照实习内容及要求，认真实习实训企业市场部有关实习内容环节，学习并参与企业促销活动开展情况，实习期满按指导老师要求写出 2 000 字以上的实训报告。

3. 实训考核

指导教师根据学生撰写实训报告的质量综合评定成绩（优、良、中、及格、不及格）。

模块十一　市场营销计划、组织与控制

学习目标

知识目标

1. 掌握市场营销计划、组织和控制的含义和内容：能够清楚定义市场营销计划、组织和控制的基本概念，理解各自的组成部分及其在市场营销中的重要性。

2. 理解市场营销计划、组织和控制之间的联系和相互作用：能够分析市场营销计划、组织和控制三者之间的关系，理解它们如何相互影响以实现企业的营销目标。

3. 掌握营销计划的编制与实施流程：能够详细描述市场营销计划的编制步骤、实施过程及控制机制，理解每个环节的重要性。

能力目标

1. 制订科学的市场营销计划：能够根据市场调研和分析，制订出符合企业战略的市场营销计划，并能够明确营销目标和实施策略。

2. 有效组织和协调营销活动：能够在实际工作中，合理组织和协调各部门的营销活动，确保计划的顺利实施。

3. 进行市场营销控制与评估：能够设计并实施有效的市场营销控制系统，定期评估营销计划的执行情况，及时调整策略以应对市场变化。

4. 运用预算管理控制营销费用：能够编制和管理营销预算，控制营销活动的成本，确保资源的有效利用。

素养目标

1. 能够从整体上考虑市场营销计划的各个方面，理解不同营销活动之间的相互关系和影响，提升系统思维能力。

2. 能够在营销计划的实施过程中，识别潜在问题，并运用所学知识提出切实可行的解决方案，增强分析与解决问题的能力。

案例导入

家乐福经营的黄金定律

法国家乐福集团成立于1959年，是大型超级市场概念的创始者，于1963年在法国开设了世界上第一家大型超市。1999年8月30日家乐福兼并普罗莫代斯组成世界第二大零售集团。如今，家乐福拥有11 000多家营运零售单位，业务范围遍及世界30个国家和地区。集团以三种主要经营业态引领市场：大型超市、超市以及折扣店。此外，家乐福还在一些国家发展了便利店和会员制量贩店。家乐福的成功在于精细、科学的管理，主要表现在下述几个方面。

1. 选址科学化

(1) 开在十字路口。Carrefour（法文意为十字路口）第一家店于1963年开在巴黎南郊一个小镇的十字路口，一火爆，大家都说去十字路口，把店名给忘了。十字路口成为家乐福选址的第一准则。

(2) 3～5千米商圈半径。这是家乐福在西方国家选址的标准。在中国一般标准是公共汽车8千米车程，不超过20分钟的心理承受力。

(3) 外聘公司进行市场调研。一般需要选两家公司进行销售额测算，两家公司是集团之外的独立公司，以保证预测的科学性和准确性。

(4) 灵活适应当地特点。家乐福店可开在地下室，也可开在四五层，但最佳为地面一、二层或地下一层和地上一层。家乐福一般占两层空间，不开三层。

2. 强大的商品管理机构

(1) 在全球采购商品。一个商品进入家乐福，厂商首先要与总部谈判取得认可，各分店通过系统订货，不进系统，无法结算。家乐福设有国际商品部，负责在全球寻找资源，介绍给各国家乐福店的采购部门，采购部门向它们订货。家乐福通常是一种商品全球销售。

家乐福对全球供应商的素质要求是：拥有出口权厂商或出口公司；价格具有竞争力；良好品质保证；大批量生产与供货能力；有乐意学习新知识的欲望。

(2) 建立强大的商品管理机构。

商品是店铺运营的中心，家乐福十分重视商品管理。公司设立商品部总监，管理5个商品部，即快速消费品部、生鲜部、日用百货部、家电用品部、纺织品部，管理7个职能部门，即销售发展部、全国谈判部、业务发展部、物价部、品牌部、开发部、培训部。

3. 强大的电脑支持功能

(1) 电脑功能。家乐福电脑发挥着11大功能，即订单管理、自动补货、收货、退还厂商、价格变动、店间移库、部门间移库、库存调整、盘点、查询、报告。

(2) 查询与报告功能。发挥电脑查询和报告功能，进行相应的分析，提高业绩。

1) 销售查询（即时性）：销售额、销售量（从而算出平均价）、顾客数。

2) 商品流动报告：某种产品从生到死的报告（单品记录），这些商品的具体走向。它是寻找损耗原因的工具。

3) 自动补货报告：提供建议订单、供货商编码、订件数量、进价、售价、毛利率、赠品量件数、订货到货天数、目前存货、在途商品量、每天每月平均销售、现月销售量、建议采购量。

4) 促销分析报告：促销商品、价格、当天销售量、销售额、前四周平均销售额。

5) 最大销售额分析报告（20%A类商品如何管理）：单品、售价、排名、前四周占全店的百分比（前500名商品要占全店营业额的50%～52%，若达不到，则说明品种有问题）。

6) 每日变价报告：商品名称、销售量、旧价格、新价格、减价损失钱数、促销名称、时间。

4. 简洁的组织结构

开店前有三件事要做：选址、选址、选址。开店后有三件事要做：建立机构、树立经营理念、进行现场管理。

(1) 建立机构。家乐福店铺由店长负责管理，店长有了，指定一个处长负责。另外有值班经理（处长或服务部门课长）。

(2) 树立经营理念。家乐福经营理念有5条：一次购足、超低售价、免费停车、自助服务、新鲜品质。超低售价不是每种商品都是超低售价，有的零毛利，有的可达15%。超市不是百货店、不是五星宾馆，必须提供自助服务条件，让顾客方便找到，不开口说话，就能找到商品和价格。

(3) 进行现场管理。家乐福店铺的现场管理主要表现为巡查管理。

1) 巡视管理。用巡检表控制，标准分为好、差和有待改进等。具体项目包括：高价品是否上锁、有无开箱、卖场是否缺货、仓板哪家好、无条形码商品是否放在待加工区、照明浪费否、卫生整洁否。

2) 商品部经理每日必做：详细巡查货架；条码与价格是否相符；商品是否缺货；检查系统报告；促销商品单独订货；依每月报告制定促销、订货方案；检查价签和说明书；根据总部电脑指导改变陈列面，销售额大的加大陈列面，100个品种不超过3次补货；检查安全和清洁。

3) 细致巡查：清洁、缺货与订货、重要商品、促销区、陈列标准，扫描测试，安全等。

5. 强烈的防损意识

(1) 日常损失防范（保安）队伍。

1) 三米原则：每个员工在三米之内就问候顾客，顾客会认为有礼貌，贼会因担心而放弃偷窃。

2）后仓管理：不许有开箱、不许有代用箱；高于商品平均价、高单价商品要锁上，并由保安见证。

3）条码管理：条码掉换是损失重要的原因。

4）收银管理：每月允许40元以内长短额。

5）磁码原则：纺织品、鞋、烟、酒都贴，每家商场用2万～2.5万元。

6）提包控制原则：采取存包制度。提供防盗包，女士背包随便。

(2) 周期盘点/大盘点。做出不流动商品报告（条码错误、丢失等）、负库存报告（一查到底，找到原因），进行免费赠品控制（单独控制）。

(3) 审计制度。定期对商场日常营运主要环节进行核查、汇报，以保持商场营运标准，提供现场培训指导。家乐福每天把空箱进行登记，录入系统作为当日损耗；每天顾客打翻的瓶子，录入系统作为当日损耗；生鲜食品1.5%～2%损耗，录入系统作为当日损耗。

单元一 营销计划

企业的营销工作如果缺乏预先的计划与安排，就会导致行动和经费开支上的混乱，而且不利于企业其他方面工作的开展，不利于企业遇到新的发展机会时做出有利的反应，有时还会给其他某些有计划、有远见的竞争者造成进攻的可乘之机。因此，企业必须用有计划的营销方法来面对市场，通过编制计划、执行计划，实现企业的营销目标。事实上，营销计划是企业战略管理的起点，也是其最终体现。

一、营销计划的内容

营销计划是在对企业市场营销环境进行调研分析的基础上，按年度制定的企业和各业务单位的营销目标及实现这一目标所采取的策略、措施和步骤的明确规定和详细说明。市场营销计划的内容，因管理者提出的使用要求不同而详略不一。在通常情况下，市场营销计划包括八项内容，具体如下。

1. 计划概要

计划概要就是营销计划的内容提要，主要是对营销目标及执行方法和措施的概括说明。计划概要的主要目的是让高层主管很快了解、掌握计划的核心内容，并据此检查、研究和初步制订考核计划。

为了便于审核者进一步阅读考核所需的资料，通常在计划概要部分之后，紧接着便列出计划内容目录。

2. 当前营销状况

计划书的这一部分主要是提供与市场、产品、竞争、分销和宏观环境有关的背景数据。

（1）市场状况。包括市场规模与增长情况，以过去几年的总销量及细分市场的销量，可以体现出需求趋势。

（2）产品状况。列出每一主要产品过去几年的销售额、价格、利润等方面的资料数据。

（3）竞争状况。描述主要竞争者的规模、目标、市场份额、产品质量、营销战略及其他特征，分析其意图和行为。

（4）分销状况。列出分销渠道上的销量及在每一渠道上的重要性，描述各类中间商经销能力的变化及企业对他们有效的激励条件。

（5）宏观环境状况。描述影响该企业产品市场的宏观环境因素，包括人口、经济、政治、科技、社会文化与各种环境状况及变化趋势。

3. 机会和问题分析

（1）机会。企业营销机会是营销管理的重要任务之一，要求从环境现状分析中寻找新的市场需求；从企业内部经营资源中，找到诸如资金、技术、生产、分销、服务中的有利条件，决定自己的发展方向和努力目标，使之成为营销计划中的突破点。

（2）威胁。在分析现状时，通过大量可靠数据找出营销环境中的问题，包括企业面临的严重竞争局面、原有良好市场逐渐萎缩等，以便在计划中采取必要的应对措施。

（3）优势。企业优势在分析中体现，如优于竞争对手的企业资源、经营管理能力，或者独有的生产技术优势等，这些因素是企业开发机会、对付外来威胁的关键力量。

（4）劣势。在分析中会揭露企业内部与行业内其他企业的一些能力差别。

4. 营销目标

营销目标是营销计划的核心部分，是在分析营销现状并预测未来威胁和机会的基础上制定的。营销目标就是在本计划内要达到的目标，主要有市场占有率、销售额、利润率、投资收益率等。

5. 营销策略

营销策略是企业为实现市场营销目标所采用的途径和手段，由目标市场策略、市场营销组合策略、营销费用决策三部分组成。

6. 营销方案

营销方案回答应该做什么、谁来做、什么时候做、需要多少成本等问题，以此把营销战略的内容具体贯彻下来。通常，企业会把行动方案按时间顺序列出，并明确标示每项行动的日期、活动费用和负责人员。

7. 营销预算

它是预计的利润表，概述计划所预期的财务收益情况，集中说明支持本计划的预算。收入方列出预计的销量和平均价格，支出方列出生产成本、销售费用等开支项目与数额。收入和支出的差额即为预期利润。

8. 营销控制

营销控制是营销计划的最后一部分，通常说明如何监控该计划。一般情况下，较高一级的管理者要按月或按季度定期审查下级部门的目标和预算，要求落后部门解释原因及制定改进措施。营销控制过程是一个监督、调整的过程，其目的是保证计划目标的实现。

二、营销计划的制订

1. 编制营销计划的原则

市场营销计划的编制原则是编制营销计划时应遵循的基本准则，主要有以下三个方面：

（1）针对性原则。市场营销计划围绕营销目标和企业发展战略编制，有什么样的营销目标和营销策略，就有什么样的营销计划。

（2）预见性和可行性原则。市场营销策划是在营销活动开展以前制定的行动方案和实施手段，具有一定的预见性和可行性。

（3）市场导向原则。市场营销就是以市场需求为导向，以满足市场需求为目标。市场营销计划作为企业营销活动的指导性文件，其编制也必须以市场为导向，围绕满足市场需求来编制。

2. 编制营销计划应注意的问题

营销计划作为未来营销活动的执行纲领，在编制时应注意以下三个方面的问题：

（1）营销计划内容宜简明扼要，突出重点。

（2）营销计划要以年度为单位，由企划部门、财务部门、营销部门联合制订，充分整合企业资源。

（3）营销部门计划必须以书面形式制订。营销计划形成书面内容一方面便于传递和记录；另一方面也可作为企业考核部门和员工的依据。

3. 营销计划制订的程序

营销计划的编制，一般按分析现状、确立目标、制定战略与策略、评价与选定战略与策略、综合编制的程序进行。分析现状是基础，营销计划必须建立在对市场现状、竞争者情况、分销渠道、促销情况等问题详细周密的调查分析之上，才能可靠有效。在拟定营销计划的第二步骤——确定目标时，既要针对当前情况做客观的分析，也要考虑前一计划期的执行情况，把二者结合起来，提出下一计划期的执行情况既积极有效又切实可行的营销目标。在制定战略与策略时，各部门应制定几个可供选择的方案，以便最后编制计划时可以有更多的选择和改进余地。营销计划最后的综合编制，通常是由负责销售的副总经理汇总部门计划，经过协调，基本形成企业的市场营销计划，再由营销总经理审定即算完成，交由最高管理层审批通过后，就可付诸实施了。

三、营销计划的实施

1. 影响市场营销计划实施效果的主要因素

市场营销计划是企业对营销活动的设计和规划。影响市场营销计划实施效果的主要因素有以下四个方面：

（1）计划和实际脱节。计划是对将要发生的事情的预计和规划，是以现实为基础制定的。计划脱离实际，与企业资源、能力和市场环境不符，就会影响计划目标的达成。

（2）长期目标和短期目标相互矛盾。长期目标关系到企业未来的竞争能力与市场地位，但耗资巨大，技术复杂，市场反应不能确定，具有相当大的风险性；短期目标关系到企业的当前利益。长期目标和短期目标的矛盾往往集中在企业发展重心、资源分配、企业利害关系人的利益分配等方面。

（3）市场环境的变化。市场环境突然发生改变，往往导致计划编制时的假设条件不再成立，影响营销计划的实施效果。

（4）资源不足。资源不足必然影响营销计划目标的实现。

2. 市场营销计划的实施过程

执行市场营销计划需要做好以下六个方面的工作：

（1）制定营销方案。制定营销方案就是将计划目标分解成行动方案，将任务落实到人，并明确计划执行进度和时间表。

（2）调整组织结构。企业的组织结构在营销目标的实施过程中发挥着重要作用。组织将计划任务分配到具体职能部门和人员，部门间的有效沟通和协调是保证计划顺利实施的关键。

（3）健全绩效考评制度。健全绩效考评制度是根据目标或绩效标准，采用一定的考评方法评定部门或员工的工作任务完成情况、工作职责履行情况和员工的发展情况，并将评定结果反馈给员工的一种制度。健全绩效考评制度就是要完善制度，使制度更科学合理，促进营销计划的实现。

（4）开发人力资源。开发人力资源涉及人员的考核、选拔、培训和激励等问题。在考核、选拔管理人员时，要将适当的工作分配给适当的人，做到人尽其才，同时建立有效的激励约束制度。

(5) 建设企业文化。企业文化是指一个企业内部全体人员共同持有和遵守的价值标准、基本信念和行为准则。企业文化决定着企业的经营思想和领导风格、职工的工作态度和作风。

(6) 提高营销计划执行能力。营销计划执行能力包括发现问题的能力和解决问题的能力。在营销计划执行过程中，各种因素的变化都会影响计划的实施和目标的实现，及时发现问题是解决问题、实现营销目标的基础；营销计划执行人员要根据问题的成因和产生条件，及时提出解决问题的有效方案，并付诸实施。

单元二　营销组织

一、营销组织的概念

市场营销组织是制订和实施市场营销计划的职能部门。市场营销组织的任务就是在明确营销目标的基础上，根据人员、环境和任务的具体要求，进行工作任务的分类和相应部门、职务结构的设置，并通过组织内的信息沟通、协调和配合提高组织工作的效率，使整个市场营销组织成为有机整体，以保证企业营销计划的顺利实现。

二、营销组织的发展历程

企业营销经营观念发展演变的历史，大致经历了生产观念、产品观念、推销观念、市场营销观念和社会市场营销观念五个阶段，市场营销组织的发展也从简单的销售功能演变为一个复杂的功能群体。

1. 简单的销售部门

20世纪30年代以来，在生产观念的指导下，企业建立简单的销售部门，负责产品销售。由一名主管销售的经理领导，该经理既负责管理销售队伍，也直接从事某些推销活动。

2. 兼具营销职能的销售部门

20世纪30年代以来，随着产品的日益丰富，企业由生产扩张转向产品改进，即增加产品功能，提高产品质量；营销观念由生产观念转向产品观念，企业赋予销售部门一定的营销职能，如市场调研、广告宣传等职能。

3. 独立的营销部门

工业化大生产使得产品极大丰富，公司的不断发展使它有理由投资市场营销的其他职能：营销调研、新产品开发、广告和销售促进、顾客服务。当企业产品开始出现积压时，市场状态由原来的卖方市场转向买方市场，生产者开始使用各种推销手段刺激消费者的购买欲望。企业内部开始设立独立的营销部门，推销企业积压的产品。在这个阶段，营销部门是公司组织机构里不可缺少的职能部门。

4. 现代营销部门

随着经济的发展，市场竞争日益激烈，消费者的选择越来越多。营销者开始研究消费者的需求及其变化，以市场需求为起点和中心设计产品和服务，建立独立的营销部门，营销成为整个企业的工作重心。

课堂延伸

可口可乐公司的“本土化”战略

可口可乐是全球最大的饮料公司之一，近年来越来越依赖于国际市场的盈利。随着消费者口味的多样化和市场竞争的加剧，可口可乐在许多国家和地区推出了针对当地市场的产品和营销策略。例如，在印度，可口可乐推出了以当地水果为基础的饮料，满足了消费者对新口味的需求。在南美洲，可口可乐通过与当地品牌合作，推出了适合当地消费者的饮料产品，成功吸引了更多的市场份额。为了更好地适应不同市场的需求，可口可乐在各个国家设立了独立的营销团队，这些团队由本土人才组成，负责市场调研、广告宣传和产品开发等工作。

尽管可口可乐在全球范围内拥有强大的品牌影响力，但在实施本土化战略时，全球总部与地方分公司之间有时会出现协调困难的情况。在产品设计、市场推广和品牌定位等方面，地方团队的建议与总部的战略方向可能存在分歧。随着公司面临越来越激烈的市场竞争，首席执行官明确表示：“我们需要更加灵活，以确保我们的产品和营销策略能够真正满足各个市场的独特需求。”

三、营销组织的形式

现代营销部门有多种组织形式，为实现整体的营销目标，企业必须选择合适的市场营销组织。常见的营销部门组织形式有：职能型、地区型、产品/品牌型、顾客/市场型和矩阵型。

1. 职能型组织形式

这是最常见的营销组织形式，由各职能部门负责人组成，他们分别对营销经理负责，营销经理统一协调他们的活动。从图 11－1 中可以看出，这种机构里有五种职能人员。除此之外，还可以根据需要增加其他专业职能人员，如顾客服务经理、营销计划经理等。

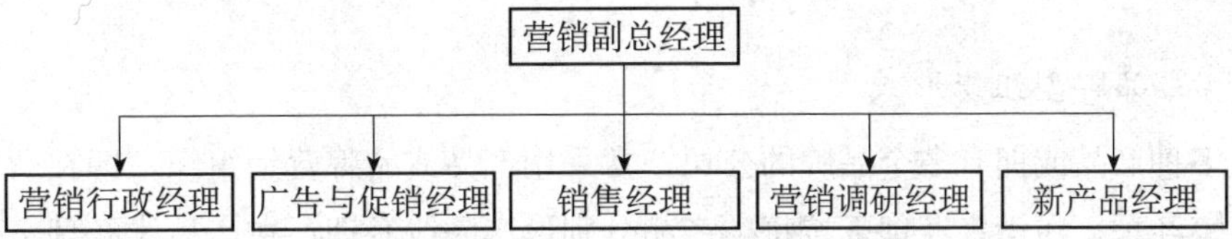

图 11－1　职能型营销组织

该类型组织的优点：(1) 由同类型营销专家组成，易于管理；(2) 按功能分工，避免人员、设备和劳务重复，提高效率；(3) 专业人员在同一职能部门，凝聚力强，相互影响产生系统效应。

该类型组织的缺点：(1) 各自追求本部门目标，忽略全局的最佳利益；(2) 结构较刻板，随业务量的增大，协调难度将增加；(3) 没有一个部门负全责，较难制订完整的计划，某些产品或市场易被忽略；(4) 营销副总经理常疲于调解部门纠纷。

职能型营销组织形式适用于产品类型不多、目标市场相对较集中的中小企业。

2. 地区型组织形式

在全国范围进行销售的公司，通常按地理区域设立营销组织。在营销副总经理主管下，按层次设全国销售经理、大区销售经理、地区销售经理、销售人员等。例如一位负责全国的销售经理领导 4 位区域销售经理，一位区域销售经理领导 6 位地区销售经理，一位地区销售经理领导 10 位销售人员。随着销售区域的扩大，也可以分出新的区域层次，为打开公司产品在该区域的销路而制订长、短期计划，并负责其计划的实施。地区型营销组织见图 11－2。

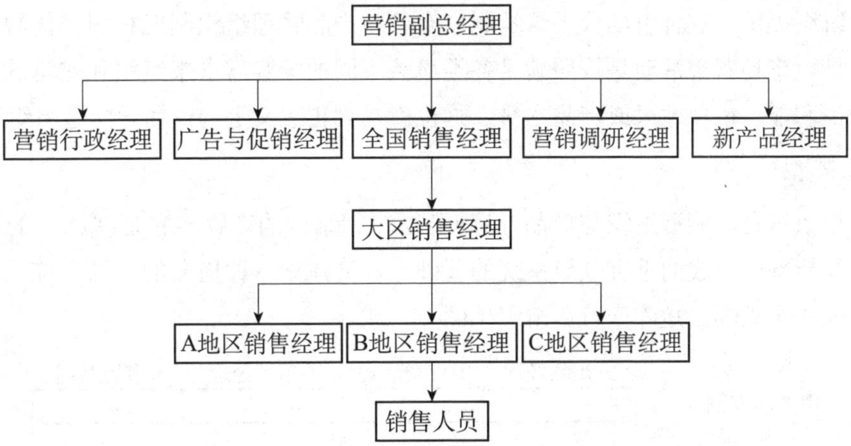

图 11－2　地区型营销组织

该类型组织的优点：(1) 权力下放，有利于改善区域内的关系，取得其区域的营销绩效；(2) 有利于区域经理的培养和训练。

该类型组织的缺点：(1) 需要具有全面营销策划和营销管理能力的人员，增加了最高管理者的控制难度；(2) 由于区域市场情况存在较大差异，区域销售部门之间往往难以协调。

3. 产品/品牌型组织形式

生产多种产品或拥有多个品牌的公司，常采用产品或品牌营销组织，即在营销副总经理下设销售经理；在销售经理下按每类产品分别设产品线经理；在产品线经理下再按每个产品品种分别设产品经理，实行分层管理。这种产品管理组织并没有取代职能型管理组织，而是新增加了一个管理层次。

该类型组织的优点：(1) 产品经理能将各种营销要素较好结合，发挥系统组合的优势；(2) 产品经理全权负责，能够根据市场快速做出反应，及时解决；(3) 产品经理的活动涉及公司经营的各个领域，能力和素质能够得到快速提升。

该类型组织的缺点：(1) 产品经理没有足够的权力取得广告部门、销售部门和制造部门的支持，易产生摩擦和冲突；(2) 产品经理决策工作量过大，增设其他职能型专业人员，将导致管理成本上升；(3) 产品经理能将各种追求所属产品的销售额和利润最大化，容易损害产品大类的总体效益；(4) 产品经理只负责自己经营的产品或品牌，对其他产品或品牌了解较少，不利于整体化战略的实施。

4. 顾客/市场型组织形式

许多公司把产品投放到多种市场进行销售。例如，三星公司的打印机，既卖给一般消费者，也卖给企业和政府机构。根据顾客特有的购买习惯和产品偏好等细分和区别对待不同的市场，针对不同购买行为和特点的市场，建立顾客/市场型营销组织是公司的一种理想选择。这种组织形式的特点是由一个销售经理管辖若干个子市场经理，功能性服务由其他功能性组织提供。这种市场管理组织制度有着与产品管理组织制度相同的优缺点。其最大的优点是，市场营销活动是按照满足各类显然不同的顾客需求来组织和安排的，而不是集中在营销职能、销售地区或产品本身，这也就是真正意义上的市场导向型组织。

5. 矩阵型

矩阵型组织是职能型组织与产品/品牌型组织相结合的产物，它是在原有的按直线指挥系统为职能部门组成的垂直领导系统的基础上，又建立一种横向的领导系统，两者结合起来就组成一个矩阵。矩阵型营销组织见图 11-3。

	A市场经理	B市场经理	C市场经理	D市场经理
甲产品/品牌经理				
乙产品/品牌经理				
丙产品/品牌经理				
丁产品/品牌经理				

图 11-3 矩阵型营销组织

单元三　营销控制

一、营销风险控制

1. 营销风险的含义

市场营销风险是指企业在开展市场营销活动过程中，由于出现不利因素而导致市场营销活动受损甚至失败的可能性。

2. 营销风险的类别

(1) 价格风险。价格风险是市场营销第一大风险。企业应该在经营活动中，运用各种有效手段化解价格风险。如通过建立上下游的产业联盟、期货市场套期保值或者购买保险等；也可以制定降低成本的规划，通过价值工程、设计创新产品和工艺等方式保持企业成本领先的地位，为应对价格风险提供较大的空间。

(2) 业务量风险。业务量风险主要来自需求变化、供应链的结构变化或者竞争环境的意外变化。比如互联网购物就对传统的图书、音像制品销售行业的业务量造成很大影响。企业控制业务量风险的主要途径有两条：一是强化企业市场地位；二是积极拓展新市场。

(3) 信用风险。信用风险是信用关系规定的交易过程中，交易的一方不能履行给付承诺而给另一方造成损失的可能性。信用风险不可避免，关键在于管理。从信用风险管理技术上看，最困难的是对相关企业的信用进行等级评定。企业要注意平时的资料积累，特别要重视实地考察。对相关企业的信用评估要做到独立、客观和准确。

(4) 其他风险。如国内外政治、经济环境、突发事件等引起的偶然性风险，同时还有产品风险、分销渠道风险和促销风险等。

3. 市场营销风险产生的因素

(1) 市场营销风险产生的主观因素。

1) 企业没有彻底适应市场经济的观念。在现代市场经济条件下，商品供应相对过剩，消费变成消费者主动的行为。企业营销观念错误，必然导致行为错误，就会产生风险。

2) 企业决策者没有按照市场经济的要求决策，导致营销行为与市场脱节或者不能很好地融入市场活动而带来风险。

3) 企业营销管理者和营销人员不了解市场经济运行的规律和机制，如供求规律、价格规律、价格机制和竞争机制等，也会引发风险。

4）企业缺乏处理市场营销风险的经验和知识。当企业产生营销风险后，由于缺乏处理营销风险的经验和知识，风险就不能被及时控制并化险为夷。

5）企业对市场营销风险的危害认识不足。在我国企业组织机构中，很难找到有关处理风险危机的机构，企业营销管理中关于风险危机的管理也往往被忽视。

6）企业信息不灵，也是产生风险的重要因素。企业没有及时、全面地收集并了解用户、中间商、竞争者等有关信息资料，没有对交易对象进行信誉调查，盲目发生业务往来，最终产生风险。

（2）市场营销风险产生的客观因素。

1）市场需求变化的客观性，是导致市场营销风险客观存在的首要因素。市场需求由低层次向高层次变化、由数量型向质量型变化、由群体共同性向个体独特性变化，是一种客观存在的趋势，是一个不断发生变化的不可控因素。市场需求的这种变化，既是经济发展的必然结果，又进一步促进了社会经济的发展。当企业市场营销活动不适应市场需求变化时，就会产生营销风险。

2）经济形势与经济政策变化产生的市场营销风险。各国经济之间的相互联系度和影响度是正相关关系。世界经济中任何一个国家经济形势的变化，都会导致其他国家的经济形势发生变化。如2008年的亚洲金融危机、2010年的欧洲债务危机等，都加剧了世界各国经济形势的变化。而经济形势无论是循序渐进式的变化还是因突发事件产生的剧烈变化，都会直接或间接地影响并决定企业的市场营销活动。当变化呈现不利影响时，就会产生营销风险。各国政府为了适应经济形势的变化或推动经济的发展的经济政策发生变化，也会产生营销风险。

3）科技进步是导致市场营销风险的又一因素。科学技术的进步，对企业的营销组织和人员结构、战略与策略、营销方式和方法等，都将产生巨大的影响或变革。变革意味着新的机遇，更意味着风险。

4）外部的其他因素，如政治因素、军事因素等都会间接产生市场营销风险。

4. 市场营销风险控制

（1）市场营销风险控制的根本性措施是加强市场营销环境的调查和研究。企业从产品的设计、定位以及促销活动整个过程中，要进行严格到位的调查和研究。通过调查掌握有关的情报资料和信息，包括顾客需求、竞争者、国内外宏观政治经济等信息，并深刻研究后展开市场营销活动，从而降低或规避风险。

（2）建立风险防范与处理机构。企业建立风险防范与处理机构应包括以下几个方面：首先，在企业内部建立风险预防的规章制度，并督促制度的贯彻执行；其次，调查研究相关信息资料，对公司客户的信息和能力进行分析和评定；再次，在日常管理工作中进行风险处理演练，以提高对风险处理的应对能力，强化职工的风险防范意识；最后，在企业出现风险后，由风险防范与处理机构统一处理风险事件。

（3）正确面对风险的发生。风险发生后，首先，要诚实地面对社会和顾客，一方面最大限度地减少对社会和顾客的损害；另一方面快速采取措施制止风险的扩大和扩散。其次，要委托权威机构对风险原因进行调查并及时将结果向公众公布。最后，要控制和影响信息发布源。通过一系列措施，最终成功控制风险的损害程度。

（4）依法处理。风险产生后企业应该迅速地运用法律武器来处理风险。日常业务往来中企业对一些具有潜在风险的业务要依法签订好的合同。当因为对方的原因而给企业造成风险时，应该当机立断寻求法律途径处理风险。

（5）提高企业抵御风险的能力。加强企业员工素质的培训与提高，是控制企业市场营销风险的重要措施之一。企业在对营销人员的培训和考核中，既要考核销售额及利润指标，又要考核其责任心与有关风险防范措施落实情况。

面对日益激烈的市场竞争环境，企业必须对市场营销风险有充分、到位的认识，并采取相应有效防范措施进行控制，通过每个环节的扎实落实，从而保障企业的营销效率，达到企业的发展目标。

二、营销预算控制

1. 预算编制风险的控制措施

（1）做好企业的使命、愿景、战略方向、战略规划、年度业务预算与财务预算的协调工作。

（2）加强基础数据的采集与管理，使预算目标建立在可靠的基础之上；提高预测的准确性，及时分析外部环境变化、竞争对手的经营策略，正确确定企业的销售收入、成本、费用和利润目标。

（3）通过对上年经营业绩的分析，根据企业的经营水平、行业发展趋势及成本的可控性等因素，给各部门下达切合实际的目标。

2. 预算执行风险的控制措施

（1）确定企业内部各责任中心预算的控制重点。

（2）适应外部环境的变化，正确核算产品成本。

（3）将费用控制与价值创造相结合。

（4）建立预算执行预警机制，提高预算执行分析报告的质量。

3. 预算考核风险的控制措施

（1）建立科学的业绩评价制度（绩效考核的多重标准），妥善解决预算管理中的行为问题。

（2）明确预算考核的内容：一是预算目标考核；二是预算体系运行情况考核。

（3）加强预算考核的严肃性。

模块小结

营销计划是在对企业市场营销环境进行调研分析的基础上，按年度制定的企业和各业务单位的营销目标及实现这一目标所采取的策略、措施和步骤的明确规定和详细说明。其包括八个部分：计划概要、当前营销状况、机会和问题分析、营销目标、营销策略、营销方案、营销预算和营销控制。

营销组织是指企业内部涉及营销活动的各个职位及结构。企业的市场营销部门是执行市场营销计划、服务市场购买者的职能部门。营销组织包括五种类型：职能型组织、地区型组织、产品/品牌型组织、顾客/市场型组织和矩阵型组织。

市场营销控制是指营销经理或负责人经常检查市场营销计划的执行情况，看看计划与实际是否一致，如果不一致或没有完成计划，就要找出原因所在，并采取适当措施和正确行动，以保证市场营销计划的完成。营销控制要做好风险控制和预算控制两个方面。

思考时间

案例分析

L’Oreal（欧莱雅）市场营销策略调整

在全球化妆品市场竞争日益激烈的背景下，L’Oreal（欧莱雅）面临年轻消费者对化妆品需求变化的挑战。为了保持市场领先地位，L’Oreal 决定对其市场营销策略进行全面调整。

一、背景

随着消费者对天然成分和环保包装的关注度增加，L’Oreal 意识到传统的化妆品营销方式已经无法满足年轻消费者的需求。特别是在社交媒体和电商平台的快速发展下，品牌需要更具创新性和互动性的营销策略。

二、策略调整

1. 市场分析

L’Oreal 通过市场调研发现，年轻消费者更倾向于选择含有天然成分的产品，并对品牌的社会责任感有较高的关注度。此外，随着社交媒体影响力的日益增强，年轻消费者更愿意通过线上渠道获取产品信息和购买。

2. 目标设定

L’Oreal 设定了在未来一年内提升 18 至 30 岁年轻消费者市场份额 5%的目标，并希望通过推出新产品线来吸引更多的年轻顾客。

3. 营销策略

产品创新：L'Oreal 推出了一系列以天然成分为主的护肤和化妆产品，强调无添加和环保理念，例如“L'Oreal Botanicals”系列，专注于植物成分和可持续发展。

价格策略：新产品定价保持在中档水平，以便吸引更多年轻消费者，同时推出限量版和季节性产品以刺激购买欲望。

渠道拓展：与知名电商平台如天猫、京东合作，增加产品的线上可获得性，并在品牌官网上提供个性化的购物体验。

社交媒体营销：通过 Instagram、TikTok 等平台与年轻消费者进行互动，邀请美妆博主进行产品试用和分享，增强品牌的吸引力。

4. 实施计划

L'Oreal 制定了详细的时间表，明确了各部门的责任，确保市场调研、产品开发、营销和销售团队之间的紧密合作，同时分配了相应的预算以支持新产品的推广和市场活动。

5. 评估与控制

L'Oreal 设定了定期评估的机制，通过销售数据和消费者反馈来监测营销策略的效果；每季度进行一次市场分析，及时调整营销策略，以应对市场变化和消费者需求的动态。

6. 结果

通过这一系列的市场营销策略调整，L'Oreal 成功地吸引了更多年轻消费者，市场份额显著提升，品牌形象也得到了加强，重新巩固了其在化妆品行业的领导地位。

问题：

(1) 在 L'Oreal 的市场分析中，哪些因素促使品牌调整其营销策略？请具体列举并分析。

(2) L'Oreal 设定的目标是提升年轻消费者市场份额 5%。请讨论这一目标的 SMART 特性（具体、可测量、可实现、相关性、时间限制）。

(3) 在 L'Oreal 的营销策略中，社交媒体营销起到了什么样的作用？请结合案例具体说明。

(4) 评估与控制机制在 L'Oreal 的营销策略实施中有何重要性？如何确保营销策略的有效性？

(5) 结合案例，讨论 L'Oreal 在产品创新方面采取的措施如何满足年轻消费者的需求。

实训实习

学生应在学习完本模块内容后，根据所学知识，在课余时间选择一个行业的企业去实习实训，分析企业当前营销活动计划。

1. 实训方式

在教师指导下，采取学生自定实习单位实习形式。这样做既可提高学生实习的积极性、针对性，又可有效监控实习内容的全面执行，使学生能了解企业经营现状。

2. 实训要求

实训结束后，学生应对企业经营现状有一定了解，将其实训所得记录下来，以报告的形式提交。格式不限，但内容要求充实、详细。

根据时间充裕程度，安排学生进行课堂报告讲解，师生互动交流，加强对企业市场营销活动的理解和分析。

3. 实训考核

指导教师根据学生撰写的实训报告的质量综合评定成绩（优、良、中、及格、不及格）。

参考文献

［1］庄贵军．营销管理：营销机会的识别、界定与利用［M］．3版．北京：中国人民大学出版社，2021.

［2］郭国庆，陈凯．市场营销学：数字教材版［M］．8版．北京：中国人民大学出版社，2022.

［3］江林，丁瑛．消费者心理与行为：数字教材版［M］．7版．北京：中国人民大学出版社，2022.

［4］郑锐洪．分销渠道原理与实务［M］．北京：中国水利水电出版社，2025.

［5］孙伟．销售管理［M］．北京：机械工业出版社，2023.

［6］李威，王大超．国际市营销学［M］．4版．北京：机械工业出版社，2025.

图书在版编目（CIP）数据

市场营销理论与实务 / 孙亚洲主编. --2 版. 北京：中国人民大学出版社，2025.9. --（新编 21 世纪高等职业教育精品教材）. --ISBN 978-7-300-33886-6

Ⅰ. F713.50

中国国家版本馆 CIP 数据核字第 202597BN78 号

“教—学—做一体化”校企合作课改科研成果推荐教材

新编 21 世纪高等职业教育精品教材 · 市场营销系列

市场营销理论与实务（第二版）

主　编　孙亚洲

副主编　何　伟　何　清　王　刚　张　刚　李留法　樊荣娥　刘彦芬

Shichang Yingxiao Lilun yu Shiwu

出版发行	中国人民大学出版社		
社　　址	北京中关村大街 31 号	**邮政编码**	100080
电　　话	010－62511242（总编室）		010－62511770（质管部）
	010－82501766（邮购部）		010－62514148（门市部）
	010－62511173（发行公司）		010－62515275（盗版举报）
网　　址	http://www.crup.com.cn		
经　　销	新华书店		
印　　刷	北京宏伟双华印刷有限公司	**版　　次**	2017 年 4 月第 1 版
开　　本	787 mm×1092 mm　1/16		2025 年 9 月第 2 版
印　　张	17.5	**印　　次**	2025 年 9 月第 1 次印刷
字　　数	375 000	**定　　价**	48.00 元